Flugstunden

zwischen Ost und West

Lisa Rettl

Flugstunden
zwischen Ost und West

Rolf Dolinas
abenteuerlicher Weg zum Erfolg

styria premium

„Wer nicht den Mut zum Träumen hat,
hat nicht die Kraft zum Kämpfen."

Che Guevara

INHALT

KAPITEL I

KINDER - UND JUGENDJAHRE
IN WIEN

Die Würmer schwimmen oben

KINDHEIT IN DER NACHKRIEGSZEIT

„Das ist doch sensationell, dass ich das noch hab'", ruft Rolf Dolina, als wir an einem heißen Sommertag im August 2012 in seinem Wohnzimmer – einem eleganten Raum von palastartiger Dimension und Pracht – die sich auftürmenden Fotoalben für seine Biografie durchgehen. „Unser Kind" steht in akkurater Schrift auf dem Album, das vor uns liegt. Es führt in eine andere Welt, ein anderes Universum: Dunkle, braune Seiten aus schwerem, hochwertigem Kartonpapier mit seiden schimmernden, transparenten Trennblättern, die nach mehr als siebzig Jahren etwas knittrig sind, aber Charme und Geruch der alten Fotobücher verbreiten. Die Beschriftung der Fotos mit weißem Buntstift ist gestochen scharf wie die väterliche Handschrift selbst, die durchs Album führt: In den familiären Mikrokosmos der 1940er-Jahre, in eine Welt der Entbehrungen und Weichenstellungen, in eine Zeit, als Rolf Dolina noch Rudi hieß und sich die große, weite Welt noch auf den 17. Wiener Gemeindebezirk beschränkte.

Auf der ersten Seite des Albums findet sich der Grund für Dolinas Begeisterung: Eine weiche, aus Leder gefertigte Geburtsmarke an einem beigen Bändchen. Handbeschrieben, versehen mit dem Na-

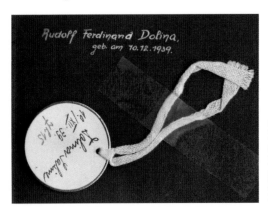

Geburtsmarke von Rolf Dolina, geboren als Rudolf Ferdinand Dolina in der Spitalgasse 9 des Allgemeinen Krankenhauses, Wien, 10. Dezember 1939.

men der Mutter, dem Geburtsdatum des Neugeborenen und der vom Krankenhaus vergebenen Geburtsnummer, die seinerzeit am Handgelenk des Babys baumelte. „Rudolf Ferdinand Dolina, geb. am 10. 12. 1939", steht neben der Marke in der stolzen Handschrift des Vaters, dessen Vorname nach Familientradition in diesem ersten Kriegswinter an den Neugeborenen in dritter Generation weitergegeben wurde.

Geburt und Taufe des Kindes erfolgten allerdings bereits ohne väterlichen Beistand. Die Ehe, die zwischen dem damals 25-jährigen, tschechisch-stämmigen Wiener Rudolf Dolina und der 27-jährigen Steirerin Sabine Pacher am 24. Juli 1938 geschlossen worden war, stand bereits im Zeichen der nationalsozialistischen Kriegspläne. Am 27. Juni 1939, nach nur knapp elf Monaten des Zusammenlebens, wurde der junge Ehemann eingezogen und im Truppenlager Gneixendorf nahe bei Krems, später eines der größten nationalsozialistischen Kriegsgefangenenlager des Dritten Reiches, auf die Wehrmacht vereidigt. Die deutschen Kriegsvorbereitungen liefen bereits auf Hochtouren. Schon am 24. August 1939 wurde Rudolfs Truppe in Richtung Slowakei in Marsch gesetzt – eine knappe Woche später eröffnete Hitler am 1. September 1939 mit seinem Angriff auf Polen den Zweiten Weltkrieg.

Mit dabei und auf dem Weg eben dorthin ist auch der werdende Vater Rudolf Dolina, der während seiner späteren Heimaturlaube mit Liebe zum Detail nicht nur das Kinderalbum seines Sohnes Rudi

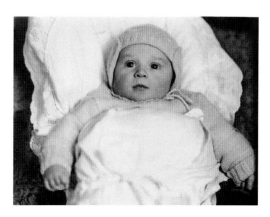

Rudi Dolina als Baby,
Wien, 10. Februar 1940.

gestaltet, sondern mit seiner Leica auch den Beginn des Kriegsein-
satzes festhält. Ein passionierter und talentierter Fotograf mit eher
geringer Kriegsbegeisterung, doch, wie es scheint, mit einigem Sinn
für alles Neue. In den von ihm gestalteten Alben spiegeln sich seine
Liebe zur Fotografie und die Leidenschaft für das Dokumentari-
sche.

Vorlieben, die sich auch an seinen Sohn vererben, dessen Erinnerungen knapp fünfundsiebzig Jahre später durch gut hundert Fotoalben führen. Eine andere Leidenschaft, die sein Sohn Rudi alias Rolf
später noch teilen wird, lässt sich aus den fotografischen Hinterlas-
senschaften des Vaters erkennen: Eine tiefgehende Faszination für
Autos und Limousinen, die als absolutes Luxusgut für die Dolinas
noch in unerreichbarer Ferne standen.

Aber der junge, fleißige Rudolf Dolina hatte sich in den 1930er-Jah-
ren als Handelsangestellter der 1884 gegründeten Wiener Möbelspe-
ditionsfirma Zdenko Dworak zumindest kleine Privilegien erarbeitet, wozu unter anderem der Zugang zum Automobil seines Chefs
gehörte.

Später verweist das Album „Kriegserinnerungen" auf die Leidenschaft: „Mein jeweiliger Benzin-Wagen: ab 21.8.1939 LKW Skoda,
ab 29.11.1939 LKW Walter, ab 13.6.1940 LKW Austin" notierte der
Soldat Rudolf Dolina in seiner peniblen Handschrift ins Album,
dessen Einträge mit Juli 1940 enden.

Ohne Zweifel war Rudolf Dolina, geboren am 22. Mai 1913, vor dem
Krieg ein aufstrebender junger Mann gewesen, der an seinem sozia-
len Aufstieg zum Handelsangestellten hart zu arbeiten hatte. Dessen
Vater – wiederum ein Rudolf –, geboren 1888 im mährischen Bojko-
vic und von Beruf Bäckergehilfe, und seine Mutter Anna Vrba, geboren 1892 nahe bei České Budějovice, waren als mittellose, jugend-
liche Migranten um die Jahrhundertwende nach Wien gekommen,
um in der Reichs- und Residenzhauptstadt des Habsburgerreiches
Arbeit und ein besseres Leben zu finden. In dieser Phase galt Wien
nach Prag als die zweitgrößte tschechische Stadt Europas: Um 1910
lebten in Wien zwei Millionen Menschen, davon waren 49 Prozent
in Wien geboren, 25 Prozent in Böhmen, Mähren, Schlesien und der

Rudolf Dolina sen. im Wagen seines Chefs bei der Firma Zdenko Dworak, Wien, 1930er-Jahre. Die Autofaszination und die damit verbundene Mobilität spielten auch im Leben seines Sohnes Rudi eine maßgebliche Rolle.

Ausfahrt auf die Baumgartner Höhe, Wien, 13. Mai 1940. Die originale väterliche Bildunterschrift im Album vermerkte dazu: „Im Kabriolett".

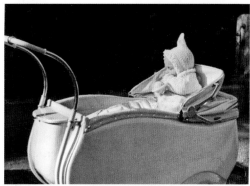

Auf Besuch bei den steirischen Großeltern. Rudi im Spielzeugwagen mit seinem Cousin Franz auf dem Fahrrad, Oberwölz, 17. Mai 1942.

Slowakei und der Rest in den übrigen Kronländern der Monarchie. Der Großteil der zugewanderten Bevölkerung lebte und arbeitete in den Bezirken Favoriten, Fünfhaus und Ottakring. Ähnlich wie in den heutigen Wiener Migrantenvierteln kauften damals Tschechen bei Tschechen ein, besuchten tschechische Gasthäuser und Theater und lasen tschechisch-sprachige Medien.

Das war bei den zugewanderten Dolinas, die am 17. November 1912 in Wien geheiratet hatten und in der Ottakringer Straße 92 wohnten, nicht anders. Ihr Sohn Rudolf Dolina, Rolfs Vater, war zwar schon in Wien geboren und in der Ottakringer Straße aufgewachsen, in der Familie wurde aber nach wie vor tschechisch gesprochen. Das gesellschaftliche Klima, das der tschechisch-sprachigen Community in Wien bis 1918 begegnete, war allerdings – anders als gängige Habsburger-Nostalgien nahelegen – überaus feindselig. Der „deutsche Charakter der Stadt Wien", den die Wiener Stadtregierung zu bewahren oder vielmehr überhaupt erst zu schaffen gedachte, hatte den Assimilierungsdruck gegenüber der slawischen Bevölkerung aus den Kronländern stark erhöht. Wer etwas erreichen wollte, musste nicht nur intelligent, fleißig und flexibel, sondern auch entsprechend „integrationswillig" sein. Das Festhalten an der Muttersprache oder die Zweisprachigkeit markierte keinen grundlegenden und anzustrebenden Wert, sondern war eher ein Hindernis auf dem Weg nach oben.

Während Rolfs Vater Rudolf als Ottakringer Kind den Wiener Dialekt als zweite Muttersprache vollends beherrschte, blieb dessen Mutter Anna der melodiöse Akzent zeit ihres Lebens erhalten: „Bin ich keine Böhm' mehr, bin ich schon finfzig Jahre in die Wien", erinnert sich Rolf Dolina an die Aussprüche seiner böhmischen Großmutter.

Für den kleinen Rudi gehörte sie jedenfalls zu den zentralen Bezugspersonen seiner Kinder- und Jugendjahre:

„Die Großmutter hatte mit ihrem zweiten Mann eine eigene Wohnung in der Rosensteingasse im 17. Bezirk, ein paar Häuserblocks von uns entfernt. Zu ihr hatte ich eigentlich ein innigeres Verhältnis

als zu meiner Mutter, vor allem weil sie nie gestraft hat. Für sie war ich natürlich der einzige Sohn ihres vom Krieg nicht mehr heimgekehrten Sohnes.

Die Großmutter hat zwar fließend Deutsch können, aber ihr Tschechisch war viel besser. Die Zeitungen und Bücher – all das war tschechisch. Es war eben ihre Muttersprache. Mit mir hat sie aber nur deutsch gesprochen, was ich später sehr bereut habe.

Mit der tschechischen Sprache ist auch eine der wenigen Erinnerungen an meinen Vater verbunden. Als er einmal auf Urlaub gekommen ist, hat er versucht, mit mir tschechisch zu sprechen. Daraufhin habe ich getobt und wollte überhaupt nicht mit ihm reden. Dann hat er es aufgegeben, weil ihm meine Zuneigung wichtiger war als seine Sprache.

Mit mir und meiner Generation ist also die Zweisprachigkeit meiner Familie verloren gegangen. Hätte ich die Sprache gelernt, hätte ich es später in Osteuropa natürlich viel leichter gehabt. Ich bin zwar mit Englisch und Deutsch durchgekommen, und nach der zweiten Flasche Wodka war ich auch schon in Polnisch fließend, aber ich habe wirklich bereut, dass ich als Kind nie Sprachen gelernt habe. Das sage ich daher jedem: Wenn man die Möglichkeit hat, seine Kinder zwei- oder dreisprachig aufwachsen zu lassen, dann soll man das tun. Zweisprachigkeit ist ein Vermögen, das man gar nicht bezahlen kann."

1943 wurden jedenfalls alle Hoffnungen, die das Ehepaar Dolina für das Kriegsende gehabt haben mag, beendet. Auf dem Rückweg von seinem letzten Heimaturlaub in Wien an die Front wurde Rudolf Dolina im Zuge eines Partisanenangriffs an der Balkanfront am 17. Mai 1943 bei Prijedor (heute Bosnien-Herzegowina) vermisst gemeldet:

„Er war am Rückweg von einem Urlaubsaufenthalt in Wien an die Front in Jugoslawien. Da wurde ein Zug von Partisanen überfallen und da ist er umgekommen. Das heißt, ich bin als Halbwaise aufgewachsen. An eines erinnere ich mich aber noch deutlich: Als ich ungefähr dreieinhalb Jahre alt war, ist mein Vater einmal nach Hause ge-

Feldpostbrief von Rudolf Dolina an seine Frau Sabine kurz vor ihrem letzten Wiedersehen in Wien, 1. April 1943: „Will zu den Eiern noch welche dazukaufen, damit Rudi genug Eier essen kann. Bin schon so gespannt was er sagen wird und ob er mich kennen wird, wenn ich ihn rufe beim Haustor", schreibt Rudis Vater.

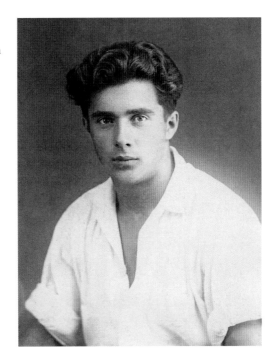

Rudolf Ferdinand Dolina, geboren am 22. Mai 1913, gefallen am 17. Mai 1943 bei Prijedor im heutigen Bosnien-Herzegowina.

kommen. *Er hat mich auf dem Hausflur spielen gesehen, hat mich auf den Arm genommen und mich in die Wohnung getragen. Das ist das Einzige, woran ich mich erinnere, dass es einen Vater gegeben hat.*"

Die unmittelbare Bezugsperson der ersten Jahre war naturgemäß Rolfs Mutter Sabine, eine Bauerntochter aus der Steiermark, die gemeinsam mit ihren beiden Schwestern in die Hauptstadt zugezogen war und bis zu ihrer Eheschließung als Hausangestellte gearbeitet hatte. Die drei Schwestern bildeten in Wien eine verschworene Gemeinschaft, die durch gegenseitige Besuche und familiäre Hilfestellungen geprägt war, gleichzeitig aber auch eine männerlose Schicksalsgemeinschaft darstellte: Wie Sabines Mann Rudolf war auch der Gatte ihrer Schwester Liesl im Krieg gefallen, wohingegen die jüngste Schwester gar nie geheiratet hatte – in der damaligen Zeit ein gewaltiges Manko, das eine Frau gnadenlos zur „alten Jungfer" stempelte.

„*Wir haben alle relativ nah in den Westbezirken gelebt. Die Frei-zeitbeschäftigung an den Wochenenden war, sich gegenseitig zu besuchen. Canasta oder Rummy spielen, und natürlich die Kinder terrorisieren. Ich bin also praktisch mit meinem Cousin, dem Franzi, und meiner Kusine Elfi aufgewachsen.*
Meine Mutter hat es als Witwe jedenfalls nicht leicht gehabt, sie hat-te kein Einkommen, nur eine Witwen- und Waisenpension. Das war so minimal, dass wir wirklich in ärmsten Verhältnissen aufgewach-sen sind: Im 17. Bezirk in der Hormayrgasse auf Zimmer, Küche Ka-binett, Klo und Wasser am Gang – eine Substandardwohnung würde man das heute nennen."

„Ich bin eigentlich auf der Straße, in der Schule und auf dem Fuß-ballplatz aufgewachsen", charakterisiert Rolf Dolina seine Kinder- und Jugendjahre im Rückblick.
Die kargen Überlebensbedingungen der unmittelbaren Nachkriegs-zeit boten den äußeren Rahmen für den heranwachsenden Rudi Do-lina, dessen Schulbeginn im Herbst 1945 kurzerhand auf das Jahr 1946 verschoben worden war.

Rudi mit seiner Mutter Sabine Dolina (geb. Pacher) auf der Baumgartner Höhe, Wien, 13. Mai 1940.

In der Küche, Hormayrgasse,
8. November 1940.

Im Hof, Hormayrgasse,
28. Mai 1941.

„In der Liedlgasse im 17. Bezirk gab es eine große Sportanlage, wo die Amerikaner ihr Baseballstadion aufgebaut hatten und auch ihre Kohle und den Koks lagerten. Diese Kohle wurde in LKWs über die Hormayrgasse geführt, weil es an der Ecke zur Rötzergasse eine Brückenwaage gab, wo alles abgewogen wurde. Das haben wir Kinder natürlich ausgenützt. Wir sind blitzschnell aus den Häusern gelaufen, sind auf die LKWs aufgesprungen, haben hinten ein paar Kohlen runter geworfen, die wir dann schnell eingesammelt haben – und dann nichts wie weg. Die Amerikaner haben das generös zugelassen, sie haben uns zwar verscheucht, aber nicht wirklich ernst, weil sie wussten, dass die Bevölkerung große Not leidet und es keine Heizmaterialien gab."

Die angespannte Ernährungssituation war natürlich auch ein Thema bei den Dolinas. Bereits im Sommer 1945 waren österreichweit die Lebensmittelvorräte aufgebraucht. Im Frühjahr 1946 lag der durchschnittliche tägliche Kalorienverbrauch eines erwachsenen

Normalverbrauchers bei etwa 800 Kalorien und der Großteil der österreichischen Kinder, insbesondere in den Städten, litt an Unter- und Mangelernährung.

Das Eintreffen von Hilfsgütern der UNRRA (United Nations Relief and Rehabilitation Administration) in Form von Lebensmittelpaketen während der Jahre 1946/1947 sicherte zwar vielen Wienerinnen und Wienern das Überleben, allerdings war es „schon eine ganz schön wilde Geschichte", wie Rolf Dolina, heute Kenner und Liebhaber der asiatischen Küche, während eines Mittagsimbisses bei Sushi und Sashimi erzählt:

„Ich kann mich erinnern, dass meine Mutter mir die Erbsen, die wir in den Care-Paketen von der UNRRA zugeteilt bekommen haben, zum Sortieren gab. Ich musste die Erbsen am Küchentisch dann teilen in die Kategorien ‚mit Wurm' und ‚ohne Wurm'. Die Erbsen mit Wurm hat sie dann gleich gekocht, weil die Würmer immer oben schwimmen.

Und an eine andere Sache erinnere ich mich auch: Auf der Schmelz gab's einen Schuster, wo wir meine Schuhe gekauft haben. Dieser Schuster hat aus alten LKW-Autoreifen Sohlen herausgeschnitten, dann durchgebohrt und mit Lederriemchen Sandalen gemacht. Das war dann unser Schuhwerk, mit dem wir Fußball gespielt haben. Wir hatten nichts, aber wir waren wirklich glücklich."

Das Gefühl des Glücks, an das sich Rolf Dolina hier erinnert, resultierte nicht zuletzt aus den vielen Freiheiten, die eine Kindheit in Hernals – trotz der existentiellen Einschränkungen und Probleme – mit sich brachte. Die Anforderungen des Schulalltags waren überschaubar, die Möglichkeiten elterlicher Kontrolle begrenzt und die Straße war die große Bühne, auf der das Leben schon mal in allen Facetten geprobt wurde.

Um dreißig Schilling verkauft

ALS TORMANN BEI DER VIENNA

Rolf Dolina ist ein intelligentes, quirliges Kind, von rascher Auffassungsgabe, wissbegierig bis in die Zehenspitzen, bewegungshungrig und abenteuerlustig. Sabine, seine mittlerweile über 30-jährige, verwitwete Mutter sehnt sich hingegen vor allem nach einer gesicherten Zukunft in ruhigen Bahnen. Im Zentrum der mütterlichen Sehnsucht steht eine bescheidene finanzielle Sicherheit, die neben familiären Rummy-Wochenenden bei Kaffee und Kuchen harmlose Vergnügungen ermöglichen und am Sonntag ein Wiener Schnitzerl garantieren sollte, vielleicht sogar einen Ausflug zum Heurigen. Eine kleine Teilhabe am zarten wirtschaftlichen Aufschwung, der sich im Wien der 1950er-Jahre langsam abzuzeichnen beginnt. Für Rudi, die personifizierte Erinnerung an bessere Zeiten und an ihren verstorbenen Mann, stehen die mütterlichen Karriereaspirationen daher felsenfest: Eine Zukunft bei der Post oder der Bahn sollte es werden, verbunden mit der Aussicht auf eine schöne und vor allem sichere Beamtenpension, auf die man sich bei Berufseintritt des Buben schon zu freuen beginnt.

Einziger Schönheitsfehler sind die sich abzeichnenden Interessen des Sohnes und dessen Charakter, der den Vorstellungen der Mutter diametral entgegensteht. Die mannigfaltigen Talente des Buben und dessen rasche Auffassungsgabe in allen Lebensbereichen übersteigen bald Sabines Möglichkeiten: Die Ohrfeigen und Hausarreste nützen nicht viel. Das Kind beginnt ihr zunehmend zu entgleiten und ein vollkommen eigenständiges Leben zu führen.

Schule und Fußballplatz werden zu jenen Orten, die für den aufgeweckten Rudi das befreiende Gegenstück zur mütterlichen Fürsorge – empfunden als stickige Enge – bedeuten.

„Ich bin in der Pezzlgasse in die Volksschule gegangen. Ich hab' gerne und leicht gelernt und bin auch gerne in die Schule gegangen – ich

war ja immer ein sehr neugieriger Mensch. Im Pezzlpark nach der
Schule bin ich dann eigentlich zum Fußball gekommen.
Auf dem Heimweg haben wir auf der Straße einfach zwei Schulta-
schen ins Rinnsal gestellt, links und rechts, das war das Tor.
Und auf
der gegenüberliegenden Seite der Straße noch mal dasselbe. Autos
hat's da ja keine gegeben. Dann haben wir das so gespielt: Einen
Servierer, zweimal berühren. Den Ball öfters zu berühren, das war
ein Schlechtpunkt. Man durfte den Ball nur zweimal berühren. An-
nehmen und schießen. Das ist das, was heute der FC Barcelona im
Spiel praktiziert. "

Talent und Begeisterung eröffneten Rudi im Alter von zwölf Jahren
schließlich den Weg in seinen ersten Fußballverein und in den Kader
der Staatsligamannschaft:

„*Im Jahr 1951 habe ich begonnen, als angemeldeter Spieler beim*
Fußballverband – bei der POST SV – zu spielen. Das war der Sport-
verein der österreichischen Postdirektion im 17. Bezirk, eben dort,
wo die US-Army auch ihren Baseballplatz und ihre Kohle gelagert
hatte. Im Jahr 1952 wurde ich von einem Scout entdeckt – das waren
damals Abgesandte von den Staatsligaclubs, die in den Parks herum-

Spielerpass von Rudi Dolina, 1951:
„Der Adolf Wala hat mich überredet, dass ich in das Kuratorium
der Vienna komme – als ehemaliger
Spieler. Und da haben sie mir dann
einmal gesagt, dass sie meinen
Spielerpass beim Zusammenräumen
gefunden haben. So bin ich zu meinem Spielerpass gekommen! Wäre
ich damals nicht in das Kuratorium
gegangen, wäre der Spielerpass
weggeschmissen worden."

gestreunt sind und geschaut haben, wo die Buben gut Fußball spielen. Der Scout, der mich entdeckt hat, war ein gewisser Herr Stangl von der Vienna. Der hat mich abgeworben und dann bin ich um dreißig Schilling verkauft worden vom Post SV an die Vienna. Bei beiden Vereinen habe ich im Tor gespielt.*"

Fragt man Rolf Dolina danach, welche Eigenschaften er als notwendige Voraussetzung einer erfolgreichen beruflichen Laufbahn oder Karriere sieht, kommt es wie aus der Pistole geschossen: „Man muss Vorbilder haben." Als Helden seiner eigenen Kindheit fungierten dabei wenig überraschend die beiden Tormannlegenden Walter Zeman und Kurt Schmied.

„Als ich Fußball gespielt hab' als junger Bub, zuerst bei der Post und dann bei der Vienna, gab's für mich zwei große Vorbilder. Der Walter Zeman, der hat bei Rapid gespielt. Aber noch viel lieber hatte ich den Kurtl Schmied. Der war wirklich ein großes Ideal, weil der auch bei Vienna gespielt hat und in der österreichischen Nationalmannschaft sehr, sehr oft das Tor gehütet hat. Legendär ist das Spiel im Juni 1954. Jeder Fußballspieler kennt dieses Spiel – die Schlacht von Lausanne, wo wir im Rahmen der Fußballweltmeisterschaft ge-

Die Knabenmannschaft des 1894 gegründeten First Vienna Football Clubs mit Rudi Dolina im Tor wurde in den Jahren 1952/53 Staatsmeister, Hohe Warte, hier im Jahr 1953. Hinten (von links): Bezucha, Pichler, Grassl, Fleischmann, Stadler, Steyskal, Schlenk, Trainer Fischer; vorne (von links): Früchtl, Dolina, Buzek, Fischl.

Rudi Dolina (vorne, dritter von links) in der Staatsliga-Knabenmannschaft des First Vienna Football Clubs, Hohe Warte, 1954.

*gen die Schweiz gespielt haben und wo wir null zu drei im Nachteil
gelegen sind und dann das Match mit sieben zu fünf noch gewonnen
haben."*

Bei der Erzählung über die Schlacht von Lausanne[1] leuchten die
Augen. Mühelos springt Rolf Dolina zwischen aktuellen und damaligen Fußballmannschaften hin und her, rattert Spielergebnisse her-
unter und erklärt im Detail die Werdegänge verschiedener Fußball-
stars und die Unterschiede zwischen dem modernen Fußball und
dem Fußball seiner Jugend. Zahlen, Daten und Fakten, alles präsent
und jederzeit abrufbar, als gäbe es eine telepathische Verbindung zu
Wikipedia und Google.

Spiele der österreichischen Staatsliga werden im Terminkalender
ebenso notiert wie fußballerische Großereignisse. Nichts geht über
einen Fußballabend, und an solchen Abenden bleibt Rolf Dolina zu
Hause. Weder Theater noch Business verlocken den Privatier mit
dem immer vollen Terminkalender zu außerhäuslichen Aktivitäten.
In diesem Zusammenhang genießt Dolina seinen hart erarbeiteten Luxus, der für ihn sonst eine eher untergeordnete Rolle spielt:
Ein Flachbildschirm in seinem privaten Spa, eine gut gefüllte Bar
mit angeschlossener Küche, wo für den Fußballabend genüsslich
ein Würstel zubereitet wird. Die Fernsehübertragung am High-
Tech-Gerät hat zwar die damals mit Spannung verfolgten Radio-
übertragungen abgelöst – absolut unverändert blieben allerdings
die enorme Begeisterung und Liebe zu diesem Sport. Trefflicher
als Desmond Morris, der das Fußballspiel als rituelle Jagd, stili-
sierten Kampf und symbolisches Geschehen beschrieb[2], lässt sich

---

[1] Als „Hitzeschlacht von Lausanne" ging das Viertelfinale Österreich gegen die
Schweiz (7:5) im Rahmen der Fußballweltmeisterschaft 1954 in die österreichische Fußballgeschichte ein, nachdem sich die österreichische Nationalmannschaft
mit einem Sieg über Schottland (1:0) und die Tschechoslowakei (5:0) qualifiziert
hatte. Nach dem spektakulären Sieg über die Schweiz gewann Österreich auch
das Match gegen Uruguay (3:1). Damit erreichte Österreich den dritten Platz und
stand 1954 zum ersten und einzigen Mal in der österreichischen Fußballgeschichte
bei einer Weltmeisterschaft auf dem „Stockerl".
[2] Desmond Morris, Das Spiel. Faszination und Ritual des Fußballs. Das Spiel, mit
dem wir leben, München 1984.

Rolf Dolina schmeißt die 80er-Party für sein Jugendidol Kurt Schmied (links) – hier mit Hans Buzek (Mitte hinten) und Karl Koller (rechts), Hohe Warte, Mai 2006.

die Faszination Fußball wohl auch für Rolf Dolina nicht erklären. Die Verbundenheit mit den Idolen seiner Kindheit blieb bis zur Gegenwart aufrecht. Als Rolf Dolina auf Betreiben und Bitten des pensionierten Präsidenten der Österreichischen Nationalbank, Adolf Wala, in den Jahren 2004 bis 2006 einen Sitz im Kuratorium der Vienna einnahm, ließ er es sich nicht nehmen, auch den 80. Geburtstag von Kurt Schmied auszurichten:

„Als ich im Kuratorium war, ist auch der 80. Geburtstag von Kurt Schmied nähergekommen. Da habe ich zum Wala gesagt, es wäre mir ein Anliegen, für diesen Tormann, der mein Jugendidol war, den 80. Geburtstag ausrichten zu dürfen. Wir haben dann auf der Hohen Warte in der Kantine des Tennisklubs Vienna diesen Geburtstag gefeiert, wo dann natürlich auch andere Legenden meiner Kindheit und Jugend gekommen sind – der Karl Koller zum Beispiel und der Hansi Buzek.“

Mit Hans Buzek, der zeitgleich einen Sitz im Vienna-Kuratorium einnahm, feierte Rolf Dolina – seinerzeit noch als Rudi – auch seine eigenen größten Fußballerfolge in der Knabenmannschaft der Vienna. Sowohl in der Saison 1952/53 als auch 1953/54 wurden die beiden gemeinsam Staatsmeister. Während die Karriere Buzeks, der als Elfjähriger zur Vienna kam und mit siebzehn einen sagenhaften Aufstieg als jüngster Nationalspieler erlebte – ein Rekord, der erst von David Alaba unterboten wurde –, fand Rudis eigene Fußballkarriere ein jähes und unerwartetes Ende:

„1954 kam die große Zäsur. Ich hatte bei einer Turnveranstaltung im Kongressbad einen Flickflack gemacht. Und beim Überschlag ist mir der Meniskus herausgesprungen. Das war natürlich das Ende meiner Karriere als Fußballtormann. Ich hab' einmal ein halbes Jahr lang nur Massagen bekommen, das hat man damals nicht behandelt, indem man operiert hat, sondern man hat das Knie heiß gemacht und mit elektrischen Maschinen, ähnlich einem Sprudler oder einem Mixer, hat man das Knie massiert. Es ist langsam geheilt, aber ganz gut ist es nie mehr geworden. Das war das Ende der Fußballkarriere."

Da hat man schon eine Reputation

DIE VIELEN TALENTE DES RUDI DOLINA

Neben dem Fußball waren vor allem die Hauptschuljahre in der Kalvarienberggasse eine prägende Erfahrung, nicht zuletzt weil mit Rudis Klassenlehrer eine zentrale außerfamiliäre Bezugsperson in Rudis Leben getreten war. Ich höre von Josef Spielvogel gleich bei unserem ersten Gespräch. Im Wesentlichen sind es drei Dinge: Dass er erstens eine Art Vaterfigur für Rolf Dolina darstellte, zweitens dass der Lehrer ihn seinerzeit darum gebeten habe, die Aufsatzhefte behalten zu dürfen, wozu er, Rolf, auch seine Zustimmung gegeben hatte, und drittens dass er leider und traurigerweise – die Guten sterben ja immer viel zu früh – tot sei, weshalb Rolf Dolina bereits mehrmals sein Grab am Ottakringer Friedhof aufgesucht hätte.

Einige Wochen später telefoniere ich mit einem bestens gelaunten Rolf Dolina. Begeisterung strömt durch den Hörer und erreicht mich aus dem fernen Polen. Es gibt eine fantastisch anmutende Neuigkeit: Der tote Herr Spielvogel vom Ottakringer Friedhof, den man hier im Alter von siebzig Jahren 1993 zur Ruhe gebettet hatte, war offenkundig der falsche Spielvogel. Das habe sich durch einen unglaublichen Zufall herausgestellt, wobei Rolf seinen Redefluss gleich selbst korrigiert, weil er nämlich gar nicht an Zufälle glaubt.

Die wundersame Geschichte, die sich in der Vorwoche unseres Telefonats im Dezember 2011 zugetragen hatte, ist jedenfalls folgende: Rolf Dolina, als Top-Kunde von einer Bank zu einem Charity-Dinner geladen, nimmt an dem ihm zugewiesenen Tisch Platz und beginnt bei einem Aperitif das Gespräch mit seinem jüngeren Tischnachbarn, einem gewissen Herrn Spielvogel. Wie sich im weiteren Verlauf des Gesprächs herausstellt, handelt es sich dabei um Herbert Spielvogel, dem wiederum der Name Rudi Dolina aus den Erzählungen seines Vaters ein Begriff war. Aber dieses unglaubliche Zusammentreffen mit dem Junior wurde noch durch ein großes Happy End getoppt: Denn der tot geglaubte und verehrte Lehrer Josef Spielvogel erfreute sich - trotz temporären Krankenhausaufenthalts - guter Gesundheit und stimmte einem Treffen im Kaffeehaus und später einer Einladung ins Hotel Marriott, wo Rolf eine Penthouse-Wohnung besitzt, zu. Anfang Mai 2013 treffe ich mich auf Rolfs Vermittlung mit Josef Spielvogel im Kaffeehaus. Im Café Winter in der Alser Straße sitzt ein höflicher, älterer Herr der alten Schule, liebenswürdig, unerwartet humorvoll, mit angenehmer Stimme. Er freut sich über das Treffen, auf das er sich auch ein wenig vorbereitet hat. Ich freue mich auch, weil ich hier auf ein Bindeglied zu Rolf Dolinas Kinder- und Jugendtagen treffe. Ich bin gespannt, wie sehr die Erinnerungen des einstigen Schülers und des einstigen Lehrers auseinanderklaffen. Ich stelle bald fest – eigentlich kaum. Die seinerzeitige Beziehung der beiden war offenkundig von gegenseitiger Zuneigung und Wertschätzung geprägt, die Erinnerungen ergänzen einander mehr, als sie sich widersprechen. Josef Spielvogel eröffnet das Gespräch mit dem Thema des Wiedersehens:

„Hat er Ihnen erzählt, dass wir uns jetzt wieder getroffen haben – über meinen Sohn? Ich war damals im Krankenhaus, mein Sohn kommt zu mir und sagt: Das wirst du nicht erraten, was glaubst du, wen ich gestern getroffen habe?! Einen deiner ehemaligen Schüler mit der Deutschnote ‚Sehr gut‘. Damals gab's davon ja nicht so viele. Die merkt man sich ziemlich genau. Aber auf die Frage meines Sohnes hatte ich trotzdem keine Antwort, habe nur mit den Achseln gezuckt, und dann sagt er: Den Dolina! Da habe ich wirklich gestaunt. So bin ich also wieder auf den Rudi Dolina gekommen. Er hat mir über meinen Sohn eine Visitenkarte zukommen lassen mit dem Ersuchen um einen Anruf. Das habe ich auch getan, und wir haben uns dann getroffen. Ein abenteuerliches Leben! Viel Wagemut, viel Hoffnung, Zuversicht, Selbstsicherheit, sich was zutrauen. Ja, das war auch damals so: Er hat sich immer was zugetraut.“

Aus der Gegenwärtigkeit dieses Treffens taucht Josef Spielvogel schließlich in seine Erinnerungen an die 1940er- und 1950er-Jahre ab. Ich verstehe gleich, warum er für den halbwüchsigen Rudi, und wahrscheinlich auch für einige andere, eine Art Vaterfigur darstellte.

Feinfühligkeit, Idealismus und ein grundlegendes Interesse und Verständnis für Kinder zeichneten den damals blutjungen Lehrer aus, der selbst als Waisenkind aufgewachsen war. Josef Spielvogel war einundzwanzig Jahre, als er Rudis Klasse als Klassenlehrer übernahm – nicht nur mit Herz und Seele, sondern auch mit Engagement für seine Schüler, die er förderte, wo er konnte. Keine Selbstverständlichkeit in einer Zeit, als das Lehrpersonal noch mit schwarzen Klothmänteln und vielfach noch mit Rohrstöcken bewaffnet durch die Gänge eilte und vor allem Strenge und Härte walten ließ. In dieser Phase markierte Josef Spielvogel als Lehrer zweifelsohne eine Ausnahme. Und diese Ausnahmeerscheinung von Lehrer traf mit Rudi auf eine Ausnahmeerscheinung von Schüler: „Einen Rudi Dolina vergisst man nicht. Er ist und bleibt in Erinnerung. Man hebt sich ja nicht von jedem Schüler Hefte auf! Aber bei ihm habe ich es getan", fasst Josef Spielvogel gleich eingangs zusammen.

Was diesen Schüler damals ausmachte, will ich wissen, und was es mit den imposanten Heften auf sich hat? Was die erste Frage betrifft, gibt es von Josef Spielvogel mehrere Antworten mit vielen Facetten. Einige Aspekte scheinen mir in dem anderthalbstündigen Gespräch jedoch besonders bemerkenswert: Dass viele Talente, die im späteren Berufsleben einen wesentlichen Anteil an Rolf Dolinas Erfolg haben, bereits in der Schulzeit sehr ausgeprägt zu Tage traten.

„Ich muss sagen, der Rudi Dolina ist mir gleich aufgefallen. Er ist ganz hinten gesessen, aber er war irgendwie markant. Eine Erscheinung. (...) Er war ein bissel größer als die anderen, weil er bei seinem Schuleintritt ein halbes Jahr voraus war. Er war markant, ein Führertyp im positiven Sinn. Besonders aufgefallen sind mir seine sprachlichen Talente. Sowohl mündlich als auch schriftlich. Es war damals vor allem so: Man hat als Lehrer ein Aufsatzthema gegeben, wobei man immer einen Einstieg geboten hat. Viele Schüler ahmen dann einfach das nach, was man im Unterricht besprochen hat. Aber der Rudi hat meine Anregungen immer sehr persönlich aufgenommen. Er hat sie weiterentwickelt, sodass ein eigenes Werk daraus geworden ist. Einmal gab es auch eine Hausübung, einen Al-

lerseelen-Aufsatz. Er hat ihn gebracht, und ich hab' mir gedacht, das kann er unmöglich alleine geschrieben haben. Das war eine derartige Einsicht, Reife, also auch gefühlsmäßig alles vorhanden ... die Anfangsbuchstaben hat er verziert. Ich hab' mir gedacht, ich will wissen, wer ihm da beigestanden hat, aber der Aufsatz war wirklich selbstständig erarbeitet. Selber geschrieben! Er hat sich hingesetzt und konnte gestalten. Grafisch und sprachlich!

Eine andere Sache war die Schauspielerei. Er konnte sich sehr gut einfühlen in seine Rollen, bei Gedichten oder kleinen Sketches. In der vierten Klasse hatten wir eine Aufführung: ‚Der Bauer als Millionär‘. Die Aufführung war so erfolgreich, dass wir sie dreimal wiederholen mussten. Bei derselben Schulabschlussfeier hat auch die Englischlehrerin einen Sketch aufgeführt. ‚The Green Handkerchief‘ in englischer Sprache. Der Bauer als Millionär war also vorbei, ich bin dort als Zuschauer gesessen. Und ich muss sagen, der Rudi Dolina war in der Rolle des Engländers mit Regenschirm und steifem Hut in der Gestik, in der Ausdrucksweise – also der Charlie Chaplin hätte es nicht besser gemacht. Ich hab' Tränen gelacht. Es war derart lustig und komisch – die anderen Kinder haben natürlich auch ihren Teil beigetragen, aber der Rudi war derart Spitze, also für mich unvergessen.“

„Mein Lehrer hat mir bei unserem Treffen mein Aufsatzheft und Diktatheft mitgebracht: Rudolf Dolina in der 2d im Jahr 1951 bis 1952. Beachten Sie bitte die Jahreszahl! Ich bin an die Vienna verkauft worden am 6. November 1951. Und zu diesem Zeitpunkt, also genau da, habe ich den Aufsatz geschrieben über Allerseelen.“
(Rolf Dolina, Mai 2013)

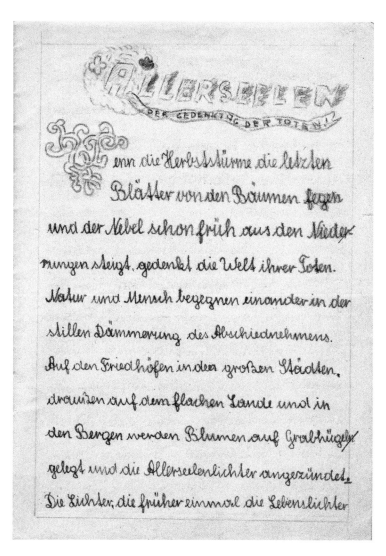

Und wie beurteilt Rolf Dolina rückblickend seine Jugendjahre in der Hauptschule, also die Lebensspanne zwischen zehn und vierzehn Jahren?

In jedem Fall in einer Art und Weise, die der eingangs zitierten Charakterisierung Rolf Dolinas durch seinen Lehrer Josef Spielvogel durchaus nahekommt: Er hat sich bereits in diesen jungen Jahren

der Menschen waren, und jetzt still auf den Gräbern flackern, angezündet von denen, die den Toten nahe standen. Viele trauern um die von ihnen liebgehabten Menschen, die jetzt tief unter der Erde liegen.

Allerseelen 1951. Die Lichter brennen und die Blumen duften auf unzähligen Gräbern. Erinnerungen steigen empor wie die Nebel an einem Novemberabend. Keiner von denen, die wir beweinen, hat umsonst gelebt. Mag er nun groß und berühmt gewesen sein vor der Öffentlichkeit, oder klein und scheinbar vergessen im Mahlstrom des Alltages, seine Bewährung

etwas zugetraut und er weiß: Falsche Bescheidenheit ist auch keine Zier.

„Ich war ein sehr interessantes Kind insofern, retrospektiv betrachtet, als ich in der Schule der Schlimmste und immer der Beste war. Und dadurch hab' ich natürlich Narrenfreiheit gehabt. Ich war außerdem

als Mensch vor Zeit und Schicksal sühern
ihm ein ewiges Gedenken in unseren Herzen.

Darum feiern wir ~~heuer~~ am 2 November, den
Gedenktag der Toten ~~~

ALLERSEELEN
Eine ausgezeichnete Arbeit

Sehr gut!

Verbesserung: der Grabhügel, die Grabhügel,
Niede = rungen. Allerseelenlichter angezündet, die
Lichter..., angezündet von denen, die den Toten
nahstanden, ... duften auf unzähligen Gräbern.
Keiner von denen, die wir beweinen, ... vor der Öffent-
lichkeit, oder leben ....

der Einzige, der bei einem Staatsligaverein Fußball gespielt hat, da
hat man natürlich schon eine Reputation gehabt! Damals gab es noch
keine gemischten Klassen an der Schule, Buben und Mädchen waren
getrennt, aber natürlich gab's auch Mädchenklassen. Und ich war
der Hero von sehr vielen Burschen und natürlich auch von manchen
Mädchen. Da ist man zwölf, dreizehn, vierzehn Jahre ... also das hat
mir schon sehr gut getan. Das Ego hat da bestens funktioniert!"

„Der Ärmste aus der ganzen Klasse war der, der als Einziger eine kurze Hose angehabt hat. Und das war ich!" Klassenfoto mit Rudi Dolina (erste Reihe, zweiter von rechts) und seinem Lehrer Josef Spielvogel (Bildmitte, hinten stehend im schwarzen Anzug), Kalvarienbergschule, Wien, 1953.

Die legendäre und dreimal wiederholte Theateraufführung „Der Bauer als Millionär" anlässlich des Schulabschlusses mit Rudi Dolina als Hass (links) und Erich Janschitz als Neid im Theatersaal der Volkshochschule Parhamerplatz, Wien, 1954.

Es war für mich die Freiheit

VON FAHRRÄDERN, FERRARIS
UND BUCHHALTUNG

Ab seinem zwölften Lebensjahr vergrößerte sich Rudis Aktionsradius zum ersten Mal in seinem Leben in beträchtlichem Ausmaß:

„Ich hab' mit zwölf Jahren mein erstes Fahrrad bekommen – das hat sich meine Mutter wirklich vom Mund abgespart. Das war mein Ein und Alles. Das Fahrrad habe ich mehr geliebt als irgendetwas Anderes auf der Welt, weil es für mich die Freiheit bedeutete. Ich bin dann natürlich ununterbrochen unterwegs gewesen, in den ganzen Bezirken von Wien, habe Ausflüge gemacht und war dann erst zwei Tagen später wieder da. Da habe ich natürlich wieder meine Ohrfeigen bekommen, aber das war mir alles egal.“

Neben den neu gewonnenen Freiheiten, die das Radfahren mit sich brachte, spielten auch noch andere sportliche Aktivitäten eine Rolle: So trainierte Rudi regelmäßig Eishockey in der Jugendmannschaft des Hernalser Traditionsvereins Engelmann, er war Mitglied im Nachwuchsstemmklub in der Ottakringer Straße und turnte zweimal wöchentlich beim WAT-Turnverein (Wiener Arbeiter- und Turnverein). Als Rudi Dolina die vierte Klasse Hauptschule besuchte und das verletzungsbedingte Ende seiner Fußballkarriere wegstecken musste, führte er also bereits ein relativ eigenständiges und unabhängiges Leben, das sehr bald auch von anderen Interessen und neuen Träumen bestimmt wurde. Josef Spielvogels Appelle an Rudis Mutter Sabine, ihrem talentierten Sohn eine weitere Ausbildung auf dem Gymnasium zu ermöglichen, waren daher aus zwei Gründen zum Scheitern verurteilt: Zum einen zog es den knapp fünfzehnjährigen Rudi nun definitiv selbst in neue Gefilde, zum anderen lebten Rudi und seine Mutter nach wie vor am Existenzminimum. Ein fortgesetzter Schulbesuch am Gymnasium wäre für Sabine also kaum finanzierbar gewesen. Zum neuen Zentrum des jugendlichen Rudi wurde nun die Schwindgasse 5 im vierten Wiener Gemeindebezirk. In der Firma Unitherm – Österreichische Gesellschaft für universelle Wärmetechnik mbH – begann Rudi eine Lehre zum Industriekaufmann:

„Mich hat ja eigentlich immer alles interessiert, und Buchhaltung hat mich gleich wahnsinnig fasziniert. Das ist mir dann in meinem ganzen Leben sehr zugutegekommen, dass ich mich mit Ziffern sehr gut ausgekannt habe, mit Soll und Haben, Gutschriften, Credit notes, mit all diesen Terminologien, die man im Finanz- und Wirtschaftswesen braucht. Ich habe also die Lehre begonnen, wobei ausgemacht war, dass ich fünfzig Prozent meiner Lehrlingsentschädigung zu Hause für Kost und Quartier abliefere. Das waren im ersten Jahr 290 Schilling im Monat! Ich musste einfach zum Leben beitragen.“

Allgemein macht sich zu diesem Zeitpunkt im grauen Wien der 1950er-Jahre langsam Aufbruchsstimmung breit. Besonders die städtische Jugend spürt den neuen Wind, der nun vor allem aus Amerika zu wehen beginnt. Bill Haley & His Comets erobern mit Hits wie „Rock Around the Clock" und „See you later Alligator"

„Die unzertrennlichen Vier" in kompletter Besetzung vor dem Haus Liebhartsgasse 28, Ottakring, 1955. Von links: Rudis Cousin Franz Frittum, Roman Sterbig, Günther Della Rovere und Rudi Dolina.

die Musikcharts der Welt. Via Rundfunk vernimmt die österreichische Jugend die Stimmen von Doris Day, Fats Domino, Elvis Presley, Dean Martin und Frank Sinatra. James Dean und Marilyn Monroe avancieren über das Kino – damals das Tor zur modernen Welt – zu den neuen Stilikonen. Der 15-jährige Rudi Dolina ist in dieser Phase Teil einer verschworenen Clique, die alle diese neuen Entwicklungen wie ein Schwamm in sich aufsaugt:

„Ich hatte einen Cousin, der ist 1937 geboren, also zwei Jahre älter als ich. Der war ein passionierter Kinogeher. Dann hatten wir noch zwei Freunde, einen gewissen Roman Sterbig, der hat bei der Arbeiterbank[3] BAWAG gearbeitet, der war schon etwas älter, siebzehn, achtzehn ungefähr, und der Günther Della Rovere, der war auch ein Kollege von meinem Cousin. Also wir waren die unzertrennlichen Vier. Und was für mich das Fahrrad und der Sport waren – das war für meinen Cousin das Kino. Wir sind oft an einem Samstag in drei Vorstellungen gegangen! Teilweise sind wir fünf Minuten vor dem Ende einer Vorstellung schon weggegangen, damit wir bei der nächsten in einem anderen, nahegelegenen Kino wieder am Anfang drinnen sitzen konnten."

Das Kino sorgte für den bis dahin radelnden Rudi auf persönlicher Ebene für den nächsten gewaltigen Mobilisierungsschub. 1954 war der Kinohit „Ein Herz und eine Krone"– im amerikanischen Original als „Roman Holiday" – mit Gregory Peck und Audrey Hepburn in den Hauptrollen auch in Österreich angelaufen. Nach dem Film war für Rudi alles anders und eines klar:

---

[3] Die Arbeiterbank AG war 1912 auf Initiative von Karl Renner als „Kreditverband österreichischer Arbeitervereinigungen" gegründet worden und 1922 zur „Arbeiterbank AG" umgewandelt worden. Zu den ursprünglichen Aufgaben der Bank gehörte die Verwaltung der finanziellen Mittel der Gewerkschaften und Konsumgenossenschaften. Als wesentliche Basis der Arbeiterbewegung wurde die Bank 1934 liquidiert und konnte ihre Tätigkeit erst 1947 wieder aufnehmen. 1963 erfolgte die Umbenennung in „Bank für Arbeit und Wirtschaft" (BAWAG). Mit der sogenannten BAWAG-Affäre 2006 und dem folgenden Verkauf an den US-Fonds Cerberus Capital Management endete die Geschichte der Bank als österreichisches Unternehmen.

Kaufvertrag:
.-.-.-.-.-.-.-.-.-.-

W 7300

14. Nov. 1955

Ich bestätige hiermit, daß das ~~Moterrad~~, Motorroller, ~~Auto~~ Marke.*Vespa*.....Type.*125*.....Mot.Nr.*V 14M 45636*.stl.*46890*... am heutigen Tage, nach Erlag des vereinbarten Kaufpreises in das uneingeschränkte Eigentum des Herrn.*WOHLSTEIN HEINRICH*....... wohnhaft.....*WIEN 17, ROSENSTEING 86*.....übergegangen ist.

Das Fahrzeug ist mein alleiniges Eigentum und vollkommen unbelastet.

Die Übergabe erfolgt wie besichtigt und probegefahren ohne jedweder Garantie und Gewährleistung.

Beide Teile erklären ausdrücklich auf Anfechtung dieses Vertrages wegen Verletzung über oder unter die Hälfte des wahren Wertes zu verzichten.

Käufer :   Verkäufer :

Günther Steindl

B.R.Z. 833/1955

Die Echtheit der Unterschrift des Herrn Günther-- S t e i n d l , Drogist, Wien 17., Schumanngasse 86/2 wird hiemit bestätigt.- Wien, am neunzehnten Oktober eintau --- sendneunhundertfünfundfünfzig. - - - - - - - - - - - -

Mit der Unterzeichnung des Kaufvertrags für eine Vespa 125 anderthalb Monate vor Rudis 16. Geburtstag – durch Heinrich Wohlstein als gesetzlichem Vertreter – erfüllte sich Rudi selbst seinen ersten, großen Traum.

Rechnungsbelege und Zahlscheine für die Kreditraten, 1955/56.
„Ich hab' leider kein einziges Foto von meiner Vespa, weil ich habe damals alles Geld gebraucht, um Benzin zu kaufen", bemerkt Rolf Dolina, als er seine Sammlung von Reparatur- und Benzinrechnungen präsentiert. Eine Tankfüllung kostete im Jahr 1957 etwa 27 Schilling.

„Danach hab' ich gesagt, ich muss unbedingt – ich muss, ich muss, ich muss – ganz einfach eine Vespa haben. Langsam ist nach diesem Film diese Rollermode nach Wien gekommen. Da gab es dann die Klubs: Den Vespaclub Wien, den Vespaclub Linz, also diese Klubs haben sich in dieser Zeit formiert. Und dann gab's natürlich neben der Vespa noch andere Roller. Aber die Vespa war der Ferrari damals. Und deshalb hab' ich mir unbedingt eine Vespa eingebildet.

Das habe ich auch geschafft: Durch sehr viel Sparen und durch sehr viel Arbeit nebenher! Das heißt, ich hab' zum Beispiel nach meiner Büroarbeit für einen Schneider Anzüge ausgetragen, oder für das Autohaus Bendak die Buchhaltung gemacht.

Ich war jedenfalls mit nicht einmal ganz sechzehn Jahren Vespabesitzer! Hab' mich dann im Vespaclub angemeldet, weil das war der sicherste Weg zu fahren – ich hatte ja auch keinen Führerschein! Und dann natürlich mit den Mädchen auf dem Sozius-Sitz im Petticoat –

so sind wir dann herum gerauscht. Für meine Mutter allerdings war das alles unheimlich, das hat sie alles nicht verstanden, für sie war das eine andere Welt."

„Man muss schauen, wie man im Leben durchkommt", grinst Rolf Dolina und erinnert sich nicht nur an die vielen zusätzlichen Arbeiten, die er während und nach seiner regulären Arbeitszeit als Buchhalterlehrling erledigte, um die Vespa zu erhalten. Tatsächlich gab es auch eine kleine List, mit der es ihm gelang, die Erhaltungskosten ein wenig zu senken. Es ist jene Art von schlauer Schlitzohrigkeit, die auch in seiner späteren beruflichen Laufbahn immer wieder durchkommt – manchmal nicht ganz legal, aber immer noch sympathisch:

„Für mich war natürlich ein großer Vorteil, dass ich in der Buchhaltung von der Unitherm gearbeitet habe. Die Unitherm hat sehr viele große Geschäfte gemacht, wobei die Firmen damals mit Wechseln bezahlt haben. Und bei einem Wechsel musste man rückwärts die Wechselgebühren immer in Stempelmarken draufkleben. Das war natürlich für mich und den Vespaclub ein gefundenes Fressen, weil ich habe ja die Wechsel, die bezahlt und abgelegt wurden, alle bearbeitet. Da habe ich dann einfach die Marken abgelöst, habe sie als KFZ-Steuer in unsere Steuerkarte geklebt, mit dicken, fetten Stempeln entwertet, sodass man den Originalstempel dann nicht mehr lesen konnte. So haben wir uns was erspart, die anderen haben das teilweise natürlich auch verkauft und damit wieder das Benzin finanziert!"

Eine Story, die sich sowohl als Fortsetzung von Rolfs Vespa-Vergangenheit lesen lässt als auch als lebensgeschichtliches Puzzlestück, das sich irgendwann als zufälliges Teilchen in Rolfs Leben hinein verirrt hat und später als passendes Glied in einer geordneten Kette der Lebensgeschichte wieder auftaucht, ist folgende Begebenheit:

„Wir haben einmal mit dem Vespaclub Wien einen Ausflug gemacht: Von Wien nach Mödling über die Hinterbrühl und wieder zurück. Ich hatte damals eine Freundin, die war genauso alt wie ich. Die

Inge Stockhammer war auch Lehrling, eine Verkäuferin in einem Zuckerlgeschäft auf der Praterstraße – das war damals meine große Liebe, meine erste richtige Freundin.

Wir sind über die Hinterbrühl hinauf auf den Gießhübl gefahren. Mit meinem Roller. Das war diese 125er-Vespa, ein uraltes Modell und das billigste, das ich damals kriegen konnte. Aber immerhin – es war eine Vespa! Die hat es dann jedenfalls am Berg nicht mehr geschafft, uns zwei da rauf zu schleppen. Und ich musste eine der großen Niederlagen meines Lebens einstecken: Dass eben meine Freundin umsteigen musste auf eine andere Vespa, nämlich die vom Dieter Friedl. Ich weiß es noch wie heute! Der hat sie dann mitgenommen und ich musste alleine – alleine hat's die Vespa ja geschafft – den Hügel rauf fahren. Das war für mich das Zeichen: Diese Vespa muss weg und eine stärkere her! Dann habe ich mir tatsächlich 1957 eine 150 GS gekauft, das war dann wirklich der Ferrari. Nicht 125 Kubikzentimeter, sondern 150, eine silbergraue Vespa. Ein Super-Eisen und die Welt war für mich wieder in Ordnung. Das Interessante an der Geschichte ist aber, dass die Vespa, die es damals in der Hinterbrühl nicht den Hügel rauf geschafft hat, genau da stehen geblieben ist, wo heute unser Haus steht und wo ich wohne. Genau an diesem Grundstück. "

Rolfs Buchhalterlehre vollzog sich im Wesentlichen nach ähnlichem Muster wie seine Schulzeit: Er löste die an ihn gestellten Anforderungen mit Leichtigkeit und Fantasie, ohne größere Anstrengungen. Im Vordergrund seiner persönlichen Interessen standen naturgemäß die Vespa, die Mädels, die Liebesgeschichten, vor allem aber auch die neue amerikanische Musik und das Tanzen. Doch genau Letzteres erwies sich in Wien als schwierig und entwickelte sich zu einer Marktlücke, die gleichzeitig Rolfs erste selbstständige Tätigkeit als Unternehmer bedeuten sollte. Was fehlte also den jungen Leuten in Wien?

„Der Rock'n'Roll wurde damals gespielt im Rundfunk, also im Radio, und die Platten konnte man kaufen. Aber man konnte nach dieser Musik damals noch nirgendwo richtig tanzen, außer privat. Es gab keine institutionalisierten Plätze und Orte, wo man diese Musik öffentlich hören konnte. Teilweise haben sie im Volksgarten Rock

gespielt. *Da haben sie hin und wieder eine Rock-Nummer eingelegt, aber hauptsächlich haben sie diese L'Amour-Hatscher, wie man so schön sagt, diese Schmusesongs, gespielt.*"

Die Wiener Jugendlichen aber wollten tanzen, und nicht nur zu den L'Amour-Hatschern, sondern auch zu den heißen Rhythmen des damals neuen Rock 'n' Roll. Über den Vespaclub hatte Rudi mittlerweile zahlreiche neue Freundschaften geschlossen, unter anderem mit dem 18-jährigen Auslagendekorateur Heinz Hlavacek und dessen älterem Freund Toni Fleischhacker. Letzterer war soeben von einer Reise aus New York zurückgekehrt und berichtete in eben dieser Runde von den dortigen Erlebnissen und von einer in Österreich völlig unbekannten und für ihn einzigartigen Erfahrung: Sein Besuch im legendären New Yorker Jazzclub Birdland, das, 1949 gegründet, in den 1950er-Jahren bei einem Eintrittspreis von anderthalb Dollar nicht nur über ein legendäres Musikprogramm und im Verlauf von einem Jahrzehnt über 1,4 Millionen Besucherinnen und Besucher verfügte, sondern auch über eine ebenso illustre Gästeliste wie Sammy Davies Jr., Frank Sinatra, Ava Gardener, Marilyn Monroe, Marlene Dietrich und Gary Cooper.

Die Begeisterung von Toni Fleischhacker über das dort Erlebte – die Musik, das Tanzen, die Stimmung, die Atmosphäre – war ansteckend und motivierend zugleich. „Wir müssen so was in Wien organisieren", war die spontane Idee der drei Burschen im Jahr 1956.

Die damalige Gründerzeitstimmung begünstigte dieses Vorhaben. Keine bürokratischen Vorgaben behinderten das Projekt, das von den drei Jugendlichen innerhalb kürzester Zeit mit kleinstem Budget, aber umso größerem Enthusiasmus auf die Beine gestellt wurde:

„Wir haben ein Lokal gefunden, ein Kaffeehaus an der Ecke Fasangasse/Landstraßer Gürtel. Wir haben uns mit diesem Cafetier zusammengesetzt und gesagt, da im Keller wollen wir gerne einen Jazzclub machen. So entstand der erste Jazzclub in Wien – das erste Birdland. Das zweite Birdland in Wien hat später der Joe Zawinul

im Hilton gemacht. Aber unser Birdland war der erste Jazzclub in Wien im Jahre 1956. Ausstaffiert haben wir diesen Keller mit Schilfmatten, die wir auf dem Bau bzw. bei Baufirmen gekauft haben. Tische und Bänke hat uns irgendwer zur Verfügung gestellt. Das Einzige, was wir wirklich gehabt und gekauft haben, war eine kleine Anlage mit einem Plattenspieler und einem Lautsprecher. Der Toni hat aufgelegt, der Heinz Hlavacek hat serviert und ich hatte die Finanzen über. Da ist zum ersten Mal richtig zum Tragen gekommen, dass meine kaufmännische Ausbildung gar nicht so schlecht ist. Diesen Jazzclub haben wir dann sehr lange geführt, eigentlich so lange, bis ich nach Australien gegangen bin."

Das Birdland war jeweils am Donnerstag, Freitag und Samstag ab 18 Uhr geöffnet und startete, wie das Vorbild in New York, immer mit der Melodie von „Lullaby of Birdland" – 1952 von George Shearing komponiert und 1956 von Toni Fleischhacker auf Vinyl gepresst nach Wien importiert.

„*Es war wirklich eine neue Musik in Wien, diese klassischen Rock 'n' Roll-Rhythmen. Ich habe das vorher alles nicht gekannt. Ins Birdland kamen dann jedenfalls lauter junge Leute, die einfach nur tanzen wollten. Und wir selbst haben natürlich auch getanzt wie die Wilden. Aber ich hab' vor allem immer die ganze Abrechnung gemacht und das Geld verteilt – damit hab' ich mir meinen Roller finanziert, und das war das Wichtigste.*"

DAS TICKET IN DIE GROSSE, WEITE WELT

Im Dezember 1957 ist Rolf Dolina siebzehn Jahre alt. Zu diesem Zeitpunkt verfügt er bereits über einige sehr essentielle Lebenserfahrungen, die sich nicht nur in seinen unmittelbaren Folgeschritten zeigen, sondern die auch sein späteres Berufsleben stark prägen werden. Aus seiner Vespa-Geschichte hatte er – bewusst oder unbewusst – vor allem zwei sehr spezielle Lehren gezogen: Nämlich dass das Erreichen von Träumen das Ergebnis harter und konsequenter Arbeit war. Dies offenbarte sich nicht nur in seiner grundsätzlichen Bereitschaft, alle möglichen Arbeiten anzugehen, vielmehr noch zeigte es sich in seinem Verhältnis zum Tanzen: Klar, auch er hatte mit seinen Freundinnen im Birdland wild getanzt und Spaß an der Musik, aber viel wichtiger als diese Vergnügungen war ihm letztendlich die gewissenhafte Abrechnung. Erst dies ermöglichte den Erhalt der Vespa. Die zweite Essenz, die sich aus der Vespa-Geschichte ziehen ließ, war, dass man ab und an auch etwas riskieren und bereit sein muss, die eine oder andere Regel zu brechen, um sich und seine Lebensträume zu verwirklichen. Mit diesen beiden Lebenswahrheiten war Rudi bisher ganz gut gefahren. Er hatte es im Wesentlichen geschafft, sich ein relativ unabhängiges Leben nach seinem Geschmack einzurichten: Er war als Lehrling erfolgreich, unter Freunden beliebt und geschätzt, von den Mädchen bewundert, das Birdland lief gut und die Vespa schnurrte. Zwei Faktoren sollten ihm jetzt allerdings die Suppe ein wenig versalzen:

„Dann hat mich meine große Liebe verlassen. Das war eine ganz große Niederlage in meinem Leben: Ein Dolina wird nicht verlassen – er verlässt! Hinzu kam, dass zu Hause der Terror immer größer wurde – und zwar insofern, als der Traum meiner Mutter war, dass ich zur Post oder zur Bahn gehe. Damit haben meine Mutter und meine Tanten uns Kinder richtig terrorisiert. Mein Cousin ist dann

auch wirklich zur Bahn gegangen. Aber ich hab' gewusst: Nein, das ist nichts für mich, und ich hab' mich gefragt, ok, was soll ich tun? Wie kann ich es schaffen, dass ich wegkomme, und zwar so weit wie möglich. Na ja, soweit wie möglich – das habe ich mir auf der Karte angeschaut – ist die andere Seite: Australien. Wie schaffe ich das also, dass ich nach Australien komme? Ich hatte ja nur einen Reisepass für Europa und es war klar, wenn ich das meiner Mutter sage, kriege ich sofort wieder ein paar Watschen. "

Wie man aus Wien wegkam – und zwar nach Australien –, war damals in der Teinfaltstraße 1, in den heutigen Verkaufsräumen der Firma Bständig, zu erfahren.

Australien gehörte, neben Kanada und den USA, seit Beginn des 20. Jahrhunderts zu den klassischen Auswanderungsländern. Seit 1945 hatte es – als Folge des Zweiten Weltkriegs – seine Einwanderungspolitik offensiv verstärkt.

Um die Migrationspolitik von Europa nach Übersee besser steuern zu können, wurde im Jahr 1952 in Genf die Organisation „Intergovernmental Committee for European Migration" (ICEM) etabliert. Die ICEM sollte seinen Mitgliedern ermöglichen, mit verschiedenen europäischen Ländern Kooperationen und Verträge abzuschließen, die eine Auswanderung nach Übersee begünstigten. Ein solcher Vertrag wurde u. a. auch zwischen Australien und Österreich geschlossen. Der Vorteil für Österreich lag vor allem darin, dass mit Hilfe der Emigranten der Arbeitsmarkt entlastet und die Arbeitslosenstatistik entsprechend gesenkt werden konnte. So kam es also, dass Australien in der Teinfaltstraße 1 ein sogenanntes Immigration-Office betrieb, wo man nicht nur um auswanderungswillige Österreicherinnen und Österreicher warb, sondern diese auch konkret mit verschiedenen Hilfestellungen unterstützte – etwa in der Beratung bzw. auch mit einer Übernahme der nicht unerheblichen Fahrtkosten.

„In der Teinfaltstraße im ersten Bezirk gab's ein Australian Immigration Office. Dort bin ich hingegangen und habe mich interessiert, wie das in Australien so ist und wie ich dorthin komme. Ich hab' dann jedenfalls gleich gesagt: Ok, mach' ich, und hab' mich angemeldet.

Jetzt musste ich zwei Dinge lösen. Erstens einen Reisepass für alle Länder der Welt bekommen, weil mein Pass ja nur für Europa gültig war. Und zweitens das Einverständnis und die Unterschrift meiner Mutter bekommen, weil ich ja noch nicht volljährig war. Die wollten also eine eidesstattliche Erklärung, eine notariell beglaubigte Erklärung von meiner Mutter, dass sie einverstanden ist."

Rudi Dolinas Besuch im Immigration Office und sein Entschluss zur Ausreise nach Australien vollzogen sich irgendwann im Herbst 1957, ein Zeitpunkt, der auch mit dem Ende seiner Lehrjahre als Industriekaufmannsgehilfe zusammenfiel. Die Probleme, die einer geplanten Auswanderung entgegenstanden, waren allerdings nicht unerheblich. Nun begegnen wir in Rudi Dolina einem jungen Mann, der die Erfüllung seines neuen und aktuellen Traums strategisch und längerfristig zu planen beginnt:

„Da habe ich begonnen, meine Mutter anzuschwindeln. Ich habe ihr erzählt, dass meine Firma, die Unitherm, in Australien eine Filiale gemacht hat und dass sie überlegen, mich dort einzusetzen, und ob ich dort nicht hinmöchte und so weiter. Ich hab' das über die Zeit schön aufgebaut. Und dann endlich bin ich damit gekommen, ja, die wollen mich wirklich nach Australien schicken."

Das Fantasiekonstrukt mit der erfundenen Unitherm-Filiale in Australien, um die Mutter langsam an den Gedanken einer möglichen Auswanderung ihres Sohnes zu gewöhnen, war die eine Sache. Die andere Sache war wieder einmal eine Frage der Geldbeschaffung. Aus der Retrospektive zeigt sich an dieser Stelle erneut die große Konsequenz und Opferbereitschaft bei der Realisierung eines Traums: Als Rudi die Sache durchkalkuliert, erkennt er vor allem eines: Die Vespa muss weg. Ohne Verkauf des geliebten Rollers geht's nicht. Punktum. Ohne Sentiment wurden also diesbezügliche Verkaufspläne gewälzt. Und wie sich bei den strategischen Planungen herausstellte, sollte schlussendlich der Verkauf der Vespa überhaupt die Lösung aller Probleme bedeuten:

„Dann ist mir die Idee gekommen, dass ich, wenn ich den Roller verkaufe, als Verkäufer auch die Unterschrift meiner Mutter auf dem Kaufvertrag brauche, weil ich mit siebzehn ja auch in dieser Sache noch nicht handlungs- und geschäftsfähig bin. Das war dann die Lösung des Problems. Ich habe zuerst einmal einen Käufer gesucht. Das war ein Zweiradgeschäft in der Heiligenstädter Straße. Der war bereit, den Roller in Kommission zu nehmen und zu verkaufen. Dafür hat er natürlich einen von mir unterschriebenen und von meinem Vormund beglaubigten Kaufvertrag gebraucht. Ich habe also einen Kaufvertrag – den Text hat er mir gegeben – aufgesetzt und ich habe dann – das wusste ich alles von meiner Ausbildung in der Buchhaltung – einen zusätzlichen Satz reingeschrieben, ganz unten auf dem Papier: Ich bestätige die Echtheit der Unterschrift, also das, was ein Notar normalerweise schreibt. Das hab' ich schon vorgeschrieben. Und dann bin ich mit meiner Mutter zum Notar gegangen. Der Kaufvertrag war unten natürlich blanko, weil der Käufer noch nicht feststand. Dann hat meine Mutter ihre Unterschrift daruntergesetzt,

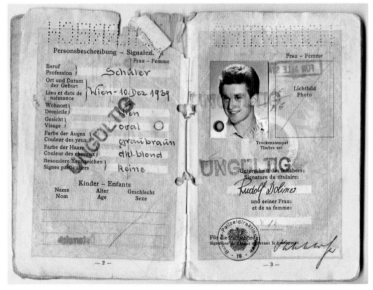

„Für alle Staaten der Welt" vermerkte am 9. Oktober 1958 ein blauer Stempel im Reisepass, der bisher nur innerhalb Europas Gültigkeit besessen hatte.

An Deck während der
Überfahrt von Neapel
nach Melbourne,
Winter 1958.

der Notar hat unterschrieben und den Stempel draufgegeben. Ich
hab' ihm die Arbeit ja schon abgenommen und er hat die Echtheit
der Unterschrift der Frau Sabine Dolina bestätigt. Ich bin dann nach
Hause gegangen und hab' zuerst den Zettel kopiert. Die Kopie hab'
ich dem Vermittler auf der Heiligenstädter Straße gegeben. Dann
hab' ich den Zettel auseinander geschnitten, weil die beglaubigten
Unterschriften waren ja ganz unten und dazwischen war sehr viel
freier Platz auf dem Papier. Deswegen hab' ich den oberen Teil mit
dem Kaufvertragstext weggeschnitten und auf die freie Papierfläche
habe ich geschrieben: Ich bestätige mein Einverständnis zur Aus-
wanderung meines Sohnes Rudi Dolina nach Australien. Diesen
Zettel hab' ich dort im Original abgegeben und meine Mutter hat
damit natürlich auch zugestimmt, dass ich für alle Länder der Welt
den Pass bekomme."

Damit waren auf einen Schlag sämtliche Hindernisse, die eine Ausreise nach Australien vereitelt hatten, aus dem Weg geräumt. Ein gutes Jahr haben die strategischen Vorbereitungsarbeiten in Anspruch genommen, aber nun hatte Rudi es geschafft.

Vier Wochen später erfolgte der ersehnte Aufbruch in die neue Welt. Am 22. November 1958 verließ Rudi im Alter von neunzehn Jahren auf einem der klassischen Auswandererschiffe, der SS Roma, Europa.

KAPITEL II

DIE JAHRE IN ÜBERSEE –
AUSTRALIEN UND USA

Schwarz vom Dreck

VON MÖRDERHACKN
UND NEUEN ERFAHRUNGEN

Mit dem 18. Dezember 1958 – dem Tag, an dem die Auswanderer in Melbourne an Land gingen – begann Rolfs Australien-Abenteuer. Für die europäischen Einwanderer hatte die australische Einwanderungsbehörde in allen großen Städten Lager errichtet, die zur Erstversorgung der Neuankömmlinge dienten:

„Holzbaracken, mit drei Stufen hinauf, hinein, links und rechts ein Bett, hinten in der Mitte ein Tisch, und vorne war ein Wasserhahn. Toiletten gab's nur zentral. Da musstest du schauen, dass du schnell einen Job kriegst. Wenn man Arbeit gehabt hat, hat man sich dort verabschiedet. Auch im Lager haben sie natürlich Schulungen gemacht, vor allem Sprachschulungen. Am Abend hat's immer eine zentrale Ausspeisung gegeben und anschließend gab es zur Unterhaltung auch Kino. Die haben schon gesorgt für uns, es ist uns dort nicht schlecht gegangen. Am Abend bist du halt vor der Hütte gesessen und hast Schmäh geführt. Dann ist einer nach dem anderen abgerissen und die Bekannten sind weniger geworden. Dann hast schauen müssen, dass du auch weggekommen bist, weil ja schon die Nächsten angekommen sind."

In dieser Situation wurde Rudi rasch klar, dass er mit seiner Buchhalterausbildung in Australien nicht weit kam – dazu fehlten ihm vorerst noch die notwendigen Sprachkenntnisse:

„Ich habe dann wirklich fast alles gemacht. Ich habe Autos gewaschen, ich habe Äpfel und Weintrauben geerntet, ich bin Traktor gefahren, ich habe Zuckerrohr geschnitten. Ich hab' auf einem Kraftwerksbau gearbeitet.
Das Zuckerrohrschneiden war aber das härteste, das man sich vorstellen kann: Grundsätzlich hat es da rund vierzig Grad und eine

irrsinnig hohe Luftfeuchtigkeit. Im Zuckerrohr selbst sind sehr viele Schlangen, Echsen, Spinnen und anderes giftiges Getier. Damit da also nichts passiert, muss man beim Zuckerrohrschneiden schauen, woher der Wind bläst. Und dann wird dieses Zuckerrohrfeld angezündet und die Blätter verbrennen. Der Wind treibt dieses Feuer über das Feld, die Tiere flüchten und die Arbeiter gehen hinten mit der Machete nach und schneiden das Zuckerrohr. Dann werden zum Abtransport des Zuckerrohrs schnell Schienen gelegt. Man war also den ganzen Tag unterwegs mit der Machete, mitten im Dreck: Man war schwarz von dem ganzen Dreck, man schwitzte, der Schweiß ist einem runter geronnen! Das war wirklich eine Mörderhacke.“

So hart diese Jobs waren, so gut waren sie auch bezahlt. Rudi schaffte es daher nicht nur sehr rasch, das Lager zu verlassen und eine Unterkunft in Melbourne zu finden, sondern er tätigte auch sehr bald eine äußerst nachhaltige Investition: Mit dem Kauf einer Kamera,

Abtransport des geschnittenen Zuckerrohrs, 1959: „Ich habe natürlich immer die Jobs gemacht, wo man am meisten verdient hat. Und das war am Staudamm oder bei der Zuckerrohrernte. Zuckerrohr habe ich allerdings nach drei, vier Wochen wieder aufgegeben, weil ich gemerkt habe, das halt' ich nicht aus, da geh' ich vor die Hunde.“

einer Braun Paxette, begann – ohne dass er sich dessen direkt bewusst war – seine fotodokumentarische Leidenschaft nach dem Vorbild des verstorbenen Vaters, der mit seiner Leica ebenfalls schon alle wichtigen Lebensstationen festgehalten hatte.

Gab es bis dahin in Rudis Leben lediglich Momentaufnahmen, die ihm von anderen Leuten eher zufällig zugespielt wurden, so konnte er nun nach eigenem Belieben fotografieren und dokumentieren.

Angesichts der damals noch enorm hohen Entwicklungskosten für Fotos und Diapositive fotografierte er in Australien natürlich weniger den Arbeitsalltag als vielmehr das Besondere und Außergewöhnliche: Reisen, Ausflüge und Sehenswürdigkeiten. Noch befinden wir uns in der analogen Welt und bis zum Übergang ins digitale Zeitalter dauerte es noch fast ein halbes Jahrhundert. Zwischen diesen beiden Polen lagen für Rolf Dolina nicht nur mehrere Jahrzehnte, sondern auch ein ganzes Vermögen, an dem auch die Entwicklungen im Bereich der Fotografie wesentlichen Anteil haben sollten. Noch war es allerdings nicht so weit. Der australische Alltag, der Rolf damals den Luxus seiner ersten Kamera ermöglichte, war von harter körperlicher Arbeit geprägt. Für ein regelmäßiges Einkom-

Rolf beim Reifen-
flicken als Arbeiter
der Firma Dunlop,
Melbourne, 1959.

Rolfs Unterkunft in der Kerferd Road nahe dem Vergnügungsviertel St. Kilda in einer Aufnahme von 2003. Sein Zimmer im ersten Stock verfügte allerdings über keinen Balkon, sondern nur über ein kleines Fenster in den Hinterhof.

men sorgte bald eine Anstellung bei der Firma Dunlop, wo er als Arbeiter zum Reifenflicken angeheuert hatte:

„Den längsten Job, den ich gemacht hab', war bei Dunlop: Autoreifen reparieren. Das war eine feste Anstellung. Da habe ich jede Woche mein fixes Gehalt bekommen, also meinen Lohn, und den hab' ich auf die Bank getragen. Und einmal im Monat, oder alle zwei Monate, habe ich Geld nach Österreich geschickt. Von der Commonwealth Savings Bank in der Flinders Street – dort war mein Account."

In Melbourne hatte Rudi mittlerweile an der Adresse 57 Kerferd Road nahe der Schnellbahnstation Albert Park Quartier genommen. Das heute renovierte Haus täuscht über den damaligen Charakter hinweg: Es war eine einfache und sehr billige Unterkunft nahe dem Vergnügungsviertel St. Kilda, ein Bezirk mit vielen Lokalen und lauten Bars, die allerdings den knapp 20-jährigen Rolf Dolina damals kaum gestört haben dürften.

Gegessen wurde unter der Woche nach der Arbeit in preiswerten Kantinen und Pubs, zum Teil versorgte sich Rolf mit seinen jeweiligen Wohnungskollegen auch selbst. „Schicke mir bitte dein Rezept für Krautfleisch", bittet er die Mutter in einem Brief im Juli 1959.[4] „Heute haben wir Spaghetti gehabt", heißt es wiederum in einem anderen Schreiben, wo er der Mutter auch von seiner Wohngemeinschaft berichtet: „Da hat jeder abwechselnd Haushaltsdienst. Es klappt auch wunderbar."[5]

---

[4] Brief Rolf Dolina an seine Mutter Sabine Dolina, Melbourne, 29.7.1959.
[5] Brief Rolf Dolina an seine Mutter Sabine Dolina, Melbourne, 29.4.1959.

es keine deutschen Namen kenne, weil es sie bei uns nicht gibt! Allerdings gibt es hier in Australien nie Gemüse allein sondern immer nur als Beilage zum Fleisch. Bei uns gibt es 3 Menü's zu Mittag. Alle jedes mit Fleisch – da Fleisch hier eines der billigsten Sachen ist. Das teuerste ist das Schweinefleisch, da kosten 2 lb – das sind ca 95 dkg also fast ein Kilo 7 australische Schilling, das sind ca 18 österr. Schillinge. Das ist allerdings das teuerste Fleisch. Etwas billiger ist das Kalbfleisch und das billigste ist das Schaffleisch, das meistens auch im billigsten Menü verwendet wird. Bei meinem Freund gibt es oft Leber (ja ich esse jetzt Leber sehr, sehr gerne !!). Leber ist in Australien so sehr billig, weil es keinem Australier einfallen würde Leber zu essen! So kaufen es nur die Neu-Australier und man bekommt sie fast geschenkt. 1 kg ca österr. S 5; Das über das Fleisch. Aber zurück zum Gemüse! Gemüse wird hier in Australien bei weitem nicht so zubereitet wie in Europa. Denn es gibt hier kein Gemüse das gekocht wird. Alles Gemüse

„Das soll eine kleine Belehrung über Gemüse sein", schreibt Rolf am 22. Februar 1960 an seine Mutter. Es ist ein anschauliches Dokument, das das Verhältnis zwischen Mutter und Sohn charakterisiert, aber auch auf die unterschiedlichen Ernährungsgewohnheiten zu Beginn der 1960er-Jahre verweist. Einige Ernährungstrends werden Jahrzehnte später auch Österreich erreichen.

egal ob Kohl - Kraut, Karotten od. anderes wird hier nur _gedünstet_. Das ist viel gesünder, denn beim Kochen geht bei jeden Gemüse ca. 80% der Vitamine verloren und das Essen ist dann nur kalorienreich — ~~nicht~~ nicht aber vitaminreich. ~~Das ist~~ Beim Dünsten bleiben viel mehr Vitamine erhalten als beim Kochen — das Gemüse ist also _gedünstet gesünder_! Das ist der frohe Aberglaube u. Irrtum bei Euch, das Gemüse gesund ist — ja es ist sehr gesund — ~~aber nur roh!~~ Natürlich ist es auch nicht ungesund, es gekocht zu essen, aber am gesündesten ist es roh - da es hier noch alle ~~Vitamin~~ Vitamine hat. Warum glaubst Du denn essen Millionen Vegetarier in der Welt nur _rohes_ Gemüse! Das soll eine kleine Belehrung über Gemüse sein! Aber daran liegt es hier bei den Faulenzern nicht sondern einzig und allein daran, dass es in diesem Wasser hier, das Du trinkst, mit dem Du kochst u.s.w. _kein_ Essen und was viel wichtiger ist _keinen_ Kalk gibt. Denn dieses Wasser ist filtriertes Grundwasser! Darum haben 90% der Australier mit 20 Jahren ein falsches Gebiss! Aber nun Schluss damit. Aber noch eine Bitte habe ich an Dich. Bitte schicke mir monatlich einmal eine Sonntagsausgabe des »Neuen Österreichers« mit Report. Also alle 4 Wochen einmal eine. Es wird nicht viel mehr wie 7 - 9 Schillinge kosten und ich werde es Dir wieder einmal ein bisserl Geld schicken. Auf eine

VON EISERNEM SPARWILLEN UND MONETÄRER GROSSZÜGIGKEIT

Geld zu verdienen war – neben der Flucht vor mütterlichem Einfluss und Kontrollbedürfnis – tatsächlich eines der zentralen Motive für das Australien-Abenteuer, das Rudi Dolina schon bei seiner Abfahrt aus Wien als zeitlich begrenzte Unternehmung betrachtet hatte:

„Ich bin nicht nach Australien gefahren, um zu bleiben. Ich bin hingefahren, um Geld zu verdienen. Dortbleiben war nie ein Thema. Natürlich hätte es auch anders kommen können, aber es war nicht so. Dortbleiben war einfach nicht meine Intention und Absicht, und meine Ziele habe ich eigentlich nie aus den Augen verloren."

Hinter dem in Wien gefassten Plan des Geldverdienens stand natürlich bereits ein neuer Traum, der zunächst in die Form eines Sportwagens, konkret eines MGA, gegossen war. Die Rückkehr nach Wien sollte – so zumindest der Plan – vom Kauf dieses vierrädrigen Luxusobjektes begleitet werden. Wie konsequent Rudi in Melbourne auf dieses Ziel hinarbeitete, lässt sich etappenweise auch in seinen Briefen an die Mutter nachvollziehen. „Mir gefällt es sehr gut hier, natürlich nicht zuletzt, weil ich so gut verdiene", ließ er seine Mutter in einem Brief vom 29. Juli 1959 wissen.[6] Drei Monate später hieß es – was die Mädchen betraf – natürlich nicht ganz wahrheitsgemäß:

„Ich habe mit Schmunzeln Deine Ansichten über meine noch weit entfernt liegende Hochzeit gelesen und möchte zu Deiner Frage betreffs Mädchen hier bemerken, daß ich fast gar keine Zeit dazu habe, da ich ja fast jeden Samstag und Sonntag arbeite. Allerdings gehe ich fast jede Woche einmal tanzen, das ist das einzige Vergnügen, das ich mir leiste. Morgen samstags arbeite ich wieder, auch

---

[6] Brief Rolf Dolina an seine Mutter Sabine Dolina, Melbourne, 29.7.1959.

heute habe ich von 6 bis 12 gearbeitet. Immer schön brav Kreuzchen verdienen.[7]

Im darauf folgenden Frühjahr vermerkte er in einem Antwortbrief gegenüber der stets besorgten Mutter: „Keine Sorge, Dein Sohn verkommt schon nicht, dazu ist er jetzt schon zu reich!"[8]
Der Vermögenszuwachs, den Rolf Dolina hier brieflich dokumentierte, stellte keineswegs eine für die Mutter erdachte Beruhigungspille dar. Tatsächlich förderte das Dolina'sche Privatarchiv auch in diesem Zusammenhang erstaunliche Originaldokumente zutage: Ein Buchhalter schmeißt eben nix weg, lacht mir Rolf entgegen, als er mir an einem schneereichen Februartag vier australische Sparbücher übergibt, die irgendwie nach Sommer riechen. Demnach hatte er das erste Sparbuch am 31. Jänner 1959 bei der Commercial Banking Company of Sydney eröffnet: Eine Einzahlung von sieben Pfund, gefolgt von drei weiteren Pfund am 3. Februar. Die angegebene Adresse „Ardmona P. O." verweist auch auf seinen ersten Job rund zweihundert Kilometer nördlich von Melbourne als Erntehelfer. Noch interessanter allerdings der Name, der in schwarzer Tinte und in Schreibschrift auf dem Sparbuch prangt: Rolf Dolina. Die Namensmetamorphose von Rudi zu Rolf war also bereits am 31. Jänner 1959 besiegelt. Tatsächlich war Rudi schon am Schiff klar geworden, dass der deutsche Sprachklang seines Namens in der englischsprachigen Welt wenig hilfreich sein würde. Wie in vielen anderen Situationen wurde nicht lange gezaudert und gezögert und Rudi taufte sich selbst kurzerhand auf den Namen Rolf, eine Variante von Rudolf, die auch im Englischen geläufig war. Unter diesem Namen kennt man ihn bis heute.
Die Beträge, die Rolf in den folgenden Jahren wöchentlich als Sparguthaben zur Bank brachte – oft sogar zweimal wöchentlich –, steigerten sich beträchtlich. Bemerkenswert sind dabei sowohl die Summen als auch die Regelmäßigkeit, mit der hier eingezahlt wurde – ein

---

[7] Brief Rolf Dolina an seine Mutter Sabine Dolina, Melbourne, 10.10.1959 anlässlich des Geburtstages der Mutter.
[8] Brief Rolf Dolina an seine Mutter Sabine Dolina, Melbourne, 9.5.1960.

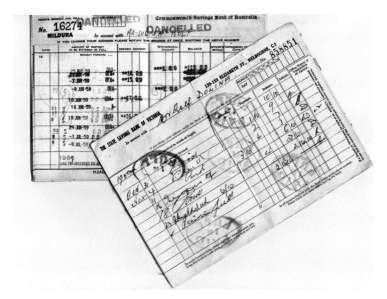

Rolf Dolinas Sparbücher bei der State Savings Bank of Victoria und der
Commonwealth Savings Bank of Australia, 1959: „Ich danke Dir jetzt auch
dafür, daß Du mir sparen gelernt hast, denn nun kann ich es gut und wohl
brauchen. Ich bin, und das ist ein Kompliment für Dich, der beste Sparer
unter meinen Freunden. Die können nicht verstehen, wie ich das mache.
Aber das kommt davon, weil ich wohl nie sehr viel Geld zum Anbringen
hatte und alles in den Roller steckte, zu dem du mir verholfen hast; nun
stecke ich alles auf die Bank."
(Brief an die Mutter, Melbourne, 29. April 1959)

deutliches Indiz für die ausgeprägte monetäre Disziplin, die Rolf
nicht nur in Australien begleitete, sondern die seine gesamte Berufs-
karriere prägen sollte. In diesem Zusammenhang bleibt festzuhalten,
dass sich Rolfs Interesse beileibe nicht nur auf seine australischen
Geldangelegenheiten beschränkte: „Danke Dir auch, daß Du mir das
Rollergeld auf ein Sparbuch (es ist doch eines, oder?) bei der Länderbank gegeben hast, nur würde ich mich jetzt noch freuen, wenn
du mir schreiben willst, wie viel Prozent Zinsen ich bekomme; ich
nehme an, so um 3 ½ Prozent!?"[9], schreibt er der Mutter.

---

[9] Brief Rolf Dolina an seine Mutter Sabine Dolina, Melbourne, 18. 5. 1959.

So eisern und diszipliniert der Sparwille, so bemerkenswert ist Rolfs Großzügigkeit. Ein ganzes Bündel Briefe legt auch davon eindrucksvoll Zeugnis ab.

Vergilbte Brieflein mit rot-blau gestrichelten Rändern, sogenannte Aerogramme oder Luftpostleichtbriefe, die damals aufgrund ihres dünnen Papiers vor allem wegen der geringen Portokosten äußerst verbreitet waren, liegen vor mir. Sie vergegenwärtigen einen jungen Mann, der schon früh Verantwortung übernommen und in die erwachsene, männliche Versorgerrolle geschlüpft war. Pflichtbewusstsein und auch eine gewisse Dankbarkeit gegenüber der Mutter sprechen aus den Briefen. Konsequent einmal wöchentlich wurden Neuigkeiten nach Wien vermeldet: Aktuelle Ereignisse ebenso wie Belanglosigkeiten, Wahres und Erfundenes, wobei die Fiktion rund um den erfundenen Bürojob bei der ebenfalls frei erfundenen Unitherm-Filiale in Melbourne bis zu Rolfs Rückkehr nach Wien aufrecht blieb. Nicht nur die Anzahl der Briefe mit den wöchentlichen Berichten ist bemerkenswert, sondern auch die Geldsendungen, die der Mutter zum Geschenk gemacht wurden. Schon im April 1959 heißt es in einem Brief: „Dafür, dass es Dir besser ausgeht (finanziell) und Du nach Graz fahren kannst, werde ich Dir vor Juni noch ein bißchen Geld schicken, ich möchte nämlich, daß Du Dir nichts abgehen läßt. Ja!? Und wenn Du irgendetwas brauchst oder haben willst: Bitte schreibe mir, ich werde Dir helfen, wo ich kann!"[10]

Die Summen, die Rolf Dolina seiner Mutter als Unterstützung zukommen lässt, sind beträchtlich. Eine bezeichnende Facette für Rolfs Charakter ist dabei, dass es dem Sohn hier keineswegs nur darum geht, der Mutter den Alltag ein wenig zu erleichtern – vielmehr soll sie sich auch etwas „gönnen". So finanziert also der Sohn neben vielen kleineren Annehmlichkeiten und Wünschen wie einem Blumentischchen auch die erste Italien-Reise, einen Plattenspieler und den ersten Fernseher – neben dem Auto das Statussymbol der frühen 1960er-Jahre.

---

[10] Brief Rolf Dolina an seine Mutter Sabine Dolina, Melbourne, 23.4.1959.

„Ich hoffe, Du hast auch das Geld schon bekommen, das ich an Dich geschickt habe. Die Hälfte ist für den Muttertag und die anderen 500 Schillinge eine kleine Draufgabe auf Deine Urlaubskasse. Es freut mich immer, wenn ich höre, dass Du Dir eine kleine Freude vergönnst"[11], heißt es exemplarisch.

---

[11] Brief Rolf Dolina an seine Mutter Sabine Dolina, Melbourne, 8. 5. 1960.

ZWISCHEN PLATON UND GRAHAM KENNEDY

Bis heute spielen die Lernbegeisterung und die Lust am Neuen eine zentrale Rolle im Leben von Rolf Dolina: „Wenn ich am Abend ins Bett gehe, dann sage ich: Was weiß ich jetzt, was ich in der Früh noch nicht gewusst habe? Und wenn's nur eine Kleinigkeit ist – so ein Tag war nicht umsonst. Wenn ich sag', eigentlich weiß ich genau so viel wie heute in der Früh: Umsonst gelebt. Das ist meine Philosophie. Solange du lebst, lernst du. Ich lerne heute jeden Tag und bin dankbar dafür", stellt er einmal während eines Gesprächs fest.

Der grenzenlose Wissenshunger, den schon sein Lehrer Josef Spielvogel zu Hauptschulzeiten bewundernd zur Kenntnis genommen hatte, prägte in besonderem Maß auch die Australien-Jahre. Buchstäblich wie ein Schwamm sog Rolf alles Neue auf und interessierte sich gleichermaßen lebhaft für alles, was in der Wiener Heimat passierte. Der englische Spracherwerb, der in der Anfangsphase vorrangig wichtig war, geschah wenig überraschend sehr schnell und quasi nebenbei:

„Außer den Neberts und meinem Freund Wenisch, den ich zufällig um halb eins in der Nacht in der U-Bahn getroffen habe, habe ich mich eigentlich immer in der englischsprachigen Community aufgehalten: Mit Australiern, auch eingewanderten Briten oder Walisern. Meine Freundin war Waliserin. Dadurch habe ich auch relativ rasch gut Englisch gelernt. Außerdem habe ich jeden Abend, wenn ich bei meinen australischen Freunden war, ferngesehen. Graham Kennedy in der Sendung ‚In Melbourne Tonight' – das war eine Schwarzweißsendung im Fernsehen – so wie der Heinz Conrads mit ‚Was gibt es Neues' – das war Graham Kennedy in der aust-

ralischen Fernsehshow.[12] Da hat man natürlich sehr viel gelernt. Erstens hat der so viel Neuigkeiten erzählt, und zweitens hat man natürlich sehr viel Englisch gehört. ‚In Melbourne Tonight‘ war jedenfalls eine meiner Lieblingssendungen. Sehr gerne haben wir uns auch die Serie ‚Have Gun – Will Travel‘ angesehen, eine Parodie von einem Westernhelden, der sich vermietet hat für alle möglichen obskuren Geschäfte. Unglaublich lustig damals.[13] Summa summarum hab’ ich mich jedenfalls immer in der australischen Community aufgehalten, außer am Sonntag oder wenn ich am Wochenende auf der Känguru-Jagd war bzw. mit meinen Freunden am Strand. Eigentlich hatte ich nur in der Freizeit Kontakt mit Österreichern.“

Die englische Sprache erlernte Rolf also spielerisch. Instinktiv hatte er aber immer ein Gespür für Dinge, die ihm im Leben nützlich sein könnten. Was heute zu den Binsenweisheiten zählt – nämlich dass Fremdsprachenkenntnisse in jedem Fall von großem Vorteil sind –, galt im Österreich der 1960er-Jahre noch nicht als breiter gesellschaftlicher Konsens. Aber Rolf Dolina hatte die Bedeutung davon bereits antizipiert, sodass er die Gunst der Stunde gleich zu nutzen versuchte, als er im australischen Schmelztiegel der Nationen eine Italienerin kennengelernt hatte. Umgehend beauftragte er seine Mutter in Wien:

„Auch findest du in diesem Brief einen Geldschein. Damit hat es folgende Bewandtnis: Ich möchte gerne Italienisch lernen und dazu brauche ich ein Buch. Da ich aber hier keines bekommen kann, bitte ich Dich mir eines zu kaufen. Wenn du diesen einen Pfund auf einer Bank umwechselst, bekommst du dafür ca. 55.– österreichische Schilling. Bitte kaufe mir darum ein <u>Lehrbuch der italienischen Sprache für Anfänger</u>. Wenn du es so verlangst, wie

---

[12] Die in Australien äußerst beliebte Fernsehshow *In Melbourne Tonight* wurde von 1957 bis 1970 produziert und ausgestrahlt. Graham Cyril Kennedy (1934–2005) war einer der beliebtesten australischen Fernseh- und Radiomoderatoren und gilt bis heute als „King of Australian Television“ .

[13] *Have Gun – Will Travel* war eine amerikanische Westernproduktion (CBS) mit Richard Boone in der Hauptrolle, die von 1957 bis 1963 produziert wurde.

ich es rot unterstrichen habe, wird man Dir in jeder Buchhandlung, z. B. in der Kalvarienberggasse beim Elterleinplatz oder auch wo anders verschiedene Bücher vorlegen. *Lasse Dich beraten und nimm nur das BESTE, der Preis spielt keine Rolle, wenn du nicht genug hast, schicke ich dir den Rest. Also bitte das Beste, denn mit einem billigen kleinen Bändchen ist mir nicht gedient. Da ich jetzt schon gut Englisch spreche, und natürlich Deutsch, möchte ich als dritte Sprache auch noch Italienisch lernen, da ich hier viel Gelegenheit habe, mit Italienern zu sprechen. Das wird auch meine Übung sein.*"[14]

Die Italienisch-Bücher, die etwas länger auf sich warten ließen, wie in den Briefen immer wieder angemerkt wurde, waren allerdings nicht die einzigen Bücher, die sich Rolf aus der Heimat bestellte. Auch die klassische griechische Philosophie reizte den Zwanzigjäh-

Briefliche Buchbestellung von Platon-Werken, Melbourne, 23. April 1959.

---

[14] Brief Rolf Dolina an seine Mutter Sabine Dolina, Melbourne, 27.6.1959.

rigen. Schon im April 1959 hatte er konkrete bibliografische Angaben zu seinen extravaganten Buchwünschen von Platon geschickt. „Sokrates im Gespräch“ und „Mit den Augen des Geistes“ sollte die Mutter in der Buchhandlung Kalvarienberggasse besorgen.

Regelmäßig auf der Wunschliste stand zudem die ÖVP-nahe Tageszeitung „Das Neue Österreich“, die Rolf nicht nur bezüglich des aktuellen Wiener Lokalgeschehens und der Tagespolitik am Laufenden hielt, sondern ihn auch am österreichischen Fußballgeschehen teilhaben ließ. Lebhaft und bisweilen empört kommentierte er in seinen Briefen die österreichischen Vorkommnisse:

„Daß Sportklub Meister werden wird, freut mich, nur bin ich ehrlich entsetzt und bestürzt über die Krankheit Hansi Buzeks! Er, das heißt die verantwortlichen Leute, haben ihm also doch zu viel zugemutet, ein so ein junger Mensch kann das nur schwer aushalten. Hoffentlich kommt er wieder ganz hoch!“[15]

Im selben Brief möchte er wissen – ohne zu ahnen, dass dies noch ein wahrer Dauerbrenner der Verkehrspolitik werden sollte: „Gilt das Parkverbot in Straßen mit Straßenbahn nur für Autos oder auch für Motorroller bzw. Motorräder? Gibt es Ausnahmen? Darf auf der Mariahilferstraße wirklich niemand parken?“[16]

Neben den Bücher- und Zeitungsbestellungen, für die Rolf bereit war, Geld auszugeben, tätigte er in Australien interessanterweise zwei Investitionen, die einerseits seinen Hobbys und Vorlieben entgegenkamen und andererseits – aus der Retrospektive gesehen – wie eine kleine Vorschau auf seine berufliche Zukunft wirkten. Zum einen der bereits erwähnte Erwerb seiner „Braun Paxette“, zum anderen der Kauf einer sogenannten Kofferschreibmaschine der Marke „Olympia“, die man durchaus als symbolischen Wegweiser für seinen Karrierestart bei Olivetti in Österreich lesen könnte.

So wie Rolf Dolina seiner Mutter regelmäßig auftrug, sich etwas zu

---

[15] Brief Rolf Dolina an seine Mutter Sabine Dolina, Melbourne, 18. 5. 1959.
[16] Brief Rolf Dolina an seine Mutter Sabine Dolina, Melbourne, 18. 5. 1959.

Bericht an die Mutter über den Erwerb einer Kofferschreibmaschine,
Melbourne, 6. August 1959.

gönnen, so gönnte er sich auch selbst ein gutes Leben. Trotz seinem Ziel, möglichst viel Geld zu verdienen, kombiniert mit einem
sparsamen Lebensalltag, genoss er das Leben in vollen Zügen. Was
Letzteres betrifft, sprechen die Fotografien Bände. Während die
Briefe eher den pflichtbewussten, fleißigen jungen Rolf Dolina zeigen, spiegeln die Fotografien vor allem seine unbändige Lebenslust
wider, Optimismus und Lebensfreude. In den Momentaufnahmen
wird ersichtlich, was Australien bedeutete: die absolute Freiheit sowie Millionen von aufregenden Möglichkeiten.

Einige Leidenschaften und Moden aus dem „alten" Leben begleiteten ihn auch in der neuen Welt: Der Vespaclub, regelmäßige Ki-
nobesuche, das hobbymäßige Fußballspielen und das Tanzen. Neue
Vorlieben kamen hinzu: Tennis, Kartenspielen, unbeschwerte und
ausgedehnte Strandbesuche und vor allem das ungebundene und
unkonventionelle Leben nicht nur mit seinen Freunden, sondern
auch mit seinen Freundinnen.

Zu diesem neuen Lebensgefühl gehörte nicht zuletzt ein völlig neu-
artiges Kleidungsstück, das die Leichtigkeit des Daseins auch im
Äußeren zum Ausdruck brachte – die Blue Jeans. Weltweit trug die

Modebewusst im Fred-Perry-Dress beim Tennisspiel, Adelaide, 1960: „Ich
komme jetzt immer so schwer zum Schreiben, denn ich spiele jetzt 3–4 mal,
manchmal sogar fünfmal in der Woche Tennis. Auch heute habe ich zwei
Stunden Spiel hinter mir. Habe wieder eine Muskelzerrung im linken Fuß,
muss aber bis übermorgen wieder gut werden, denn ich habe für dahin bereits
wieder eine Verabredung zum Spielen."
(Brief an die Mutter, Melbourne, 3. Februar 1960)

Nachkriegsgeneration diesbezüglich Konflikte mit ihren Eltern aus
und erkämpfte schließlich die Salonfähigkeit der blauen Hosen.
In dieser Hinsicht blieb der Konflikt im Hause Dolina aufgrund der
räumlichen Distanz allerdings zahnlos, nachdem Rolf die Diskussion brieflich im Keim erstickt und die Mutter mit ihren eigenen
Waffen geschlagen hatte:

*„Nun schreibst Du, dass Du ein Bild von mir im Anzug haben willst.
Liebe Mama, den Anzug hätte ich ruhig zu Hause lassen können,
denn ich habe ihn hier in Australien erst dreimal angehabt ... Da
schaust Du, was? Ja, wozu auch? Fortgehen kann ich nicht, das erlaubt meine Zeit nicht. Bis ich dann hier ohne Fahrzeug bei diesen
verhältnismäßig weiten Strecken nach Hause komme, ist es zwölf oder
eins. Und dann um fünf Uhr schon wieder aufstehen und den ganzen
Tag schwer arbeiten. Unter der Woche gehe ich so hin und wieder ins
Kino, das dauert von halb sechs bis elf, und dann gleich nach Hause*

ins Bett. Samstags arbeite ich meistens bis Mittag, manchmal auch länger und wenn ich nach Hause komme, so lege ich mich ein wenig aufs Ohr. Sonntags schlafe ich, wenn ich nicht arbeite, gewöhnlich wie zu Hause bis zwei oder drei nachmittags, dann stehe ich auf, bade und gehe zu meinem Freund oder treffe ihn am Strand beim Baden. Du siehst also, keine Gelegenheit, um den Anzug zu tragen, denn zu Hause ziehe ich ihn nicht an, zum Kartenspielen ziehe ich ihn nicht an, wenn ich baden oder Tennis spielen oder einkaufen gehe auch nicht. Dafür habe ich jetzt schon die dritte Blue Jean."

Was die Freizeitgestaltung betrifft, waren vor allem zwei österreichische Freunde maßgeblich:

„Ich hab' natürlich kochen gelernt und hab' mich zum größten Teil selbst versorgt, weil das teuerste war das Essengehen. Aber an den Sonntagen war ich meistens beim Willi Nebert und seiner Frau zum Mittagessen eingeladen. Da sind wir dann dort gesessen und haben uns Träume erzählt, was wir wieder machen wollen. An einem dieser Sonntage bin ich zurückgefahren, ich hatte damals ja kein Auto und bin alles mit der U-Bahn und dem Bus gefahren. Bin also zurückgefahren von Fitzroy, wo die Neberts damals gewohnt haben, nach Albert Park, wo ich mein Zimmer gemietet hatte. Das war gegen halb eins in der Nacht, da war natürlich fast niemand mehr unterwegs. Ich habe ganz alleine ein Abteil gehabt. Setz' mich also dorthin, plötzlich geht die Tür auf, ein Mann kommt herein und setzt sich vis-à-vis von mir nieder. Er schaut mich an, ich schau ihn an – das hat vielleicht zwanzig Sekunden gedauert –, dann sind wir aufgesprungen und uns um den Hals gefallen. War das der Heinzi Wenisch aus der Berufsschule aus der Viktor-Christ-Gasse! Ich habe gar nicht gewusst, dass er in Australien ist. Also es gibt Zufälle, die gibt's gar nicht. Gemeinsam haben wir dann jedenfalls sehr viel unternommen, needless to say. Es war wirklich ein wunderschönes Leben!"

Strandausflug mit Heinz Wenisch und Freundinnen, Victoria, 1959.

Strandfußball mit Freund Heinz Wenisch, Victoria, 1959.

Traude Dolina mit Rolfs Jugendfreund Willi Nebert im Hafen von Melbourne, 2003: „Als ich letztens mit meiner Frau in Australien war, sind wir mit dem Willi wieder auf die Mole gefahren: Da haben wir vor achtundvierzig Jahren angelegt!"

Da kaufst dir ein Gewehr,
gehst ins Outback und schießt ein Känguru

EIN KAPITEL IN BILDERN

Zu den nachhaltigsten Eindrücken der Australien-Jahre gehört das Abenteuer Kängurujagd, die mit der Braun Paxette in einer eindrucksvollen Serie von Diapositiven festgehalten wurde. Die Bilder erzählen von einer archaischen Welt, die sich vom modernen Europa fast surreal abzuheben scheint. Es ist der Geschmack des Wilden Westens, des Männerabenteuers, der unberührten Natur unter sengender Sonne und glitzerndem Sternenhimmel, der Geruch von Lagerfeuer und gebratenem Fleisch – der Geschmack, von dem Buben und junge Männer träumen.

„Damals gab es eine Plage in Australien, es gab ein Übermaß an Kängurus, weil die sich vermehrt haben wie die Karnickel. Der Staat von New South Wales hat dann eine Jagd ausgeschrieben: Känguru schießen, zehn Schilling pro Fell. Das ist wie in Amerika, da gibt's keinen Waffenpass: Da gehst einfach ins Geschäft, kaufst dir ein Gewehr mit Munition, gehst ins Outback und schießt ein Känguru. Das kann man sich heute alles nicht mehr vorstellen. Damals hat's in Australien ja noch die britische Art der Währung gegeben: Pence, Shilling, Pounds und Guineas. Das gibt's jetzt in England auch nicht mehr. Zehn Schilling war jedenfalls der Preis für ein Fell, den die Regierung von New South Wales bezahlt hat. Wir haben uns damals einen VW-Bus gekauft, mit einem Schiebedach, so einem Fetz'ndachl, das wir aufgebaut haben. Dann haben wir uns vier Gewehre gekauft, Munition, und so sind wir ins Outback und haben dort Kängurus geschossen.“

Für den jungen Rolf, der diese Jagden gemeinsam mit seinen damals besten Freunden Heinz Wenisch, Willi Nebert und dessen Schwager Freddie in New South Wales nördlich von Melbourne unternahm, waren die Kängurujagden ein willkommenes Wochenend-Abenteuer, bei dem sich praktischerweise das Angenehme mit dem Nützlichen verbinden ließ: Neben dem Abenteuer brachte die Kängurujagd auch noch gutes Geld.

Kängurujagd

„Die Kängurus haben wir zuerst an Bäumen aufgehängt und danach gehäutet. Die Häute bzw. die Felle haben wir anschließend mit kleinen Holzstipfeln am Boden festgenagelt, damit sie der Wind nicht davonträgt. Die haben wir einfach so liegenlassen, weil die Termiten dann das ganze Fleisch abgefressen haben. Am Rückweg haben wir die steifen und getrockneten Felle alle eingesammelt. Das hat dann natürlich gestunken wie die Pest. Am Ende von so einem Trip sind wir zu diesem Government Place gefahren, haben alles abgegeben und das Geld bekommen."

Da kaufst dir ein Gewehr, gehst ins Outback und schießt ein Känguru ·

Unterwegs

„Wir sind gefahren, gefahren und noch einmal gefahren. Straßen gab's ja keine.
Nur Telegraphenmaste, an denen hat man sich orientiert – und nach dem
Kompass natürlich.
Und dann das Tanken! Unsere Tankstelle war immer der Benzinkanister, den
wir im Auto dabei gehabt haben."

Alltag
im Outback

„Geschlafen haben
wir im Schlafsack
und im Zelt, gegessen
haben wir vor allem
aus Dosen, die wir
aufgewärmt haben.
Es war wirklich ein
Abenteuer. Gott sei
Dank hatte ich damals
schon meine Braun
Paxette."

MIT DER ORSOVA NACH AMERIKA

„Ja, nun sind es ja nur noch wenige Wochen, ich glaube zehn oder zwölf, bis ich Australien verlassen werde. Einerseits freue ich mich schon auf die Fahrt und auf zu Hause, andererseits fällt mir der Abschied hier bestimmt auch nicht leicht. Aber einmal muß es doch geschehen! Trotzdem, ich bin schon neugierig auf Wien! Nun, liebe Ma, schließe ich für heute. Ich freue mich auf deine Antwort und bald werden wir uns nicht mehr schreiben müssen, sondern Du kannst mich wieder persönlich zusammenputzen"[17], schrieb Rolf ironisch und kündigte ein bevorstehendes Wiedersehen an, auf das Sabine Dolina allerdings noch gut sieben Monate warten musste. Mit dem Abschied von Australien bzw. der Heimreise verband der mittlerweile 21-jährige Rolf noch eine weitere große Reise, wobei er mit seiner speziellen Art des Reisens zum Teil bereits etwas vorwegnahm, was ab 1968 durch die Hippiebewegung, der er sich allerdings nicht verbunden fühlen sollte, unter dem Schlagwort des Trampens populär wurde. Die Reise sollte knapp fünf Monate dauern und markierte die letzte Phase eines Lebensabschnittes, der gleichermaßen durch ein enormes Freiheitsgefühl und durch unregelmäßige Arbeitsverhältnisse in Form von Gelegenheitsjobs geprägt wurde.

„Wie komme ich also nach Amerika? Fliegen war natürlich noch out of the world.
Also, ich hab mir das billigste Ticket genommen bei der Pacific Orient Line. Ein Ticket von Sydney über Manila, Hongkong, Kobe, Yokohama, Tokio, Honolulu, Vancouver bis nach San Francisco. Das habe ich gespart gehabt. Nur von Melbourne nach Sydney: Da bin ich das erste Mal in meinem Leben geflogen! Den Luxus hab' ich mir gegeben. Mittlerweile bin ich mehr als 3.000 Mal international geflogen und habe selber die Privatpilotenlizenz. Aber der Flug damals, als ganz

---

[17] Brief von Rolf Dolina an seine Mutter Sabina Dolina, Melbourne, 29.3.1960.

Abschied von Australien. Rolf an der Reling der *Orsova* auf dem Weg nach San Francisco, Sydney, 10. Juli 1960. Die bunten Papierbänder verbinden die Reisenden am Schiff symbolisch noch kurz mit den Zurückbleibenden an Land. Legt das Schiff ab, so zerreißen die Bänder und markieren den endgültigen Abschied.

junger Mensch, das war ein unglaubliches Erlebnis. Vom Flughafen in Sydney bin ich mit dem Bus zum Hafen gefahren, wo diese gigantische weiße Orsova von der P&O Line vor Anker gelegen ist."

Wie man sich bettet, so liegt man, sagt ein Sprichwort, und eine andere Redewendung ließe sich passend dazu ergänzen: Geht nicht, gibt's nicht. Beides charakterisiert Rolf insofern, als dass er es immer ausgezeichnet verstanden hatte, durch Eigeninitiative, entsprechendes Engagement sowie den Höchsteinsatz von Humor und Charme Dinge und Situationen nach seinen Wünschen und Vorlieben zu formen. Dies betraf keineswegs nur Projekte, die strategischer Überlegungen oder einer cleveren, längerfristigen Planung bedurften. Tatsächlich funktionierte es unter unterschiedlichsten Umständen, in kürzester Zeit und in scheinbar unmöglichsten Situationen. So auch auf der Orsova, wo wir diesem Wesenszug, nämlich sich die Dinge „richten" zu können, in besonderer Ausprägung begegnen:

Auf der *Orsova*, Juli 1960: „Mit den damaligen Passagierschiffen ist man noch richtig gereist. Man ist auf das Schiff gegangen, damit man etwas erlebt. Nicht so wie heute mit den Kreuzfahrtschiffen, mit denen man einfach nur fährt."

„*Ich bin also mit dem billigsten Ticket auf dieser Orsova gewesen. Und innerhalb von drei Tagen war ich Passagier der ersten Klasse! Wie man das macht? Ich habe mich sofort unter die Leute gemischt und alles Mögliche organisiert. Ich habe Bingospiele organisiert und habe den Gentil Animateur gemacht: Tanzabende veranstaltet, Theateraufführungen inszeniert, die älteren Damen betanzt und solche Dinge. Ich habe ja gewusst, ich bin jetzt wochenlang auf diesem Karren. Und das hat dem Kapitän irrsinnig imponiert, dass jemand da ist, der sich so um die Leute kümmert und das alles freiwillig macht, ohne Bezahlung. Er hat gesagt, er kann mich nicht bezahlen, weil er kein Budget dafür hat, aber eines konnte er - mich upgraden. Und schon war ich in der ersten Klasse!*"

Die Reise auf der Orsova von Australien über Asien nach Amerika war in jeder Hinsicht eine herausragende Reiseerfahrung für den an Erfahrungen ohnehin nicht mehr armen 21-Jährigen. Anders als auf der ersten Schiffsreise von Europa nach Australien, wo er kaum an

Land gegangen war, nutze er nun jeden Hafenaufenthalt für kürzere und längere Landgänge. Alles war von Interesse und wurde mit der Kamera festgehalten: Kulturgüter, Sehenswürdigkeiten, Alltagsleben – die Reize Asiens wurden in jeder Hinsicht bis aufs Letzte ausgereizt:

„Auf dem Schiff habe ich mit einigen Asiaten Freundschaft geschlossen und in Manila haben wir auch gemeinsam einen Ausflug gemacht zur Clark Air Force Base – eine amerikanische Militärbasis nördlich von Manila. Das haben wir uns also angeschaut. Anschließend haben diese Burschen gesagt: So, jetzt gehen wir in ein Puff. Ich war in meinem Leben noch nie in einem Puff – ich habe ja meine Freundinnen gehabt und hab' das nicht gebraucht. Aber ich bin dabei, gar keine Frage. Jedenfalls sind wir in ein Bordell gegangen, das sie für die dort stationierten amerikanischen Soldaten gehabt haben. Dann haben mir die etwas zu trinken gegeben, ein ungeheuer explosives Getränk! Ich hätte mir damals ein Muster mitnehmen sollen, weil mit diesem Potenzgetränk könnte man heute wirklich ein Vermögen machen. Gut, ich war damals natürlich ein junger Mensch und das war Red Bull hoch zehn. Jedenfalls war das ein großartiges Erlebnis für mich!

Mit Freundin Jeanne Gee an Deck der *Orsova*, Juli 1960.

Blick auf Hongkong, Juli 1960.

Dann sind wir wieder zurück aufs Schiff und nach Hongkong wei-
tergefahren, wo eine Freundin von meiner walisischen Ex-Freundin
aus Melbourne gelebt hat. Die habe ich besucht. Wir sind drei Tage
in Hongkong vor Anker gelegen und diese drei Tage habe ich bei
dieser Freundin verbracht. Sie war eigentlich mit einem Amerikaner
liiert. Gemeinsam hatten die beiden ein Motorboot, mit dem wir auf
die Inseln rausgefahren sind. Ich habe wirklich drei wunderschöne
Tage in Hongkong verbracht. Traumhaft, es war einfach ein perfek-
tes Leben. Dann wieder aufs Schiff, weiter nach Kobe.«

Mit neunzig Dollar Barschaft

PER AUTOSTOPP DURCH DIE USA

Was die Freiheitsstatue für New York, ist die Golden Gate Bridge für San Francisco. Im August 1960 passierte die Orsova die berühmteste Hängebrücke der Welt. Der 21-jährige Rolf Dolina stand an Deck und fotografierte den Blick auf die San Francisco Bay, die im diesigen Morgengrauen vor ihm lag. In diesem Augenblick startete sein neues Abenteuer, das sich gänzlich von seinen vorangegangenen Erfahrungen und Erlebnissen unterscheiden sollte. War die Down Under-Experience von Beginn an mit der Idee des Geldverdienens verbunden, so war die Amerika-Reise eher als Erfahrungstrip, als Abenteuerreise konzipiert – mit Rucksack, Schlafsack und per Autostopp. Das Motiv war klar: Vor der endgültigen Heimfahrt noch einmal die ultimative Freiheit erleben – ohne Rücksicht auf Konventionen oder mütterliche Ratschläge. Zumal Amerika mit seinen kulturellen Exportprodukten Musik und Film schon nach Kriegsende zum Sehnsuchtsort vieler Jugendlicher geworden war und mit dem American way of life lockte.

Der Kontrast zum Dasein als Erste-Klasse-Passagier auf der Orsova hätte allerdings nicht größer sein können:

„In San Francisco bin ich vom Schiff gegangen. Ich hatte 90 Dollar – 90 US-Dollar, das war meine ganze Barschaft für drei Monate Amerika. Schon in Melbourne hatte ich mir einen Rucksack und einen Schlafsack gekauft, weil ich vorhatte, per Autostopp durch die Vereinigten Staaten zu fahren. Und das habe ich dann auch gemacht. Ich war drei Monate unterwegs und bin – ich habe mitgezählt – mit 164 Autos mitgefahren. Von San Francisco nach New York. Mit besoffenen Indianern, mit Schwulen, die mit mir schlafen wollten, und mit Schwarzen – damals gab es ja sogar noch die Rassentrennung! Geschlafen habe ich eigentlich meistens am Straßenrand. In den

Städten waren es oft Baustellen und Rohbauten. In Washington zum Beispiel habe ich im Park der All American Union geschlafen. Diese Vereinigung hatte einen sehr schönen großen Park und hinten gab's einen Pavillon, was ein richtig guter Platz war. Man musste ja einerseits aufpassen wegen dem Regen und andererseits musste man schauen, dass man ungestört schlafen konnte, dass nicht irgendein anderer aufheult, weil du auf seinem Platz liegst. In New York war's dann überhaupt ganz arg. Wo schläfst du in New York mit einem Schlafsack und einem Rucksack? Als ich in New York angekommen bin in der Greyhound Busstation – da bin ich ausnahmsweise mit dem Bus gefahren –, habe ich mein Gepäck in ein Schließfach gesperrt und bin einfach einmal losmarschiert. Hab' mir gedacht, ich muss unbedingt einmal den Broadway zu Fuß gehen. Deshalb weiß ich auch, warum der Broadway eben Broadway heißt: Weil's ein wirklich breiter Weg ist. Einen Schlafplatz habe ich letztendlich im Central Park gefunden. Da gab's einen Kindergarten, der noch einmal extra eingezäunt war, damit die Kinder nicht abhauen können. Und genau da habe ich ein Loch gefunden. Unter dem Zaun bin ich durchgeschlüpft und hatte einen perfekten Platz zum Schlafen: Da war ich sicher, da störte mich niemand, keine Fußgänger und keine Kriminellen. Ich hab' dann fast zehn Tage in New York gelebt und dort geschlafen. Wenn die Polizeiautos mit den Scheinwerfern durchgefahren sind, hab' ich mich ganz flach gemacht. Und tagsüber dann wieder raus aus dem Kindergarten, die drei Gassen runter zur Busstation, alles wieder ins Schließfach rein – rasiert, gewaschen und dann war ich schon wieder in New York unterwegs.“

Es war eine abwechslungsreiche Tour, die sich zwischen den Polen des klassischen Sightseeings und dem ultimativen Abenteuer abseits touristischer Pfade bewegte. Kreuz und quer durch die USA, ausgehend von der Westküste und Kalifornien mit einem Abstecher in den Norden nach Washington State, die Reise nach Süden – durch Arizona nach New Mexico, Texas und Louisiana –, um schließlich von dort nach Nordosten in Richtung Big Apple als letzte Station der Reise aufzubrechen.

Rolf bei der täglichen Morgentoilette, USA, 1960: „Am Straßenrand habe ich gerne geschlafen, weil ich immer in der Nähe von Tankstellen war. Da konnte ich mich in der Früh waschen, rasieren und alles wieder zusammenpacken. Und dann wieder auf die Straße zum Weiterfahren. Einmal hab' ich in einem Viehwaggon auf einem Bahnhof geschlafen. Den hat man in der Nacht verschoben und ich bin ganz woanders wach geworden, was aber eh wurscht war: Eine Straße hat's überall gegeben und einen Plan hab' ich gehabt, sodass ich gewusst hab', wo ich bin."

Eine prägende Erfahrung machte Rolf mit seiner einsamen Wanderung durch den Grand Canyon in Arizona. In anekdotischer Form kennen diese Geschichte praktisch alle Freunde und Geschäftspartner: Es ist die Geschichte vom Erschlagen der Klapperschlange. Eine Geschichte, die sich natürlich im noblen Ambiente von Wiener Spitzenlokalen mit vielen Ausschmückungen ebenso gut erzählen lässt wie in den Wirtshäusern des europäischen Ostens. Abseits des Anekdotischen ist es aber eine durchaus bezeichnende Story. Bezeichnend, weil sie vor allem den Individualisten hervortreten lässt, der Rolf trotz aller Geselligkeit und Partyspäße immer schon gewesen ist. Bereit, mit Rucksack und Schlafsack nicht nur einen beschwerlichen Weg – abseits bekannter Wege und ausgetretener Pfade – auf

Am Steuer eines Leihwagens, den Rolf gemeinsam mit drei Bekannten von der *Orsova* gemietet hatte, Hawaii, 1960. Im Hintergrund der Diamond Head, das Wahrzeichen von Honolulu.

sich zu nehmen, sondern auch bereit, Gefahren direkt ins Auge zu blicken, Lösungen zu finden, Entscheidungen zu treffen.

Die Geschichte des einsamen Wanderers verkörpert eine Lebensweisheit, die für Rolfs Berufsleben bestimmend werden sollte. Damals hatte er sie kurz nach seinem Aufbruch in den Canyon von dem Texaner Bill Maddox gehört, freilich ohne zu wissen, dass es ein für ihn prägender Leitsatz werden würde.

„Der Bill hat gesagt: If you are at a crossroad, always take the hard way, because there you will be alone and you have to fight. If you are taking the easy way, there will be crowds of people and you will never succeed. Und da hat er recht gehabt. Ich hab' auch immer intuitiv den harten, schwierigeren Weg genommen und nicht den leichteren. Es ist richtig: Am leichteren Weg wär's vielleicht auch leichter gegangen, aber da gibt's Millionen, die diesen Weg gehen. Und da hat man es dann im Endeffekt schwerer als auf dem harten Weg, der zwar hart ist und wo viele Steine und große Trümmer im Weg herumliegen, wo man kämpfen muss, aber den Vorteil hat, dass man alleine ist. "

Fast sinnbildlich für diese Weisheit durchwanderte Rolf also den Grand Canyon:

„Ich bin zu Fuß durch den Grand Canyon gegangen, eine irrsinnig lange Schlucht. Am Fuße des Grand Canyon fließt der Colorado

Zu Fuß und alleine auf einer zweitägigen Wanderung durch den Grand Canyon, 1960.

Postkarte an die
Mutter aus dem
Nationalpark, 1960.

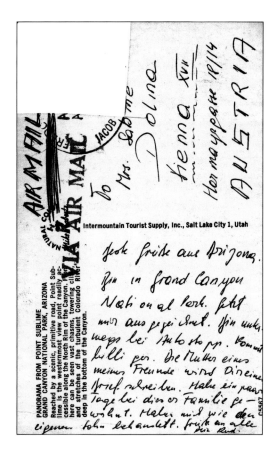

River, der über Millionen Jahre diesen roten Sandstein ausgefressen
hat. Vom Northern Rim aus gibt es einen ganz engen Trampelpfad
hinunter – innerhalb von vier Kilometern Fußweg vom Rim zum
Bottom hinunter sieht man die gesamte Flora und Fauna, die es zwischen dem Süden Kanadas und den Wüsten Mexikos gibt. Die meisten gehen den Weg mit Mulis, also sie reiten den engen Trampelpfad
hinunter. Aber ich bin zu Fuß runtergegangen. Es war Wahnsinn,
es wurde immer heißer, je tiefer man kam. Und unten, wo es sehr
warm war, gab es auch jede Menge Klapperschlangen, die in der
Sonne lagen und dösten. Als ich das erste Mal eine Schlange gesehen
habe, habe ich einen Stock genommen, mit einer Gabel vorne, habe

die Klapperschlange überrascht und sie erschlagen, um ihr hinten das Schwanzerl als Souvenir abzuschneiden. Das habe ich bei zwei Schlangen gemacht. Heute käme das natürlich aus sehr vielen Gründen überhaupt nicht in Frage, aber damals in der Jugend hat man hat sich die Gefahren gar nicht bewusst gemacht.

Unten im Tal, nicht weit von der kleinen Ranch, wo man übernachten kann, habe ich auch meinen Schlafsack ausgepackt. Dort, bei der Phantom Ranch, quert man die Brücke über den Colorado, und genau an dieser Stelle habe ich übernachtet. So habe ich damals alleine den Grand Canyon durchquert. Nur mit meinem Schlafsack und Rucksack."

Ausweis der Australian Youth Hostels Association, 1959/60.

Das Amerika, das Rolf damals kennenlernte, war ein Land, das am Beginn großer politischer Umbrüche stand. Es galt, eines der vordringlichsten innenpolitischen Probleme zu lösen: die Rassentrennung, die im Süden des Landes immer noch in Geltung war. Es waren die Jahre der aufstrebenden Bürgerrechtsbewegung mit Martin Luther King an der Spitze, einer Bewegung, die mit Mitteln des zivilen Ungehorsams versuchte, der institutionellen Segregationspolitik ein Ende zu setzen. Noch war es aber nicht so weit, wenngleich Rolf Dolina, den stupide Vorurteile ethnischer oder politischer Natur immer schon unbeeindruckt gelassen hatten, in den Südstaaten mit einem Afroamerikaner unterwegs war:

„Ich kann mich erinnern, ich bin in den Südstaaten mit einem Schwarzen mitgefahren. Bei der Tankstelle war eine Raststation und ich wollte ihn da auf einen Kaffee einladen, weil er wirklich sehr nett war. Natürlich wollte ich den Kaffee auch gemeinsam mit ihm trinken. Aber er hat dann gesagt, das geht nicht, weil er muss dort rein und ich da – Segregation. Also da gab es getrennte Bereiche für Schwarze und Weiße bei der Raststation, überall eigentlich. Er hat also gesagt, besser nicht, du ersparst mir und dir sehr viel Ärger. Er ist dann seinen Kaffee trinken gegangen und ich habe mein Cola getrunken, alles getrennt, und dann sind wir wieder weiter gemeinsam gefahren. Das war das erste Mal, dass ich mit der Rassentrennung konfrontiert war. Ich hab' wirklich viel erlebt beim Autostoppen mit den unterschiedlichsten Leuten, die mich mitgenommen haben. Von ganz großer persönlicher Bedeutung wurde für mich ein Mann namens Bill Maddox, der in Texas stehengeblieben ist und mich mitgenommen hat. Da habe ich natürlich noch gar nicht gewusst, wie wichtig dieser Moment eigentlich gewesen ist."

You name it, I did it

BEI BILL MADDOX IN WACO

Der Aufenthalt bei Bill Maddox, der sich als Folge einer Mitfahrgelegenheit ergab, verdient ein eigenes Kapitel. Als ich Rolf Dolina das erste Mal im Café in der Lobby des Hotels Marriott am noblen Wiener Parkring traf und wir uns über ein mögliches Biografieprojekt anlässlich seines 75. Geburtstages unterhielten, erhielt ich eine überblicksartige Zusammenfassung seines Lebenswegs. Dreißig Minuten Sprechtempo in Hochgeschwindigkeit über praktisch alle Stationen: Die Hernalser Kindheit ebenso wie das Känguru-Schießen in Australien, das „Playboy"-Abenteuer oder die Ared-Geschichte. Hin und her zwischen den Zeiten und seinen Firmengeflechten, zwischen Rumänien und Polen, zwischen Klimaschränken und Magnetbändern, zwischen Privatpilotenschein und Fotoalben. Dazwischen immer wieder englische Wortsprengsel und seine Ansichten über die Biografie von Steve Jobs. Von all dem Erzählten, von dem

Rolfs Rucksack mit der Aufschrift „German Student" – Austria war in den USA noch gänzlich unbekannt, 1960.

ich kaum ein Detail im Kopf behalten konnte, begleiteten mich auf der Heimfahrt in der U-Bahn zwei Sprüche, die Rolf Dolina im Zusammenhang mit einer Selbstbeschreibung gleich mehrmals geäußert hatte: „You name it, I did it" und „If you can dream it, you can do it." Beides hat irgendwie mit Bill Maddox zu tun. Ersteres indirekt, aber nichts scheint zu dem Spruch besser zu passen als der Job, den Rolf bei Bill Maddox angenommen hatte – gäbe es eine Fernsehshow „Dein außergewöhnlichster Job", so wäre Rolf Dolina mit dieser speziellen Erfahrung wohl ein Sieganwärter. Was das zweite Zitat betrifft, so ist es für Rolf Dolina unverbrüchlich mit der Person Bill Maddox verknüpft, wenngleich als Urheber gemeinhin Walt Disney und nicht der texanische Farmer gilt:

„Als ich damals in Amerika war und auf dieser Farm von Bill Maddox gearbeitet habe, war das ein wesentlicher Punkt für mein Leben. Der Bill war ein echtes Original und vor allem ein sehr weiser Mann. Am Abend haben wir uns manchmal zusammengesetzt und gemeinsam einen Whiskey getrunken. Und da hat er mir zwei oder drei Dinge gesagt, die in meinem Leben wirklich lebensbestimmend geworden sind. Das habe ich aber erst nachher bewusst so richtig erfasst. Er hat mir zum Beispiel gesagt: If you can dream it, you can do it. Ich habe zuerst ja gar nicht gewusst, was er meint, aber im Laufe meines Lebens habe ich das ein paar Mal probiert und es hat funktioniert. Und seitdem weiß ich, dass das ein sehr gescheiter Spruch war. Das war für mich irgendwie eine Art Weichenstellung, die ins Unterbewusstsein hineingegangen ist und die ich damals natürlich noch gar nicht als Weichenstellung empfunden habe. Aber heute weiß ich, dass es so war."

Mit Bill Maddox war Rolf für knapp zwei Monate seines Lebens in Waco gelandet, mitten in Texas, etwa 160 Kilometer von Dallas entfernt. Eine unspektakuläre amerikanische Bezirksstadt, die in den 1960er-Jahren etwa 100.000 Einwohner zählte und als historisch-ökonomischen Höhepunkt lediglich auf die Gründung des legendären amerikanischen Softdrinks „Dr Pepper" verweisen konnte. Internationale und kurzfristig traurige Berühmtheit erlangte Waco im Jahr 1993, als es zwischen der Sekte der Davidianer und den Bun-

Der texanische
Farmer und „artificial
inseminator" Bill
Maddox in seinem
Ford Pick Up bzw.
auf seiner Farm,
Waco, 1960.

desbehörden zu einer blutigen Auseinandersetzung kam, in deren Verlauf 82 Sektenangehörige getötet wurden. Heute wirbt Waco auf seiner Website vor allem mit seinen „big city advantages without the big city hassles": Mit wenig Verkehr, niedrigen Lebenshaltungskosten und jeder Menge agrarischen Umlands, das zunehmend von reichen Städtern als bäuerlicher Landsitz bewirtschaftet wird. 1960 war die Gegend von Waco freilich noch echtes Cowboy-Land und Bill Maddox ein Cowboy, wie er im Buche steht – wenngleich mit einem Riecher für die Agrartechnologien der Zukunft:

„Der Bill Maddox hat mich im Auto jedenfalls gefragt, ob ich nicht ein paar Wochen bei ihm bleiben und arbeiten möchte. Sag' ich: Selbstverständlich, klar! Und da hat sich herausgestellt, dass er ein Farmer war. Er hatte ja diesen roten Pick Up, einen Ford Pick Up-Truck, und hinten auf der Ladefläche lag eine riesige Tiefkühlbox. Er hat mir erzählt, was er macht: Artificial insemination, also die künstliche Befruchtung von Kühen."

Gesagt, getan. Rolf zog kurzfristig bei Bill Maddox ein und avancierte nach dreitägiger Lehrzeit zum fachkundigen Assistenten des Farmers, für dessen Beruf die deutsche Sprache den wenig klingenden Begriff des „Besamungstechnikers" hervorgebracht hat. Mit seinem Walkie-Talkie – für Rolf Dolina damals noch eine Sensation – fuhr Bill von Farm zu Farm, präsentierte seine Zuchtbullen per Katalog und schritt anschließend zur künstlichen Befruchtung:

„Die Farmer riefen ihn über das Walkie-Talkie an, wenn sie eine Kuh zum Decken hatten. Und dann ist er einfach hingefahren mit seinem Buch, in dem die Stiere abgebildet waren, und natürlich mit der Kühlbox und den Samen hinten drin. Ich bin drei Tage mit ihm gefahren, um mir anzuschauen, wie es funktioniert. Im Wesentlichen war es einfach: Die Farmer sagten, welche Stiere sie wollten, zum Beispiel den 47er oder den 33er. Dann rauf auf den Pick Up in die Tiefkühlbox, weil da waren die Samenphiolen der Stiere drinnen. Nach zwei Tagen hat mich der Bill gefragt, ob ich mir das vorstellen kann bzw. ob ich das auch könnte. Hab' ich gesagt: Selbstverständlich, hab' ja schon zu-

Rolfs Behausung auf
Bills Farm, Waco,
1960.

Als Cowboy bei Bill
Maddox, Waco, 1960.

Bill Maddox bei Rolfs Einschulung als „artificial inseminator", 1960: „Im Wesentlichen ist es so abgelaufen: Der Kuh haben wir etwas zu fressen gegeben, ich hab' das Handbücherl herausgenommen und hab' dem jeweiligen Bauern die ganzen Stiere erklärt. Danach bin ich zurück zum Ford Pick Up, hab' die Samenphiole geholt und das ganze Zeug, das ich sonst noch gebraucht hab' - ein langes Plastikrohr, einen Gummihandschuh, Schmierseife und einen Kübel Wasser. Dann hab' ich mir den Handschuh angezogen, hab' die Phiole abgebissen und das Plastikrohr wie eine große Spritze mit den Samen aufgezogen. Vorher habe ich mir noch den Arm mit Schmierseife eingerieben und danach ist es losgegangen: Man hat die Hand bzw. den Arm in die Kuh eingeführt und ist mit diesem Plastikrohr entlang des Armes bis zur Gebärmutter gefahren. Dort hat man den Samen einfach mit einem tiefen Atemzug hineingeblasen. Das war's! Dann wieder raus, mit dem Wasser alles abgewaschen, zack, und Adios! Der Farmer hat unterschrieben, verrechnet hat er mit dem Bill, und ich bin wieder unterwegs gewesen."

geschaut, natürlich kann ich das, kein Problem, und den Führerschein hatte ich ja auch, weil ich den schon in Melbourne gemacht hab'. Tatsächlich war dann für mich das Schwierigste bei der ganzen Sache das Finden der Farmen. Der Bill hat das alles gekannt, aber ich war ja dort fremd und hatte Probleme, die jeweiligen Adressen zu finden. Aber die Leute waren alle sehr nett, und ich habe ihnen immer erklärt, dass ich ein Apprentice (Lehrling, Anm) bin. I don't know how to get there. Da habe ich dann vier oder fünf Wochen als artificial inseminator in

Texas gearbeitet. Manchmal wundere ich mich selbst, was ich alles gemacht habe."

Das Landleben und die bäuerlichen Arbeitsstrukturen waren Rolf nicht grundsätzlich fremd. Bäuerliches Leben hatte er ja schon als Kind in den Ferien bei seiner Großmutter in der Steiermark kennengelernt, auch wenn die Dimensionen in Oberwölz anders gelagert waren als jene der amerikanischen Agrarindustrie. Keinen Unterschied gab es aber mitunter bei der Art der anfallenden bäuerlichen Arbeiten: Hier wie dort wurden eingezäunte Areale gebraucht, was meist harten körperlichen Einsatz, aber auch handwerkliches Geschick bedurfte. Sowohl der Hang zum einen als auch das Vorhandensein des anderen waren bei Rolf Dolina durchaus enden wollende Neigungen. Kreativ waren hingegen immer schon seine Ideen zur Optimierung von Arbeitsprozessen:

„Und dann hab' ich auf seiner Farm auch noch woanders mitgearbeitet: Ich hab' den Zaun gemacht. Das war auch eine lustige Geschichte. Da hat der Bill mir, was weiß ich, sechzig Pfosten hingestellt und gesagt, ich muss da einen Zaun bauen und die Pfosten zwei Feet tief eingraben. Na ja, ich hab' das erste Loch ausgegraben - das war eine Arbeit! Man musste das Felsgestein aufhacken mit Eisenbrechstangen! Ich hab' mir gleich gesagt, da muss es doch auch einen anderen Weg geben. Ich hab' dann ein bisserl experimentiert und habe gesehen: Wenn ich nur einen Foot tief grabe und den Pfosten um einen Foot abschneide, dann ist der genauso eben und ich brauche den Felsen nicht aufschlagen. Auf diese Weise habe ich dann den ganzen Zaun gemacht – wie lange der gehalten hat, weiß ich nicht! Das größte Problem war natürlich, die Abfälle zu verstecken und zu entsorgen. Die habe ich mit dem Ford Pick Up-Truck weggeführt und irgendwo weggehaut."

Entweder war die Lebensdauer des Zauns länger als erwartet, oder Bill Maddox trug seinem österreichischen Lehrling die Aktion nicht nach. Die beiden blieben noch viele Jahre in brieflichem Kontakt – auch als Rolfs Amerikareise schon lange Geschichte war.

Abschied von Amerika auf der *Queen Mary* – New York, 25. Oktober 1960:
„Ich kann mich gut erinnern, wie ich da eingeschifft habe. In New York
haben sie gerade ein Schiff aus Europa entladen, und da haben sie hunderte
Jaguar E abgeladen. Jaguar E! In den 60er-Jahren! Das war das Traumauto
schlechthin! Hab' ich sofort meinen MGA-Traum begraben und einen
neuen Traum geboren, nämlich den Jaguar E, der allerdings nie Wirklichkeit
geworden ist. Die Reise auf der Queen Mary von New York nach London
war insgesamt einfach großartig und wirklich amüsant. Ich habe da nämlich
eine englische Krankenschwester kennengelernt und wir haben jeden Abend
getanzt, Twist bis zwei Uhr früh! Danach bin ich immer zu ihr – also wieder
nicht in meinem Bett! Sie hat weiter oben gewohnt und hatte eine wirklich
schöne Kabine, im Gegensatz zu mir, weil ich ja wieder das billigste Ticket
hatte."

Ende Oktober 1960 trat Rolf schließlich die Heimreise an. „Herz-
liche Grüße aus New York. Fahre morgen mit der Queen Mary ab
nach London. Bin Montag, am 30. 10., in London. Komme in Wien
zwischen dem 2. und 5. November an. Schreibe dir den genauen Tag
und die Zeit von London", lautete die letzte pragmatische Nachricht an die Mutter aus Übersee. Zu diesem Zeitpunkt blickte Rolf
bereits ohne Wehmut dem Ende seiner Reise entgegen, sondern eher
gespannt nach vorne auf den Neubeginn. Er freute sich auf das Leben in Wien, voller Erwartung und voller neuer Träume – diesmal
schon mit beträchtlichen Ersparnissen im Gepäck.

KAPITEL III

BACK HOME – ERSTE ARBEITSJAHRE IN ÖSTERREICH

In einem MGA ist nicht so gut schnackseln

ODER: DIE RATIO KOMMT DURCH

Zu den vorrangigen Projekten nach Rolfs Heimkehr gehörte die Reorganisation seines Privatlebens. Es war klar, dass ein Zusammenleben zwischen Mutter und Sohn nicht lange gutgehen konnte. Rolf war nach der Überseeerfahrung ein eigenständiges Privatleben und ein unkontrolliertes Kommen und Gehen gewöhnt, zumal sich an den Wünschen der Mutter wenig verändert hatte: Post und Bahn waren nach wie vor die präferierten Karrierewünsche der Mutter, die mit ihrer Meinung nicht hinter dem Berg hielt und Rolf mit guten Ratschlägen zur Lebensgestaltung gewaltig nervte. Wie immer traf dieser seine Entscheidungen rasch und fokussiert. Noch vor der Jobsuche hatten für ihn drei Aspekte Priorität:

„Erstens einmal musste ich wieder Kontakt mit meinen Freunden aufnehmen, weil ich ja total abgeschnitten war von allem. Zweitens

Sein erstes Auto – einen Peugeot 403 – erwarb Rolf als Gebrauchtwagen im Autohaus Bendak, wo er auch die Buchhaltung erledigte.
Jahrzehnte später sollte dieser Wagen als Dienstfahrzeug von Peter Falk alias Inspector Columbo noch Kultstatus erreichen.

musste und wollte ich mir unbedingt eine Wohnung suchen, weil ich das freie Leben gewöhnt war. Und drittens hab' ich ein Fahrzeug gebraucht, weil auch das für mich enorme Freiheit bedeutete.“

Zwei Dinge wurden sehr deutlich: Erstens, wie unglaublich viel Rolf während seiner Australien-Jahre gespart hatte, und zweitens, wie geschmeidig sich Dinge fügen, wenn man locker und gut drauf ist. Obwohl Rolf noch nicht wirklich auf Jobsuche war, sollte sich seine Überlegung, zumindest übergangsmäßig einen alten beruflichen Kontakt zu reaktivieren, in mehrfacher Hinsicht auszahlen:

„Bevor ich nach Australien ging, habe ich neben meiner Lehrlingsarbeit bei der Unitherm auch für das Autohaus Bendak in der Zieglergasse 39 im siebenten Bezirk die Buchhaltung gemacht, um mir die Vespa leisten zu können. Da habe ich in einem Monat schon so viel verdient wie die ganze Lehrlingsentschädigung war. Diese Leute habe ich wieder kontaktiert und zack, hab' ich dort auch wieder die Buchhaltung gemacht.

In dieser Zeit hatte der Bendak gerade einen gebrauchten Peugeot 403 dort stehen, ein wirklich wunderschönes Auto. In diesem Moment haben dann die Flausen in Hinblick auf den MGA, wegen dem ich ja eigentlich das ganze Geld gespart habe, der Vernunft Platz gemacht, indem ich gesagt habe: Den MGA könnte ich mir zwar kaufen, aber da geht sich dann die Wohnung nicht mehr aus. Und in einem MGA ist nicht so gut schnackseln wie in einer eigenen Wohnung, also ist es besser, du kaufst dir eine eigene Wohnung und dafür ein billigeres Auto. Man sieht also, die Ratio kam durch und hat gesiegt. Ich habe mir dann eben diesen Peugeot 403 gebraucht gekauft und gleichzeitig eine ganz kleine Garçonnière gesucht, die ich auch gefunden habe: Am Flötzersteig 47 im Dachgeschoss eines neu erbauten Hauses. Erstbezug, vierter Stock ohne Lift, was mir damals natürlich wurscht war. Die Wohnung war klein, hatte aber den Vorteil, einen winzigen Balkon zu haben, von dem ich über ganz Wien geblickt habe. Diese Wohnung habe ich mir also gekauft, wobei meine Mutter natürlich noch etwas dazu gegeben hat. Wie das halt so ist.“

Die Art, wie ich meine Frau
kennengelernt habe, ist unique!

VON GUTEN TATEN UND ERFOLG-
REICHEN PFADFINDERSCHMÄHS

„Also die kleine Blase meiner Schwägerin ist verantwortlich dafür, dass ich heute mit meiner Frau verheiratet bin", lacht Rolf Dolina bei der Erinnerung an die erste Begegnung mit seiner Frau Traude. In dieser Phase, kurze Zeit nach seiner Rückkehr, war Rolf Dolina gerade dabei, alte Freundschaften aufzufrischen, was sich als weit schwierigeres Unterfangen entpuppte als anfänglich angenommen: Viele waren weggezogen, verheiratet und hatten andere Interessen oder standen im Arbeitsleben, wohingegen es Rolf bewusst war, dass er selbst bereits viel erreicht hatte und sich nun durchaus ein wenig zurücklehnen und amüsieren konnte, zumal er seine Jobs ohne größere Mühen und Anstrengungen erledigte.

Ihn interessierten jetzt vor allem die schönen Wienerinnen. Zu den besten Möglichkeiten, Mädchen zu treffen, kennenzulernen und mit ihnen auch gleich anzubandeln, zählten zu Beginn der 1960er-Jahre generell die Tanzschulen. Dabei bewegte sich Rolf vor allem in seinen alten Grätzeln: Zu seinen bevorzugten Ausgehlokalen gehörten etwa die Tanzschule Dorner, damals in der Gußhausstraße hinter der Karlskirche in unmittelbarer Nähe zum ehemaligen Arbeitsplatz bei der Unitherm, sowie die Tanzschule Dick Roy. Beliebt und quasi ums Eck war vor allem auch die *PÖ*. Gemeint war die Hernalser Tanzschule, die in den SPÖ-Räumlichkeiten am Elterleinplatz an der Ecke Kalvarienberggasse direkt über dem Hernalser Volkskino logierte. Im Umkreis des ersten, vierten und siebzehnten Bezirks gingen Rolf und sein Freundeskreis also auf nächtliche Tour. Besser gesagt, man fuhr: Denn wer konnte, brauste im Wagen vor, und es ließ sich auch mit einem Peugeot ausnehmend gut Eindruck schinden. Autos gehörten nach wie vor zu den führenden Statussymbolen innerhalb der österreichischen Nachkriegsgesellschaft. Wer eines besaß und es sich leisten konnte, fuhr im Wagen spazieren oder cruiste zum Vergnügen durch die nächtliche Stadt, deren soziale Biotope sich seither – ebenso wie die verkehrstechnische Lage – dramatisch verändert haben. Die Kärntner Straße etwa war damals noch keine Fußgänger- und schon gar keine Nobelgeschäftsmeile, sondern Rotlichtzone.

Die große Freitagsfrage für Rolf und seine Freunde, mit denen er damals die Stadt unsicher machte, war also, ob „brauchbares Material" für einen guten Aufriss unterwegs sein würde. An den Gedanken einer etwaigen Eheschließung, wie es sich die Mutter schon wünschte, wurde dabei selbstredend keine Sekunde verschwendet.

„Ich kann mich gut erinnern, an einem Wochenende haben wir wieder einmal eine Tour durch Wien gemacht, da waren wir beim Dick Roy, beim Dorner, aber weit und breit keine Mädels, die uns gefallen haben! Es war fünf vor zwölf um Mitternacht und wir waren schon alle Tanzschulen durch. Wir sind dann jedenfalls mit dem Auto durch die Kärntner Straße gefahren und auf der Höhe des Hotel Ambassador sind gerade zwei junge Mädchen stadtauswärts gegangen. Ich hab' gesagt: Hast Du die gesehen? Ja, klar ... aber da waren wir natürlich schon vorbei. Die Kärntner Straße war damals noch Einbahn in Richtung Stephansplatz. Wir sind dann schnell eine Runde gefahren und haben die Mädels einen Block weiter vorn wieder eingeholt und sind einfach links stehengeblieben – das können Sie heute natürlich alles vergessen. Ich bin also ausgestiegen und habe die zwei Damen angesprochen: Entschuldigen Sie, dass wir zwei Sie ansprechen, aber mein Freund und ich, wir beide sind Pfadfinder. Wir haben gelobt, jeden Tag eine gute Tat zu vollbringen. Und es ist jetzt fünf vor zwölf, und wir haben das für heute noch nicht geschafft. Geben Sie uns die Möglichkeit, unser Gelöbnis zu leben – dürfen wir Sie nach Hause bringen? Tja, was soll ich sagen – mit einer von den beiden bin ich heute noch verheiratet."

Wie immer kommt unverhofft letzten Endes doch oft. In besagter Nacht waren Traude Dworan und ihre Schwester auf dem Heimweg in den fünften Bezirk. Die beiden Waldviertlerinnen, Töchter eines Försters, arbeiteten beide in Wien: Traude als Sekretärin bei der Wiener Messe AG, ihre Schwester Ingrid jobbte gerade kurzfristig im Chattanooga, einem Lokal am Graben, wo sie eine Art Praktikum absolvierte. Dort hatte Traude auf ihre ältere Schwester gewartet, um mit ihr gemeinsam den nächtlichen Heimweg anzutreten. Soweit der Plan. Rolfs Pfadfinderschmäh war dabei das eine, Ingrids Blase das andere:

„Unser Pfadfinderschmäh hat schon gezogen! Wobei: Meine Frau wollte eigentlich nicht einsteigen, aber ihre Schwester hat ihr etwas ins Ohr geflüstert und dann hat meine Frau auch ja gesagt. Danach hat sich herausgestellt: Die Ingrid musste notwendig aufs Klo. Und wenn wir sie mitnehmen, zum Opernringhof, wo sie in den Bus in die Margaretenstraße einsteigen ... dort gibt's ein Klo, und wenn wir sie mitnehmen, kommt sie schneller hin. So ist die kleine Blase meiner Schwägerin also verantwortlich dafür, dass ich heute mit meiner Frau verheiratet bin. So bin ich in die Ehe gestolpert, mit dem Pfadfinderschmäh. Auch nicht ganz alltäglich, dass man so die Frau fürs Leben kennenlernt!"

Zwischen Traude und Rolf entwickelte sich rasch eine Beziehung. Die um zwei Jahre jüngere Traude war nicht nur schön und klug, sondern auch humorvoll und vor allem kulturbegeistert. Schon als knapp Zwanzigjährige pflegte sie ihre Passion für das Schöngeistige, investierte ihr Gehalt in Opern- und Theaterkarten und war bei aller Lebenslust ebenso strukturiert wie der junge Mann, der sich soeben in sie verliebt hatte. So wie Rolf bis heute keine Sekunde ohne seinem schwarzen Notizbuch anzutreffen ist, so ist Traude Dolina nicht weniger organisiert:

„Ich schaue, was gemacht gehört, und das ziehe ich durch. Ich mache mir heute immer noch schriftlich den Plan für jeden Tag. Das muss ich dann abarbeiten, und am Abend schmeiße ich den Zettel weg. Das ist mir in Fleisch und Blut übergegangen. Das hab' ich schon gehabt, als ich noch im Büro der Wiener Messe gearbeitet und meinen Mann noch gar nicht gekannt habe. Ich brauche so eine Struktur und mein Mann tickt da ganz ähnlich."

Abgesehen von dieser eher pragmatischen Eigenschaft, die wesentlich zu einem funktionierenden Lebensalltag des Paares beitragen sollte, war Traude ihrer Zeit, was gängige Frauenbilder zu Beginn der 60er betraf, weit voraus. Mit einer damals für Frauen noch eher unüblichen Leidenschaft für schnelle Autos brachte sie zudem eine deutlich offenere Sicht auf Beziehungsfragen mit, als es den Frauen dieser Generation auf gesellschaftlicher Ebene bisher vermittelt worden war:

„Wir sind beide voll Enthusiasmus in diese Beziehung reingegangen. Dabei habe ich von Anfang an gewusst: Er ist ein Reisender. Das hat mich aber überhaupt nicht gestört. Ein Problem wird's immer erst dann, wenn der Mann beruflich viel unterwegs ist und die Frau daheim sitzt und wartet, bis das Mandl wieder heimkommt. Aber das war bei uns nie so. Man muss sich das Leben selbst gestalten. Und das war für mich nie ein Problem."

Entgegen der gesellschaftlichen Konventionen lebte das Paar vorerst noch in wilder Ehe am Flötzersteig und probte – ab November 1961 sogar zu dritt mit Tochter Claudia – das familiäre Beziehungsleben. Erst am 5. Mai 1964 sollte das Paar tatsächlich im Hafen der Ehe landen.

DIE OLIVETTI-JAHRE

„Zeitungen haben in meinem Leben eine sehr große Rolle gespielt, auch später noch, als ich in Saudi-Arabien oder sonst wo war. Ich bin einfach dort hingefahren, hab' mir die Yellow Pages genommen und hab' angefangen zum Durchtelefonieren. Und mit irgendwem habe ich mich dann immer getroffen. Von fünf Leuten, die ich angerufen habe, hat einer gehalten, und dann haben wir eben ein Geschäft gemacht. "

So einfach kann es sein, wenn man den Dreh heraus hat und Rolf Dolina heißt.

Auch im Jahr 1962 war es ein Zeitungsinserat, das Rolf seinen ersten „richtigen" Job bescherte. Keine Frage: Rolf hatte seit seiner Rückkehr aus Australien laufend gearbeitet, aber es waren eher Jobs, die sich durch alte Kontakte und quasi nebenher ergeben hatten, ohne dass dahinter eine gezielte Karriereplanung steckte.

Erst jetzt mit Traude und Claudia sah Rolf die Zeit gekommen, sich ernsthaft mit Arbeitssuche und längerfristiger Zukunftsplanung auseinanderzusetzen. Arbeitssuche in jenen Jahren gestaltete sich freilich noch bedeutend einfacher als es die heute jungen Generationen kennen: Österreichs Wirtschaft erlebte gerade einen Aufschwung, Arbeitskräfte waren auf allen Ebenen gefragt und die Mangelwirtschaft der Nachkriegsjahre wich langsam einer kollektiven Begeisterung für die neuen Möglichkeiten des Konsums. Es waren die Jahre des „Wirtschaftswunders", nicht nur in Österreich, sondern im gesamten europäischen Raum, was mit der Gründung der EFTA, der europäischen Freihandelszone, im Jänner 1960 nachhaltig bekräftigt worden war.

Das 62er-Jahr selbst trug bisweilen recht skurrile Züge: Das Jahr begann in Großbritannien damit, dass die ersten Probeaufnahmen der Beatles von der Plattenfirma Decca mit der Begründung abgelehnt wurden, dass Gitarrengruppen nicht mehr modern seien. Conny

Froebes landete wenige Monate später mit „Zwei kleine Italiener" einen Siegerhit bei den deutschen Schlagerfestspielen. Und in Wien sorgte Helmut Qualtinger, den Rolf Dolina Jahre später noch im legendären Gutruf kennenlernen sollte, mit den Aufführungen von „Der Herr Karl" für bürgerlichen Aufruhr, während man unter der Ägide des damaligen SPÖ-Bürgermeisters Franz Jonas am Kopalplatz im Mai die Montage der 100.000. elektrischen Straßenlampe als sicherheitspolitische Großtat feierte.[18]

In dieser Phase der österreichischen Zeitgeschichte, in der sich der Begriff „Internationalität" in der Vorstellungswelt der meisten Österreicher lediglich mit einem Adria-Urlaub in Italien verknüpfte, lockte der italienische Büromaschinenkonzern Olivetti den weit gereisten Rolf Dolina genau mit seinem internationalen Flair und den damit verbundenen Chancen:

„Genau mein Job: Internationale Firma, Adresse Johannesgasse, Ecke Kärntner Straße, also auch meine Gasse. Ich bin einfach dort hin, hab' gesagt, ich bin genau der Mann, den Sie brauchen, und zack, der Chef der Buchhaltung – ein Italiener, Dallapona hat er geheißen – hat mich aufgenommen. Und schon bin ich dort in der Buchhaltung gesessen. Lustig war natürlich, dass dort fünf Frauen gearbeitet haben – ich der einzige Mann! Ältere, Jüngere, Verheiratete, Ledige – da ist natürlich der Tratsch gelaufen, wie man sich vorstellen kann, und als ich mich ein bisserl eingelebt hab', habe ich natürlich begonnen, denen alle möglichen Schnurren aus meinem Leben zu erzählen. Bei einer dieser Gelegenheiten hat eine der Frauen einmal gesagt: Herr Dolina, Sie sind völlig falsch da, Sie gehören in den Verkauf, in der Buchhaltung sind Sie völlig falsch! Na ja, interessiert hat mich der Verkauf schon, also warum nicht? Ich hab' zwar in meinem Leben noch nie was verkauft, bin aber dann trotzdem zum Dallapona gegangen und habe ein Gespräch mit dem Personalchef verlangt – mit dem Argument, dass ich der Firma mehr

[18] Vgl. 8. Mai 1962. Goldener Lorbeer für die 100.000. Straßenlampe. Bürgermeister Jonas: „Sicherheit ist dort, wo es licht ist", unter: http://www.wien.gv.at/rk/historisch/1962/mai.html.

bringen könnte, wenn ich im Verkauf bin. Man muss sich ja immer verkaufen, auch damals schon. Freude hat er natürlich keine gehabt, weil er mit mir zufrieden war, aber er hat mich trotzdem mit dem Personalchef für den Verkauf, einem gewissen Dr. Wiespointner, bekannt gemacht. Nach zwei Interviews hat er schließlich gesagt, dass er sich das mit mir gut vorstellen kann, weil ich nett ausschaue und auch nicht gehemmt und geschreckt bin. Und damit war ich für das nächste Verkaufstraining angemeldet.“

Genau an diesem Punkt nahm in der Retrospektive das Leben des 23-jährigen Rolf Dolina eine entscheidende Wende. Nicht mehr die Buchhaltung, die er zwar zeit seines Lebens als grundlegende Wissensstruktur zu seinem Vorteil zu nutzen wusste, sondern der Verkauf wurde nun zum zentralen Element. Dass sich Rolf als geborener Kaufmann entpuppte, ausgestattet nicht nur mit einem fabelhaften Wiener Schmäh, sondern auch mit einem sagenhaften Verkaufstalent, ist die eine Sache. Die fundierte Verkaufsschulung, die er bei Olivetti erhielt, die andere:

„Ich muss sagen, ich bin der Olivetti heute immer noch dankbar, Ich habe da insgesamt drei Monate Verkaufsschulung gehabt und da habe ich eigentlich wirklich verkaufen gelernt.
Man hat uns Taktik gelehrt, wir haben das Vorführen und Präsentieren gelernt, wir sind technisch geschult worden, damit wir uns bei den Maschinen ausgekannt haben, und man hat uns psychologisch geschult. Erst dann sind wir auf die Wirtschaft losgelassen worden.
Heute kriegst du an einem Montag deinen Job und am Dienstag hast du eine Tasche in der Hand und stehst schon beim Kunden. Die Zeit, die Leute ordentlich auszubilden, nimmt sich heute leider kein Mensch mehr.“

Das System, mit dem Olivetti arbeitete und auf das die Verkäufer trainiert wurden, war ebenso simpel wie genial – so genial, das Rolf Dolina noch in den 1990er-Jahren im Zusammenhang mit dem Ared-Park und seinem Ausflug in die Welt der Politik einen durchschlagenden Erfolg damit verbuchen konnte.

Die Lettera 22, mit der Rolf in den Anfangszeiten seiner Verkaufskarriere bei Olivetti seine erfolgreichen „Probestellungen" durchzog und zum Starverkäufer avancierte: „Das war die Zeit, wo es noch keine Computer gab. Olivetti war damals marktführend auf dem Gebiet der Rechen- und Schreibmaschinen. Und ich war fleißig wie eine Biene und habe sofort heraus gehabt: Der Weg zum Erfolg führt nur über die Mädels. Der Anwalt kauft nie eine Rechenmaschine. Der kauft, was seine Sekretärin sagt. Also führt der Weg zum Erfolg über die Mädels, was mir natürlich nicht unangenehm war. Am Vormittag habe ich jedenfalls die Kunden besucht, mit den Sekretärinnen Schmäh geführt und am Nachmittag bin ich wieder hin und habe ihnen die Maschinen auf Probe hingestellt. Da haben die Mädels alle viel zu tun gehabt, weil der Chef da war, und am nächsten Tag bin ich dann wieder am Vormittag gekommen und habe die Mädels eingeschult, mit ihnen gescherzt, und wenn du das zwei, drei Wochen gemacht hast, hast du eigentlich im Büro fast dazugehört."

Im Wesentlichen teilte Olivetti die Stadt einfach in verschiedene Zonen. Jeder Bezirk war in mehrere Zonen aufgeteilt und diese wiederum in fünf bis zehn Zellen, wobei jede Zone über einen Zonenleiter verfügte, dem fünf bis zehn Verkäufer aus den einzelnen Zellen unterstanden. Die Firmen innerhalb der einzelnen Zonen wurden nach ihrem jeweiligen Besitz an Maschinen kategorisiert, wobei diese Kategorisierung die Hierarchien der Verkäufer gliederte:

„Da gab es Zone-Verkäufer, B-Verkäufer, A-Verkäufer und Direktions-Verkäufer. Das war aufgebaut wie ein Pyramidenspiel. Die Zone-Verkäufer durften nur diejenige Firmen besuchen, die nicht mehr als fünf Standard-Schreibmaschinen hatten. Wenn eine Firma mehr als fünf Standard-Schreibmaschinen hatte, also fünf bis zehn Maschinen, war's ein B-Kunde. Von zehn bis zwanzig Maschinen war's dann ein A-Kunde, und alles was über zwanzig Schreibmaschinen war, das waren dann die Direktions-Kunden. Und so konnte man sich von der Zone hochdienen. Dieses System ist mir dann noch oft gut zustatten gekommen.

Damals, als ich angefangen habe, war meine Zelle jedenfalls die Hegelgasse bis zum Schwarzenbergplatz, die Kantgasse und die Johannesgasse, was konkret bedeutete: Hier musste ich jede Firma besuchen. J e d e. Zu jeder Firma hat man dann Karteikarten angelegt mit den wesentlichen Informationen: Mit wem man geredet hat, was für eine Firma das war, was für eine Form sie ist, wer der Chef, mit wem man unbedingt reden muss und so weiter."

Was die Verkaufs- bzw. die Werbestrategien betraf, begegnete Rolf in den Vorträgen des Olivetti-Schulungsleiters Wiespointner erstmals dem AIDA-Prinzip, ein Modell, das in der Wirtschaftswissenschaft auf den Amerikaner Elmo Lewis zurückgeführt wird und in seinen Grundzügen erstmals 1898 beschrieben wurde: Es setzt auf die Prinzipien von Attention, Interest, Desire und Action, wobei Rolf Dolina es hier im Laufe seines weiteren Verkaufslebens noch zur Perfektion bringen sollte. Von der hohen Kunst des Verkaufens, über die Rolf Dolina heute wahrscheinlich locker eine fünfbändige Enzyklopädie verfassen könnte, war 1962 freilich noch keine Rede.

Der Einstieg war ein Neuanfang, der sogar dem furchtlosen Rolf gehörigen Respekt abverlangte. Das allererste Verkaufsgespräch führte zu einem Rechtsanwalt in einem Gebäude, das er heute aus der Loge seiner Penthouse-Wohnung im Marriott gut sehen kann:

„Ein Rechtsanwalt, in dem Haus am Schubertring, wo heute der ÖAMTC drinnen ist. Dort war mein erster Besuch geplant. Ich kann mich noch gut erinnern, ich bin im Stadtpark gesessen. Das Gefühl war wie beim ersten Sex oder beim ersten Alleinflug im Flugzeug, vielleicht kann ich es damit am besten vergleichen. Das erste Mal, wo der Fluglehrer aussteigt und sagt: Jetzt fliegst du alleine. Da scheißt du dir auch fast in die Hosen! Weil solange der Fluglehrer neben dir ist, kann ja nix passieren. Jedenfalls bin ich da gesessen auf dem Stadtpark-Bankerl: Die Tasche mit der Lettera vor mir – eine kleine Maschine hat man immer mitgeschleppt, weil der Trick ja war, irgendwie beim Kunden hineinzukommen. Da hat man dann die Maschine auf Probe hingestellt und hat natürlich jeden Tag die Kunden besucht, geschaut, ob er das richtig macht, kurz gesagt, das ganze AIDA-Modell durchgespielt.

Ich bin dort also gesessen und hab' versucht, mich vorzubereiten. Wenn ich jetzt läute bei dem Anwalt – was sagt er und was sag' ich und so weiter. Ich war immer schon der Typ, der sich auf alles gut vorbereitet hat, weil man dann auch Sicherheit ausstrahlt. Na ja, nach einer halben Stunde hab' ich dann wirklich geläutet: Ich läute also an der Tür im ersten Stock bei der Anwaltskanzlei, der macht die Tür auf, ich sag': ‚Guten Tag, mein Name ist Dolina, ich komm' von der Firma Olivetti' - Und der sagt nur: ‚Was, von der Olivetti??? Hasso, fass!' Und dann kommt auf einmal soooo ein Hund daher!"

Meter gewinnen hieß also die erste Devise. Und sich nicht unterkriegen lassen die zweite. Die Dolina'sche Beharrlichkeit erwies sich als wesentliche Voraussetzung, die zum Erfolg führte. „Einmal mehr aufstehen, als man hinfällt", subsumiert Rolf Dolina heute die Formel, die er als zentrale Grundlage seines erfolgreichen Berufslebens sieht und die schon damals dafür sorgte, dass Rolf es innerhalb von zwei Monaten zum Top-Verkäufer mit dem besten Zellenumsatz brachte. Ein halbes Jahr später hatte er es bereits zum besten Verkäufer der Zone gebracht und schon bald machte ihm Olivetti ein neues Angebot: die Übernahme einer äußerst schwierigen Zone in Linz. Es dauerte nur drei Monate, bis er auch den dortigen Starverkäufer übertrumpft hatte.

„Ich hab' mir gesagt, ich hab' ein schlechtes Gebiet, also muss ich noch fleißiger sein als er. Und hab' dort mit meinem System von Wien – Probestellung, Probestellung, Probestellung, Schulung und noch mal Probestellung – Erfolg gehabt. In nur drei Monaten habe ich mit meinem rückständigen Urfahr das supermoderne Industriegebiet vom Herrn Danner übertrumpft gehabt. Dann war ich der Star! Rückblickend gesehen, habe ich eigentlich immer den Wettbewerb gesucht und hab eines erkannt: Wenn man die Situation mit Ratio analysiert, vielleicht auch intuitiv wahrnimmt, kann man schon was bewegen und was drehen. Man muss immer nur erkennen, wo die kritischen Punkte sind und worauf es ankommt."

Die Olivetti-Erfahrung war für Rolf Dolina allerdings nicht nur in Sachen Karriere interessant. Tatsächlich liest sich die Verkaufs- und Vertreterriege wie der zeitgenössische Who is Who aus Kultur und Politik: Peter Turrini zählte ebenso zur Olivetti-Belegschaft wie Oswald Wiener oder der Inhaber des Thomas-Sessler-Verlages, Ulrich N. Schulenburg, ferner der Jazzer Uzzi Förster oder die geheimnisumwitterte Agenten- und Gutruflegende Rudi Wein. Sie alle lernte Rolf bei der Olivetti kennen, wobei für Rolf vor allem die Bekanntschaft mit Rudi Wein noch von großer Bedeutung sein sollte.

In der Firma war Rolf als Topseller mittlerweile bekannt wie das falsche Geld. Sein Weg führte ebenso steil nach oben wie sich sein geografischer Radius stetig verbreitete. Er wechselte zunächst von Linz in die Bundesländerabteilung und erhielt als selbstständiger Handelsvertreter ein Verkaufsgebiet von Salzburg über Tirol bis nach Vorarlberg.

Die kleine „Lettera" war zu diesem Zeitpunkt natürlich schon längst Geschichte: Die elektromechanischen Büromaschinen, um die Rolf sich jetzt kümmerte, waren monströse Geräte, sogenannte Abrechnungsautomaten, mit Ehrfurcht erregenden Namen wie „Mercator" oder „Detraktis":

„Das waren Maschinen, so groß wie ein ganzer Schreibtisch. Und ich hab' gesagt: Kinder, ich kann die Leute nicht von Landeck nach Innsbruck oder von Gastein nach Salzburg bringen, um denen die Mercator zu erklären. Ich muss mit der Maschine hinfahren zu den Leuten. Und dann bin mit dem Ford Transit durch die ganzen Bundesländer gefahren, habe dort vor den Büros geparkt, die Maschine raus und rein geschoben und habe den Leuten die Mercator vorgeführt. Das war der absolute Erfolg. Wir haben die Mercator verkauft wie die warmen Semmeln, obwohl das eine sehr teure Maschine war. Aber es war eine wilde Zeit, ich war dauernd unterwegs und bin tausende Kilometer gefahren. Dazu der Wahnsinn, dass ich jeden Freitag heim nach Wien gefahren bin und am Sonntagabend wieder zurück nach Salzburg.“

Das Pendeln war freilich nicht einmal für einen Rolf Dolina auf Dauer aufrecht zu erhalten. In dieser Phase fiel die Entscheidung, den Familienwohnsitz kurzerhand nach Salzburg zu verlegen. In Zentrumsnähe, in einer kleinen Mietwohnung in der Gorianstraße, nahmen Traude, Claudia und Rolf nun Quartier. So klein war die Wohnung, dass die Abstellkammer zum Kinderzimmer umfunktioniert werden musste.

Unter der Woche war Rolf auf Achse, am Wochenende verlebte er die Freizeit mit seiner Familie – immer noch unverheiratet – in Salzburg. Mittlerweile hatte Olivetti Rolf Dolina auch für die bundesländerweite Promotion von Buchungsmaschinen verpflichtet, sodass sich der Bewegungsradius vom familiären Zentrum Salzburg ausgehend wiederum auf ganz Österreich erweiterte. In dieser Funktion lernte Rolf auch Oswald Wiener kennen, der neben seinen Aktivitäten als Literat in der Wiener Gruppe (1954–1964) auch der Abteilung Buchungsmaschinen als Chef vorstand. Nur wenige Jahre später, am Höhepunkt der Studentenbewegung in Österreich, sollte er zu jenen Performancekünstlern gehören – gemeinsam mit Günter Brus, Otto Mühl, Peter Weibel und Malte Olschewski –, die am 7. Juni 1968 an der Universität Wien die Aktion „Kunst und Revolution“ zelebrierten. Eine revolutionäre Skandal-Performance, die von der tobenden Kronen Zeitung als „Uni-Ferkelei“ bezeichnet wurde – ein Begriff, unter dem die Aktion schließlich auch im Gedächtnis blieb. Die Protagonisten und Protagonistinnen des Wiener Aktionismus hatten in einem Hörsaal des NIG vor etwa dreihundert ZuseherInnen gleich mehrere Tabus gebrochen: Öffentliche Verrichtung der Notdurft, Masturbation, Auspeitschen, Selbstverstümmelung und das Verschmieren der eigenen Exkremente – all das unter dem Absingen der österreichischen Bundeshymne vor der ausgebreiteten österreichischen Fahne.[19] Im Zuge der folgenden Gerichtsprozesse, in deren Rahmen bezeichnenderweise der berüchtigte Gerichtsgutachter und Psychiater Heinrich Gross[20] die Aktionisten zu begutachten hatte, wurde Oswald Wiener zu sechs Monaten Haft verurteilt. Allerdings entzog er sich der Strafe durch seine Flucht nach Berlin, wo er von 1969 bis 1986 als Wirt die Gaststätte „Exil" betrieb.

Von der österreichischen Studentenrevolte war man in diesen Jahren bei der Olivetti freilich noch weit entfernt, zumal Rolf an den systemkritischen Gedanken der linken Studentenschaft wenig Interesse zeigte. Sein Gebiet war die Ökonomie und sowohl wirtschaftlich als auch privat lief es wie am Schnürchen. Rolf war nun 24 Jahre alt, erlebte gerade glückliche, frisch verliebte Beziehungsjahre mit Traude und Vaterfreuden mit Tochter Claudia. Er verfügte über eine Eigentumswohnung in Wien sowie eine Mietwohnung in Salzburg. Verkaufsprovisionen und Spesenabrechnungen sorgten für gut gefüllte Taschen und der Peugeot 403 hatte bereits dem neueren Modell 404 Platz gemacht. Der aus armen Verhältnissen stammende Rolf Dolina war mittlerweile eindeutig in der Mittelklasse angekommen.

---

[19] Vgl. Thomas Dreher, Performance Art nach 1945. Aktionstheater und Intermedia, München, 2001, S. 273–280.

[20] Der Wiener Arzt Heinrich Gross war als Stationsarzt der Wiener „Euthanasie-Klinik" Spiegelgrund in den Jahren 1940-1945 an der Ermordung von behinderten Kindern beteiligt. 1953 trat der ehemalige SA-Mann der SPÖ bei und avancierte zu den meistbeschäftigten Gerichtsgutachtern Österreichs. Obwohl strafrechtlich nie belangt, sah das Gericht im Zuge eines Verleumdungsprozesses 1981 seine Verantwortung und direkte Beteiligung an der Ermordung von neun Kindern als erwiesen an. Zu Heinrich Gross vgl. u. a. Wolfgang Neugebauer, Zum Umgang mit der NS-Euthanasie in Wien nach 1945. Referat anlässlich des wissenschaftlichen Symposions „Zur Geschichte der NS-Euthanasie in Wien", Jänner 1998, unter: http://doewweb01.doew.at/frames.php?/thema/thema_alt/justiz/euthjustiz/gross.html (20. August 2013).

EIN FRONTALZUSAMMENSTOSS,
EINE OPERATION UND
EINE NEUORIENTIERUNG

Ein Frontalzusammenstoß am 4. März 1963 führte zu tiefgreifenden Veränderungen im Leben von Rolf und seiner Familie. Eingeleitet wurden die dramatischen Ereignisse zunächst durch einen familiären Todesfall: Rolfs steirischer Großvater aus Oberwölz hatte sich aus dem Diesseits verabschiedet und sein Enkel war von Salzburg nach Wien aufgebrochen, um dort Onkel, Mutter und Tanten sowie die Kränze für die Beerdigungsfeierlichkeiten ins Auto zu laden.

Rolfs Peugeot 404 nach dem Unfall, März 1963.

„Ich hab' damals schon meinen Peugeot 404 gehabt, und dann kam eben der Tag, wo ich mit meiner Mutter und zwei Tanten in die Steiermark zum Begräbnis gefahren bin, den ganzen Kofferraum voll mit Kränzen. In der Nähe von St. Marein im Mürztal kam der große Unfall zustande. Drei Autos, alles PKWs, fuhren hintereinander. Ich war der zweite, vor mir einer und hinter mir einer, und die Straße war eine lange Gerade. Ich wollte den vor mir überholen, was sich locker ausging, weil der entgegenkommende LKW weit genug weg war. Denselben Gedanken wie ich hatte aber dummerweise der Autofahrer hinter dem LKW, der nur den PKW gesehen hat, den ich gerade überholt habe. Er ist rausgefahren und ich bin ihm – wie vom Himmel gefallen – auf seiner Spur entgegengekommen. Frontalzusammenstoß. Mein Auto hat in zweieinhalb Meter Höhe einen Telegraphenmast geknickt, mich hat's aus dem Fahrersitz gezogen. Meine ganzen Verwandten sind aus dem Auto geflogen, die Kränze sind rausgefallen und am Ende sind dort fünf Leute gelegen. Ich erinnere mich gut, wie ich durch die Luft gesegelt bin – mir war jeder Bruchteil von Sekunde voll bewusst. Ich habe da so einen Vierfarbenkugelschreiber in meinem Sakko gehabt, der ist aus der Tasche rausgerutscht und ist wie in Zeitlupe ganz langsam an mir vorbeigezogen – gerade mal ein bisschen schneller als ich. Mein Glück war: Als Fußballtormann habe ich natürlich das richtige Fallen gelernt, dadurch hatte ich nur eine kleine Schramme am Ellenbogen. Wie eine Katze habe ich mich abgewinkelt, aber beide Beine waren ab, die wurden durch das Lenkrad gebrochen. Meine Mutter und mein Onkel waren auch nicht so schwer verletzt, meine beiden Tanten hat es schlimm erwischt. Aber sie haben es alle überlebt."

Alle Verletzten, inklusive des Fahrers, der den Unfall ausgelöst hatte, wurden in das Krankenhaus in Bruck an der Mur abtransportiert. Rolf war bei Bewusstsein. Kurz vor der Operation im Gespräch mit dem behandelnden Arzt, zeigte sich schließlich auch noch einmal, was es heißt, mit ganzer Seele Verkäufer zu sein:

„*Auf dem Weg zum Operationssaal fragt mich der Arzt, ein gewisser Doktor Holzer, was ich beruflich so mache. Ich hab' ihm erzählt, dass ich Olivetti-Vertreter bin und so weiter, welche Produkte und das ganze Bla Bla. In diesen zwei Minuten habe ich ihm jedenfalls vor der Operation bzw. vor der Narkose noch eine Reiseschreibmaschine verkauft. Und wie ich wieder aufgewacht bin, bin ich im Streckverband gelegen – für zwei Monate. Danach hatte ich vier Monate beide Beine im Gips bis zur Hüfte hinauf.*"*

Für Rolf Dolina, der Mobilität von jeher als Teil seiner Identität begriffen hatte, folgte ein schwieriges Jahr im Krankenstand: Ein markantes Jahr der Zäsur mit weitreichenden beruflichen und privaten Entscheidungen.

Auf privater Ebene führte der Unfall zunächst zur Wohnungsauflösung in Salzburg und zur Rückübersiedelung in die Wiener Wohnung am Flötzersteig. Der Umzug barg natürlich den großen Vorteil des mütterlich-familiären Umfelds und der damit verbundenen Unterstützung, allerdings war die Tatsache, dass sich die Wohnung im vierten Stock befand und über keinen Lift verfügte, nicht gerade vorteilhaft. Im Zusammenleben der Familie bedeutete diese Situation zunächst eine veritable Prüfung für alle Beteiligten – weder Rolf noch Traude waren diese Form des erzwungenermaßen engen Zusammenlebens mit eingeschränkter Bewegungsfreiheit gewohnt. Umgekehrt schweißte die schwierige Situation das Paar stärker zusammen und führte in weiterer Konsequenz zum Entschluss, die bisher „wilde Ehe" in einen legalen Status zu überführen. Mehr als ein Jahr später, als Rolf wieder genesen war, feierte das Paar am 5. Mai 1964 in der Wallfahrtskirche Maria Dreieichen seine Hochzeit.

Die erzwungene Pause mit der notgedrungenen Häuslichkeit ließ Rolf erstmals innehalten. Es folgte eine Zeit der intensiven Selbstreflexion, die auch in beruflicher Hinsicht beträchtliches Veränderungspotential nach sich ziehen sollte. Rolf wurde im Verlauf dieses Jahres eines klar: Nämlich dass er keinerlei Lust verspürte, als Büromaschinenverkäufer zu enden. Immer stärker trat

Traude Dworan und Rolf Dolina, Hochzeit in Maria Dreieichen, 5. Mai 1964.

das Bedürfnis nach beruflicher Veränderung in den Vordergrund, wenngleich noch nicht klar war, in welche Richtung die Reise gehen sollte. Als Rolf im April 1964 nach einjährigem Krankenstand bei Olivetti wieder ins Arbeitsleben einstieg, war die Kündigung eigentlich nur noch eine Frage der Zeit.

Familie Dolina im Büro der Fich-Programmierschule, Wien, 1966.

Mit Claudia auf Badeurlaub an der Adria, Grado, 1968.

Ich hab' natürlich vom Programmieren
keine Ahnung gehabt

ALS DIREKTOR DER
FICH-PROGRAMMIERSCHULE

Mitte 1966 gingen die lehrreichen Aufbau- und Arbeitsjahre bei Olivetti zu Ende. Wieder war es ein Zeitungsinserat, das die Veränderung einläutete. Wieder nahte ein Neubeginn. 1966 hatte in Wien eine moderne Schule der Erwachsenenbildung ihre Pforten geöffnet: Die Fich-Programmierschule, benannt nach dem dänisch-kanadischen Entrepreneur und Gründer Earl Fich, der den internationalen technischen Entwicklungen Rechnung getragen hatte. 1960 hatte die IBM die legendäre *IBM 1401* auf den Markt gebracht, ein Gerät, das den Übergang von elektromechanischen Rechenmaschinen in das digitale, computergesteuerte Zeitalter langsam einleitete. Mitte der 1960er-Jahre war es auch in Österreich zumindest soweit, dass Computer nach und nach den Status des Exotischen verloren und immer mehr große Firmen begannen, mit Computern zu arbeiten. Fachkräfte waren gefragt, wobei in diesem Zusammenhang nun auch

sind zu einem Viertel bar eingezahlt B 9826 **Fich Gesellschaft mit beschränkter Haftung** (1050 Wien V. Margaretenstraße 9). Gegenstand des Unternehmens: Die Errichtung und Leitung von Ausbildungsstätten zur Ausbildung von Kräften zur Bedienung von Büromaschinen und datenverarbeitenden Anlagen; ferner der Aufbau und Betrieb von Büromaschinen und datenverarbeitenden Anlagen sowie der Vertrieb und die Vermietung derartiger Anlagen. Gesellschaft mit beschränkter Haftung. Der Gesellschaftsvertrag ist am 6. Juli 1966 abgeschlossen. Die Gesellschaft wird — wenn mehrere Geschäftsführer bestellt sind — durch zwei Geschäftsführer gemeinsam oder durch einen von ihnen gemeinsam mit einem Prokuristen vertreten. Die Generalversammlung kann — auch wenn mehrere Geschäftsführer bestellt sind — einzelnen von ihnen selbständige Vertretungsbefugnis erteilen. Stammkapital: 100.000 S. Geschäftsführer: Earl Fich. Kaufmann. Toronto Ontario, Kanada. Einzelprokurist: Rolf Dolina Mödling. Weiters wird veröffentlicht: Die Stammeinlagen sind zur Gänze bar eingezahlt. Die Bekanntmachungen der Gesellschaft erfolgen im „Amtsblatt zur Wiener Zeitung".

Handelsregisterauszug zur Fich-Programmierschule mit Rolf Dolina als Prokuristen. Wiener Zeitung, 5. November 1966.

Die berühmte IBM 1401 im Computer History Museum im Silicon Valley, Mountain View, Oktober 2010.

ein neues Berufsbild mit durchaus verheißungsvollen Aussichten entstand - der Programmierer. Wer die neuartigen Geräte bedienen konnte, dem eröffnete sich eine gesicherte Zukunft mit erfreulichen Aufstiegs- und Verdienstmöglichkeiten. Die Fich-Programmierschule hakte genau hier ein: Sie bot in verschiedenen europäischen Großstädten eine moderne, zeitgemäße Berufsausbildung für Erwachsene, die den Zug der Zeit erfasst hatten. Rolf stolperte über das Inserat, als sich die Schule in Wien gerade in der Aufbau- bzw. Gründungsphase befand und einen Leiter für das Management suchte.

„Dieser clevere Kanadier hat also in England, in Dänemark, in Deutschland und dann eben auch in Wien im Jahr 66 eine Programmierschule eröffnet. Dafür suchte er einen Leiter, einen Schuldirektor könnte man auch sagen. Ich habe vom Programmieren natürlich überhaupt keine Ahnung gehabt, aber das Wort Computer hat mir schon was gesagt, weil ich aus der Büromaschinen-Branche gekommen bin. Die Aufgabe hat mich gleich gereizt, weil es etwas völlig Neues war. Diese Programmierschule wurde im 4. Bezirk in der Margaretenstraße 9 als Fich-Programmierschule etabliert. Ich habe zwei Leu-

te, Instruktoren von der IBM, eingestellt, und zweimal in der Wo-che habe ich inseriert, um Schüler anzulocken. Auf die Inserate hin sind auch Leute gekommen. Ich habe mit ihnen Tests durchgeführt, was natürlich schon alles vorgegeben war von der Fich-Zentrale in London. Also, ich hab' dort nix neu erfunden, sondern einfach dieses Strickmuster, das die in den anderen Ländern gehabt haben, weiterge-strickt. Zwei bis drei Klassen gab es pro Semester und so ein Program-mierkurs hat damals 8.000 Schilling gekostet. 8.000 Schilling im Jahr 1966 – das waren ungefähr drei Monatsgehälter eines durchschnittli-chen Angestellten. Wenn die Leute die Tests bestanden haben, dann habe ich quasi ein Verkaufsgespräch geführt. Denn im Endeffekt ging es ja in meinem Job darum, dass jeder Platz in der Klasse belegt ist und dass die Leute die Kursgebühren bezahlt haben."

Die eventuell von zeitgenössischen Leserinnen und Lesern geheg-te Vorstellung von wissbegierigen, bebrillten jungen Männern im 60er-Jahre-Outfit, die an antiquiert anmutenden Computertermi-nals sitzen und ihrem Vortragenden lauschen, ist allerdings grund-falsch: In dieser Phase gab es noch gar keine Computerterminals, an denen die Leute hätten sitzen können – das Programmieren wurde im Jahr 1966 vorwiegend auf theoretischer Ebene vermittelt, und von schuleigenen Computern konnte noch lange keine Rede sein:

„Das Teuerste war, dass wir den Leuten, wenn sie das Programmie-ren gelernt haben, auch die Möglichkeit geben mussten, die Pro-gramme, die sie geschrieben haben, an einer IBM bzw. an einer ech-ten Maschine auszuprobieren. Da haben wir Arrangements gehabt mit verschiedenen Firmen, vor allem mit der IBM selbst, die ein Re-chenzentrum am Dr.-Karl-Lueger-Ring, Ecke Mölker Bastei, hatte. Desgleichen hatten wir Kooperationen mit Kunden von der IBM, zum Beispiel mit der Firma Nestlé, die damals mit ihrem Bürohaus und ihren Computerräumlichkeiten am Margaretengürtel logierte. Da haben wir dann meistens, weil es billiger war, die Kurse zweimal in der Woche am Abend angesetzt bzw. Wochenendkurse geplant. Wir haben also Computerzeiten an Wochenenden oder in der Nacht angemietet, da die Computer in dieser Zeit nicht benützt wurden."

BEGEGNUNGEN FÜRS LEBEN

Seinem Job als Direktor der Fich-Programmierschule verdankt Rolf Dolina auch eine ganz besondere Begegnung, die bis heute von größter Bedeutung ist.

„Es kommt ein Mann ins Büro, der heißt Dolina und ist Geschäftsführer von einer Programmierschule", beschreibt Professor Franz Jirgal die Situation des ersten Zusammentreffens, als wir Anfang Jänner 2013 zu dritt im Café des Hotels Marriott sitzen und plaudern. Gemeint ist das Büro der Österreichischen Werbegesellschaft, wo Franz Jirgal – damals ein ebenso aufstrebender Quereinsteiger am Anfang seiner Karriere – als junger Kontakter werkte. Er sollte nun für die Fich-Programmierschule im Auftrag von Direktor Rolf Dolina die Werbung gestalten – vor allem die vorgegebene Werbelinie der kanadischen Fich-Zentrale auf „österreichisch" übersetzen. Zu Beginn war es ein distanziertes Arbeitsverhältnis, das die beiden jungen Männer verband, allerdings stimmte die Chemie von Anfang an. „Wir kommen beide aus dem selben Stall", formuliert es Franz

Franz Jirgal zu Beginn seiner bemerkenswerten Karriere, Wien, um 1967. Der Bau des Wiener Donauturms war seine letzte Baustelle als Starkstrommonteur – hier fiel die Entscheidung, das Unmögliche zu wagen und es in der Werbebranche zu versuchen. Heute gilt er als Vor- und Querdenker für führende Tourismusunternehmen. 1995 erhielt er für seine Leistungen den Goldenen Ehrenring der Österreichischen Werbewissenschaftlichen Gesellschaft an der Wiener Wirtschaftsuniversität, wo Jirgal auch einen Unterstützungsfonds für finanzschwache Hörerinnen und Hörer eingerichtet hat.

Jirgal, „wir sind beide arm aufgewachsen und jeder von uns hat eigentlich ursprünglich einen anderen Beruf erlernt."

Die Begegnung zwischen dem gelernten Starkstrommonteur aus dem zweiten und dem gelernten Buchhalter aus dem siebzehnten Bezirk, die sich beide beruflich gerade selbst neu erfunden hatten, wurde für beide prägend. Aus der Arbeitsbeziehung kristallisierte sich eine lebenslange Freundschaft heraus, die von beiden Seiten mit der Auszeichnung „bester Freund" geadelt wird. Es ist eine Beziehung geworden, die mittlerweile siebenundvierzig Jahre andauert, Höhen und Tiefen, Ferne und Nähe, viele gemeinsame Arbeitsprojekte, Abenteuer, Reisen und unendlich viele Geschichten umfasst.

Während Rolf Dolina mit Franz Jirgal 1966 erst am Anfang der Freundschaft stand, spielte Rolfs ältester Freund Walter Klupp in

Rolf Dolina und Franz Jirgal anlässlich dessen 65. Geburtstags, Haas-Haus, November 2008. Rolf überraschte seinen besten Freund mit einem besonderen Geschenk: Er hatte dafür gesorgt, dass Franz Jirgal der Professorentitel verliehen wurde. Bei der Geburtstagsfeier im November 2008 erfolgte die private Überreichung der Urkunde, am 25. Mai 2009 folgte die offizielle Verleihung des Titels durch Bundesministerin Claudia Schmied.

diesem Jahr eine enorm wichtige Rolle in Hinblick auf eine gewichtige private Entscheidung. Diese zog schlussendlich nicht nur einen Umzug in eine größere Wohnung nach sich, sondern führte – noch einmal – zu einer ganz besonderen Freundschaft, die heute gleichsam das personelle Substrat des Ared-Businessparks bildet:

„Als ich 1966 diesen Job bekam bei der Fich-Programmierschule, da hab' ich mir auch eine neue Wohnung zugelegt – über einen Freund, der Versicherungsmakler bei der Zürich Versicherung war. Kennengelernt habe ich ihn schon, als ich von Australien zurückgekommen bin. Ich habe ja wegen einem Auto in der Zeitung inseriert gehabt, und da hat er sich gemeldet und wollte mir nicht nur ein Auto, sondern auch gleich eine Versicherung verkaufen. Das Auto habe ich nicht von ihm gekauft, aber die Versicherung habe ich schließlich bei ihm gemacht. Mit ihm habe ich jedenfalls 2012 die goldene Hochzeit gefeiert – wir kennen uns jetzt über fünfzig Jahre.
Damals, also anno 1966, hatte er mich schon monatelang sekkiert: Du musst aus der Dunstglocke hinaus, du musst aus Wien hinaus, du musst hinaus ins Freie, du musst nach Niederösterreich! Damals wurden in der Südstadt, in Maria Enzersdorf, gerade neue Häuser gebaut, und da hat er mich überredet hinzukommen. Das hat mich interessiert, wobei ich eigentlich eine Dreizimmerwohnung wollte. Er hat gesagt, nein, nimm' dir gleich die Vierzimmerwohnung, man hat immer ein Zimmer zu wenig. Und recht hatte er, aber das wusste ich damals noch nicht. Geld hab' ich natürlich keines gehabt, wie immer in meinem Leben, wenn ich etwas begonnen habe. Trotzdem habe ich die Wohnung gekauft. Die große Frage war natürlich das Wie. Die wollten eine Anzahlung sehen und das Einzige, was ich gehabt habe, war natürlich die alte Wohnung. Also habe ich die Flötzersteig-Wohnung verkauft, bin zwischenzeitlich nach Mödling auf Untermiete gegangen und habe mit dem Verkaufserlös die Anzahlung geleistet für die Südstadt-Wohnung. Zusammengestückelt mit einem Kredit und einem Bausparvertrag ist sich das irgendwie ausgegangen. Wir sind dann 1966 in die Südstadt-Wohnung eingezo-

gen und haben dort bis 1980 gewohnt. Gebaut wurde das Wohnhaus von der Austria Wohnbaugesellschaft, ein Detail, das für mich aus der Retrospektive sehr wichtig ist: Die hatten nämlich einen jungen Mann in der Buchhaltung, den ich damals kennengelernt habe. Einen gewissen Anton Bosch. Und dem Toni Bosch und mir gehört heute der Ared-Park. "

KAPITEL IV

GO EAST –
MEMOREX UND DER AUFBRUCH
NACH OSTEUROPA

MEMOREX

„Zvonimir – das ist ein serbischer Name und heißt übersetzt Friedensglocke", erläutert mir Rolf Dolina eines Vormittags im Dezember 2011. Der Name gehört zu einem Mann, dem er erstmals kurz vor Weihnachten 1969 begegnet war. Ebenfalls eine lebensbestimmende Begegnung, wie sich noch zeigen sollte.

Zu diesem Zeitpunkt hatte Rolf wieder einmal die Inseratenseiten der Zeitungen studiert. Den Direktorenposten bei Fich hatte er Ende 1968 an den Nagel gehängt, nachdem die Konkurrenz am Markt der Programmierschulen erklecklich größer und der Verdienst erheblich kleiner geworden war. Ein einjähriges Intermezzo als Verkaufsleiter bei der 1949 gegründeten Liebherr Austria in Bischofshofen blieb kühl und leidenschaftslos. Baukräne waren nicht Rolfs Sache: In schwindelerregenden Höhen wurde ihm übel, am Boden blieb das firmeneigene Bewegungskorsett für einen quirligen Typen wie ihn viel zu eng.

„Da lese ich in der Zeitung ein Inserat, dass die Firma Memorex einen Verkaufsleiter für Osteuropa sucht. Über einen Bekannten habe ich vorher schon gehört, wie gut und toll man dort verdienen kann und dass Osteuropa ein richtiges Abenteuer ist. Und ein Abenteuertyp war ich sowieso, also hab' ich mich beworben. Ich bin dort hingekommen und ein gewisser Diplomkaufmann Zvonimir Hauser hat mir die Tür geöffnet. Komischer Name, hab' ich mir gedacht. Aber ein sehr netter, distinguierter Herr. Sieben Jahre älter als ich, geboren am 7. Dezember 1932, Sternzeichen Schütze, wie ich. Da hat die Chemie gleich einmal gestimmt."

Das Unternehmen, bei dem sich Rolf in der Gottfried-Keller-Gasse im dritten Bezirk bewarb, war ein amerikanischer Konzern, der sich seit seiner Gründung 1961 im kalifornischen Santa Clara unter seinem Gründungsmitglied und Präsidenten, dem Industriellen

Rolf (zweiter von rechts) mit Kollegen auf seiner ersten Produkt- und Verkaufsschulung von Memorex, London, 1970.

Larry Spitters, zu einem weltweit führenden Konzern auf dem Sektor von Video- und Computerbändern entwickelt hatte. 1968 hatte das Unternehmen erstmals IBM-kompatible Festplatten produziert und gehörte damit zu den wichtigsten Playern auf dem international wachsenden Markt der neuen Technologien.

Die österreichische Niederlassung, von der aus Osteuropa betreut wurde, war klein. Sie bestand im Wesentlichen aus dem Chef Zvonimir Hauser, einer Sekretärin, einem Buchhalter und zwei Verkäufern. Für die ausgeschriebene Position des Verkaufsleiters gab es mehrere Interessenten. Klar, dass Rolf sich gut geschlagen und es in die engere Wahl geschafft hatte.

Für die nächste Runde wurde neben Zvonimir Hauser bereits ein echter Big Boss einbezogen: Der gebürtige Schweizer Reto Braun bestimmte damals von Brüssel aus die Konzerninteressen in Europa maßgeblich mit:

„Da saßen also der Hauser und der Braun. Der Hauser, das habe ich nachher erfahren, hat eigentlich einen anderen Kandidaten bevor-

zugt, aber der Braun hat meine Lebensgeschichte gehört und gesagt: Den nehmen wir. Es hat sich nämlich herausgestellt: Auch der Braun ist als junger Mann nach Australien gegangen und hat dort ein ähnliches Leben wie ich geführt. Wir haben natürlich über Melbourne geplaudert, und das gab den entscheidenden Ausschlag, dass ich den Job bekommen habe. Der Hauser hat mich danach zum Essen ins Dubrovnik beim Stadtpark eingeladen. Und seither weiß ich auch, warum er Zvonimir heißt: Sein Vater hatte als Sägewerksdirektor lange Jahre in Serbien gelebt und gearbeitet und liebte auch die serbische Sprache. Deshalb also dieser außergewöhnliche Name."

Wie bei Franz Jirgal und Toni Bosch gelang Rolf auch mit Zvonimir Hauser und Reto Braun das Kunststück, die Geschäftsbeziehungen über die Jahre hinweg in echte und tiefgehende Freundschaftsbeziehungen zu verwandeln. Erst Hausers Tod im August 2012 beendete die zweiundvierzig Jahre während Freundschaft, die mit dem Firmeneintritt bei Memorex 1970 mit einem klassischen Chef-Angestellten-Verhältnis ihren Anfang genommen hatte.

Rolf war nun also Verkaufsleiter zweier Verkäufer, die in Osteuropa unterwegs waren. Zumindest theoretisch, wie sich bei seinem Jobantritt herausstellen sollte: Zu diesem Zeitpunkt war der eine Verkäufer tot, der andere flüchtig:

„Eine tragische Geschichte. Die hatten eine Weihnachtsfeier, wobei der eine den anderen nach Hause geführt und dabei einen tödlichen Unfall verursacht hat. Stark alkoholisiert natürlich. Der Lenker ist dann – um nicht verhaftet zu werden und lebenslang zu zahlen – nach Australien geflüchtet. Jedenfalls gab es keinen Verkäufer. Und ich? Ich spielte vormittags Verkaufsleiter und nachmittags war ich mein eigener Verkäufer. Was ich mir in der Früh angeschafft hab', hab' ich dann selber gemacht."

ERSTER AUSLANDSEINSATZ IN BUDAPEST

„Da hab' ich die Tasche hingestellt und mir gedacht, kann mir ir-gendwer bitte sagen, was ich hier mache!? Ich war so was von ver-zweifelt! Aber ich bin ja ein zäher Hund. Mich kann man oft nie-derschlagen und ich stehe immer wieder auf. So bin ich dann mit der Tramway in die nächste Firma gefahren und hab' mir gesagt: Das muss ich ganz anders organisieren.“

Budapest, 1970. Erster Auslandseinsatz für Memorex. Kämpferi-sche Verzweiflung bei Rolf, der einen Monat zuvor seinen 30. Ge-burtstag gefeiert hat.

Es war kein Zufall, dass Rolfs erste Dienstreise nach Budapest führ-te. Nach den gescheiterten und gewaltsam beendeten Reformbe-strebungen in der Tschechoslowakei während des Prager Frühlings 1968 galt dem Westen vor allem Ungarn als neues Hoffnungsgebiet. Ungarns Innenminister András Benkei hatte seine gesellschafts-liberalen Reformideen präsentiert und seit 1968 war eine Wirt-schaftsreform im Gang, die 1970 zarte Früchte trug. Am 16. März des Jahres beschrieb *Der Spiegel* die optimistische Grundstimmung des Westens:

„Als [Parteichef János] Kádár jetzt die Bilanz des zweiten Reform-jahrs zog, war die früher stets sinkende Wachstumsrate des Natio-naleinkommens erstmals gestiegen: von 4,5 Prozent im Jahre 1968 auf sechs Prozent. Außergewöhnliche Erfolge hatten die besonders begünstigten Branchen Elektrotechnik, Feinmechanik, Aluminium-und Chemie-Industrie.

Zwar war der Lebensstandard kaum gewachsen, zwar sind die Ver-braucherpreise nach wie vor hoch. In Budapest müssen sich zwei Personen ein Zimmer teilen; mit einem eigenen Wohnraum für jeden Einwohner ist erst im Jahr 2000 zu rechnen. Im klassischen Land des Borstenviehs ging 1969 das Schweinefleisch aus. Doch die Bevölke-

rung hat den ernsten Willen ihrer Obrigkeit zur Reform erkannt. Der Außenhandel stieg 1969 um 14 Prozent und dabei wuchs der Handel mit dem Westen stärker als mit dem Ostblock.

Immer mehr West-Firmen lassen sich in Ungarn nieder. Shell und Agip etwa konkurrieren beim Ausbau des ungarischen Tankstellennetzes, VW-Wolfsburg baute im Budapester Stadtteil Alt-Ofen eine Service-Station. Die Lufthansa will Ungarns Hauptstadt demnächst täglich anfliegen. Am 1. Januar 1970, dem zweiten Geburtstag der Wirtschaftsreform, wurde das erste ungarisch-amerikanische Unternehmen eingeweiht: das Hotel ‚Duna-Intercontinental‘ am Budapester Donaucorso.‟

Die westliche Grundstimmung mag optimistisch gewesen sein, die Realität des Wirtschaftslebens, in der sich Rolf nun zu orientieren hatte, war freilich äußerst diffizil.

Rolfs erstes „Büro“ mit Schreibtisch und Weltkarte in Claudias Kinderzimmer in der Wohnung der Südstadt kurz nach der Bewerbung bei Memorex, Dezember 1969

At home: Rolf und Traude, Dezember 1969.
Ab 1970 wurde Traude zur unsichtbaren und gleichermaßen unverzichtbaren Partnerin für Rolfs Geschäftsleben in Osteuropa: Sie besorgte nach Rolfs Liste die gewünschten Konsumgüter, die Rolf für seine Freunde und Geschäftspartner im Kofferraum über die Grenze schmuggelte. In den Anfangsjahren tippte sie im Schlafzimmer auch die Angebote und Korrespondenz.

Der Außenhandel der COMECON-Staaten, zu denen auch Ungarn zählte, lag damals noch gänzlich in den Händen der zentralistisch organisierten Außenhandelsgesellschaften: Jede Firma gehörte einer bestimmten, nach Branchen zusammengefassten Firmenvereinigung an, und diese wiederum unterstand einem Außenhandelsbüro, das über die entsprechende Außenhandelslizenz verfügte. Wollte man einer Firma ein westliches Produkt verkaufen, so ergab sich ein gigantischer bürokratischer Hürdenlauf:

„Zuerst musstest du natürlich einen Kunden, eine Firma, finden, die sich für dein Produkt interessiert hat, eh klar, klassisch das AIDA-Modell anwenden – Attention, Interest, Desire, Action. Und wenn dann eine Firma das Produkt wollte, dann ging es erst richtig los: Der Kunde musste zuerst versuchen, die Bewilligung seiner Vereinigung für den Import dieser Ware zu bekommen, die entweder als mutwillig oder notwendig eingestuft wurde. Die Fernseh- und

*Videobänder, die ich mit der Memorex hatte, waren glücklicherweise
ein notwendiges Produkt, sonst hätten zum Beispiel die Fernsehstationen gar nicht senden können.*

*Und dann musste der Kunde von der Planungskommission die Be-
willigung für die Devisen bekommen und von der Nationalbank
wiederum die Devisenzuteilung. Wenn der Kunde das alles gehabt
hat, ist er mit diesen Dokumenten und Bestätigungen zum Außenhandelsbüro gegangen, und das Außenhandelsbüro hat dann mit den
potentiellen Lieferanten verhandelt und entschieden, welches Produkt bei welchem Lieferanten genommen wird. Bezahlt hat zuletzt
die Nationalbank über das Außenhandelsbüro und die Außenhandelsbank. So ist das im Wesentlichen in ganz Osteuropa abgelaufen.«*

Als Rolf die eingangs zitierte Verzweiflungsphase überkam, befand
er sich gerade in Phase eins der Knochenarbeit seiner ersten Kun-
denakquise in Osteuropa. Zvonimir Hauser, der ihn nach Budapest
begleitete, um ihn bei ein paar Leuten persönlich einzuführen, war
wieder nach Wien abgereist. Hier stand Rolf nun – mit einigen Adressen potentieller Kunden ausgestattet, die Koffer voller Prospek-
te – mitten in Budapest und klapperte per Straßenbahn die Firmen
ab. Soeben hatte er sein erstes Außenhandelsbüro, die 1956 gegründete Metrimpex mit dem staatlichen Monopol für den Import von
Maschinen, technischen Instrumenten und Werkzeugen besucht.
Und eines sofort begriffen: „So geht's nicht – das muss ich ganz anders organisieren."

Das Umorganisieren betraf zunächst einmal seine eigene Arbeitsstruktur und die mangelnde Mobilität, die eine Anreise mit dem
Flugzeug bzw. der Bahn – so war es ursprünglich vereinbart – mit
sich gebracht hätte. Der sekündlich gefasste Beschluss, in Zukunft
selbst mit dem Auto zu fahren, musste freilich erst von Hauser ge-
nehmigt werden. Und der Chef legte sich anfänglich ein wenig quer.
Nach einigen Verhandlungen gab es schließlich doch einen Deal:
Rolf würde in seiner Freizeit, jeweils am Sonntag, mit seinem Privatauto nach Ungarn oder sonst wohin fahren und Kilometergeld
abrechnen, wobei diese Summe die Preise der jeweiligen Flugtickets

nicht übersteigen dürfe – so die Abmachung. Damit hatte Rolf es geschafft, sich einerseits selbst in eine komfortablere Situation zu bringen und andererseits eine äußerst nützliche Struktur zu schaffen, die vor allem das Geschäft beleben sollte. Tatsächlich markierte das Unterwegssein mit dem Privatauto so etwas wie den Grundstein des Dolina'schen Geschäftssystems, das sich noch fast zwei ganze Jahrzehnte in allen von ihm betreuten Ländern – Tschechoslowakei, Rumänien, Polen, Bulgarien, Jugoslawien und DDR – bestens bewähren sollte:

„Ab da bin ich mit dem Auto gefahren und konnte natürlich alles Mögliche – vor allem Geschenke – mitnehmen. Die eine Frau zum Beispiel, die hat immer eine blaue oder eine violette Wolle haben wollen. Ich habe daher, wenn ich unterwegs war, immer Listen gemacht, was die Leute brauchen und sich wünschen. Und wenn ich nach Hause gekommen bin, habe ich meiner Frau die Liste gegeben und sie ist, während ich weg war, durch Wien gelaufen und hat alles besorgt. Und wenn ich wieder gekommen bin, haben wir das alles ins Auto eingeladen, und ich hab' ihr dann wieder die neuen, aktuellen Listen gegeben. Wir waren wirklich ein gutes Team. Und es hat eigentlich nichts gegeben, was wir nicht nach Osteuropa gebracht hätten. Sogar falsche Zähne!"

Finish work, you hungry – ham, ham?

DER „ZUG IM KUMBARA" UND DIE INAUGURATION IN JUGOSLAWIEN

Im Wesentlichen waren es zwei Memorex-Produkte, mit denen sich Rolf Dolina nach und nach den osteuropäischen Handelsraum erschloss. Erstens ein Produkt, das auf den wachsenden Markt der Computertechnologien abzielte und damit in den verschiedensten Industriezweigen zum Einsatz kam: Computerbänder, Festplatten und Magnetplattenstapel, also eine Frühform der heutigen Speichermedien. Bei der zweiten großen Memorex-Produktgruppe handelte es sich um Magnetdatenträger, insbesondere magnetbeschichtete Videobänder: Zweizoll- und später Einzollbänder, die damals ausschließlich in den großen, staatlichen Fernsehstationen zum Einsatz kamen.

Mit Budapest war der Startschuss zu Rolfs Karriere als – wie man es damals gerne bezeichnete – „Osthändler" gefallen. Aber nicht nur das: Der „wilde Osten" sollte für Rolf bald weit mehr als eine rein berufliche Goldmine bedeuten. Die verschiedenen Länder wurden mit Ausnahme Ungarns eben auch Heimat, mit emotionalen Bindungen und Freundschaftsbeziehungen, mit Vorlieben und einem Alltag, der Rolf faszinierte und den er trotz aller Widrigkeiten auch schätzte. Als er 1985 – zu einem Zeitpunkt, als seine Firmengeflechte mit Millionenumsätzen nicht nur die österreichische Wirtschaftswelt beeindruckten – vom „Trend" nach seiner „Philosophie als Osthändler" befragt wurde, widersprach er vehement:

„Ich betrachte mich gar nicht als Osthändler, ich finde diese Kategorie nicht mehr zeitgemäß, ich bin fliegender Unternehmer im wahrsten Sinne des Wortes, der im Osten und im Westen seine Geschäfte macht. Ich kaufe Waren auch im Osten, die ich im Westen verkaufe, sie haben dort auch schöne Sachen und arbeiten solide, was viele Leute nicht wissen oder nicht wissen wollen."[21]

---

[21] Trend, Juni 1985, S. 242f.

Gewachsene Freundschaft (von links): Zane Milenkovič, Josip Valčič, Slavko Pernuš und Rolf Dolina im Restaurant Vouk, Beograd, 1981.

Vom Wareneinkauf war im Frühjahr 1970 freilich noch keine Rede. Es waren erste Gehversuche und Bewährungsproben in bisher unbekannten Hauptstädten. Als Memorex-Vertreter war Rolf im Laufe des Frühjahres 1970 erst einmal von Zvonimir Hauser bei den wichtigsten Kunden in den verschiedenen Staaten eingeführt worden. Einer der längerfristig wichtigsten Kontakte, die Rolf in dieser ersten Phase auf Hausers Vermittlung knüpfte, waren jene mit Stanislav „Zane" Milenkovič in Jugoslawien. Die Verbindung mit Zane sorgte nicht nur für Memorex für einen beträchtlichen Vermögenszuwachs, sondern bescherte ein Jahrzehnt später den Japanern mit Fuji ein veritables Waterloo und Rolf einen hart erkämpften Sieg. Und last but not least: Die Geschichten mit Zane Milenkovič sind legendär.

Jugoslawien gehörte de facto nicht zu den Staaten, die während des Kalten Krieges unter dem politischen Begriff des „Ostblocks" zu subsumieren waren – wobei auch der Begriff „Ostblock" weniger einen präzisen geografisch-politischen Begriff bezeichnete als vielmehr eine westliche Projektion, die eine stark simplifizierte Vorstellung von Osteuropa als homogener Einheit unter Führung der Sowjetunion meinte. Jugoslawien unter Josip Broz Tito, das oft, wenn auch fälschlicherweise, dem Ostblock zugerechnet wurde, war jedoch ein unabhängiger, sozialistischer Staat, der weder dem Warschauer Pakt noch dem Rat für gegenseitige Wirtschaftshilfe (COMECON) angehörte. Dementsprechend tickte Jugoslawien ein wenig anders und war ökonomisch und gesellschaftlich anders strukturiert als etwa die ČSSR, Polen, Rumänien oder Bulgarien.

In Jugoslawien verfügte die Memorex durch Zvonimir Hauser bereits über einen guten Kontakt zur Univerzale – damals die zweitgrößte jugoslawische Importhandelsgesellschaft.

„Mit dem Zane Milenkovič musst du unbedingt irgendwie zurechtkommen", hatte der perfekt Serbokroatisch sprechende Zvonimir Rolf Dolina vor dem ersten Besuch in Belgrad mit auf den Weg gegeben.

„Wie dann der Zane vor mir gesessen ist, habe ich gemerkt: Er kann wirklich kein Wort Deutsch oder Englisch. Aber er war ein unglaublich sympathischer Mensch. Und er war vor allem kein Dummer. Er hat gewusst, ich kann kein Serbokroatisch und hat deshalb schon im Vorfeld die Nevenka Tubič organisiert. Die war meine Rettung. Wir haben also ein bisschen verhandelt, über die Geschäfte, wie sie gehen, welche Kunden, wen besuchen wir und so weiter. Das hat ungefähr eine halbe Stunde gedauert und ist über die Nevenka gelaufen. Und dann hat der Zane gesagt: ‚Finish work. You hungry? Ham, ham?‘ Das war sein ganzes Englisch. Und dann sind wir in Belgrad Ham ham gegangen – noch jahrelang, wir haben immer fürstlich getafelt, alles auf Regimentsunkosten natürlich. Jedenfalls habe ich dort Fuß gefasst und der Zane und ich haben die Verkäufe tadellos, nein, großartig erhöht. Und die Nevenka ist bis zu seinem Tod seine Assistentin geblieben."

Rolf kam mit Zane nicht nur „irgendwie" zurecht. Auch in diesem Fall entstand – über die Sprachbarrieren hinweg – eine Freundschaft, die weit über die ohnehin engen Geschäftsbeziehungen hinausreichen und das jugoslawische Staatsgefüge überdauern sollte.

Mit Nevenka Tubič im Büro der Univerzale, Belgrad, Oktober 1983.

In Memorex-Zeiten war Zane Milenkovič mit seiner Assistentin Nevenka Tubič jedenfalls für den Aufbau von Rolfs jugoslawischem Netzwerk von enormer Bedeutung. Ihm war es anfänglich vor allem zu verdanken, dass Rolf sich nicht jeden Kontakt bei den föderalistisch organisierten jugoslawischen Fernsehanstalten einzeln erarbeiten musste, sondern dass er über Zanes Vermittlung bestens eingeführt wurde und in Folge rasch Fuß fassen konnte. Zum Ausgangspunkt für die jugoslawische Erfolgsgeschichte mit Memorex – und später auch Fuji – wurde das Kumbara:

„Als der Zane und ich uns schon ein bisschen angefreundet hatten, stellte er mich dem Josip Valčič, dem technischen Direktor vom Fernsehen in Belgrad, und dem Srečko Prnjat, dem Direktor von der Filmabteilung, vor, also insgesamt einer Gruppe von zehn wichtigen Leuten. Praktisch der ganzen Leitung vom jugoslawischen Film und Fernsehen. Bei dieser Gelegenheit sind wir das erste Mal ins Kumbara gegangen, ein sagenhaftes Restaurant! Ich hab' natürlich nicht gewusst, was da auf mich zukommt, aber der Zane hat zu mir gesagt: ‚Pass auf, iss nicht zu viel, weil wir bekommen den Zug.' Der ‚Zug' war eine Speisenfolge, bestehend aus vierzehn

Waggons. Dazwischen Wein, Raki, Wasser. Also vierzehn Gänge. Nicht viel, aber vierzehn Mal ein Batzl ist auch ein ordentlicher Haufen. Beim elften oder zwölften Gang habe ich schon gesehen, wie der Valčič dem Različ – das war der Chef von der Einkaufsabteilung – etwas vom Teller rüberschiebt. Ich hab' nichts gesagt und hab' selbst brav zusammengegessen. Mir war natürlich schon klar, dass das Ganze irgendwie ein Test ist, ob ich mit ihnen saufen und essen kann. Beim dreizehnten Gang hab' ich mich schon fast angekotzt und beim vierzehnten Gang war ich wirklich total am Ende. Und da hat der Različ auf Englisch gesagt: Respekt, mit dir kann man arbeiten! Das war quasi die Inauguration. Aber ich habe dann dem Ganzen noch eins d'raufgesetzt, indem ich gesagt habe: Was meinst du mit Respekt? Du willst doch nicht sagen, dass diese wunderbare Geschichte jetzt schon zu Ende ist? Und dann habe ich noch einmal den zehnten und elften Gang bestellt und habe das noch irgendwie runter gewürgt! Die sind natürlich flachgelegen! Ab diesem Moment war ich voll akzeptiert, ich konnte einfach alles machen und alles verlangen.“

Innerhalb eines Jahres hatte Rolf nicht nur sämtliche jugoslawischen Fernsehstationen – Belgrad, Novi Sad, das damalige Titograd[22], Priština, Sarajevo, Ljubljana und Zagreb – als Memorex-Kunden gewonnen, sondern auch die Fernsehstationen in Warschau, Kattowitz, Krakau, Wrocław, Prag, Bratislava, Sofia und Bukarest.

Nicht überall gestaltete sich der Start in die neue Arbeitswelt so geschmeidig wie mit Zane in Jugoslawien – allerdings auch nicht überall so beklemmend wie in Bukarest.

Rumänien markierte – nach Budapest und Prag – die erst dritte Reise in den kommunistischen Osten in Begleitung seines Chefs Zvonimir Hauser. Aus der Sicherheit der Retrospektive und Rolfs Hang zum Humor wird die Story heute natürlich eher mit einem Lachen und als Abenteuer erzählt denn als beängstigende Erfahrung, die sie damals tatsächlich war:

---

[22] Heute: Podgorica in Montenegro

Rolf, Bukarest 1970.

„*Am Baneasa Airport kamen wir damals an. Der Hauser ging vor mir, wechselte Geld, zahlte das Visum und weiß Gott, was man da alles tun musste. Dann natürlich der Zoll. Ich war immer hinter ihm, aber dann haben die gesehen, dass ich das erste Mal in Rumänien bin. Da haben sie wohl gedacht: Das ist ein frisch Gefangener, der schmuggelt sicher rumänische Lei herein. Ich wurde sofort auf die Seite gebeten, in einen eigenen Raum - ob ich Lei habe und so weiter. Die haben mich bis auf die Unterhose ausgezogen, haben alles mehrmals durchsucht, mehr als eine Stunde hat das gedauert. Ich hab' aber Gott sei Dank wirklich keine Lei gehabt – Lei habe ich auch später nie geschmuggelt, weil das speziell am Flughafen viel zu gefährlich war. Mit der Zeit hatte ich dann natürlich die Kontakte, wo ich die Lei schwarz gewechselt habe. Das Schwarzwechseln hat mich ja einige Zeit ganz gut ernährt – und meine Familie dazu: Offiziell abgerechnet und schwarz gewechselt, da ist viel übrig geblieben. Jedenfalls als ich endlich beim Zoll fertig war, sind wir in ein Taxi gestiegen und fahren Richtung Athenee Palace, das war das erste Hotel. Heilfroh natürlich, dass das am Flughafen vorbei war – der Hauser war schon sehr besorgt gewesen. Plötzlich hält uns ein Polizist auf. Der Taxler bleibt stehen, der Polizist springt vorne rein – wir sind hinten gesessen – und redet auf den Taxifahrer auf Rumänisch ein. Der fängt zum Rasen an! Der Polizist hat gesagt, er muss jemanden verfolgen. Wir sind hinten gesessen und haben wirklich gezittert. Zuerst das mit dem Ausziehen bis auf die Unterhose und dann eine Hetzjagd durch Bukarest. Das war schon ein Schock. Ich hab' mir nur gedacht, na servas, da hab' ich mir was eingebrockt mit Osteuropa. Das kann ja lieb werden."*

DER TORMANN UND DAS EIGENTOR

Konkurrenz belebt bekanntlich das Geschäft und spielte als Maß-
stab und zur Steigerung der eigenen Kreativität in Rolf Dolinas Leben immer eine große und positive Rolle.

In den 1970er-Jahren beschränkte sich der Mitbewerb, der mit ähnlichen Produkten wie Memorex in den COMECON-Ländern zu
reüssieren versuchte, auf drei international tätige Konzerne: 3M
Scotch[23], EMI und BASF.

Aber nicht nur die Konkurrenz, auch der strukturelle Geschäfts-
aufbau des „Ostblocks" beschäftigten Rolf. Genau genommen: Die
Optimierung des Geschäfts und eine grundlegende Strukturver-
besserung. Prinzipiell schon keine leichte Übung, aber hinter dem
„Eisernen Vorhang" wohl eine, die den meisten Menschen als un-
überwindbare Hürde erschienen wäre. Nicht so Rolf Dolina. Die
tausenden Kilometer, die er auf den Fahrten zu seinen Kunden in
die verschiedenen Ländern Osteuropas abspulte, erwiesen sich hier
als Vorteil: Sie erlaubten intensive Nachdenkphasen strategischer
Natur, und als Hauptproblem hatte Rolf sehr rasch den langsamen
und hürdenreichen Weg eines Geschäftszyklus identifiziert: Vom
Kaufwunsch des Kunden bis hin zum tatsächlichen Verkaufsab-
schluss inklusive Lieferung des Produkts konnten Monate vergehen
und waren darüber hinaus mit einem doppelten Konkurrenzkampf
verbunden. Zuerst auf der Ebene des Kunden, den man für ein be-
stimmtes Produkt interessieren wollte, und ein zweites Mal auf Ebene der Außenhandelsbüros, die de facto die Produkt- und Kaufent-
scheidungen fällten, unabhängig davon, was der Kunde eigentlich
brauchte oder wollte:

---

[23] 3 M Scotch ist ein 1902 gegründeter Technologiekonzern mit heute weltweit
70 Niederlassungen und über 25.000 Patenten für mehr als 50.000 Produkte. 3 M
steht für Minnesota Mining and Manufacturing.

„Ich habe mir gedacht, man müsste es schaffen, ein Konsignationslager zu machen. Natürlich braucht es dazu die Bewilligung vom Außenhandelsministerium und von ein paar anderen Stellen, inklusive meiner Firma, aber das wäre doch ideal: Waren dorthin zu liefern auf Konsignation – also noch nicht verkauft und noch nicht bezahlt, aber temporär importiert. Sodass ein Kunde mit seiner Bewilligung von der Planungskommission und den Devisen von der Nationalbank einfach nur noch zur Importorganisation gehen muss, die dann die Bestellung schreibt. Und mit dem Wisch in der Hand fährt der Kunde einfach ins Lager, gibt die Bestellung ab und fährt mit unserer Ware wieder heim. Wenn ich das schaffe, dann können's mich alle - so klein sehen sie mich nur noch von hinten. Da bin ich dann weit, weit vorne, der Konkurrenz mehrere Nasen voraus!"

Das neue Dolina'sche Projekt Ende 1970, ein knappes Jahr nach Arbeitsbeginn bei Memorex, hieß also Konsignationslager.

Klingt einfach, war es aber natürlich nicht. Es verlangte neben einigem Optimismus vor allem Gespür, Taktik, Verhandlungsgeschick und am Ende auch noch eine gute Portion Kaltblütigkeit. Rolf, der in seinem ersten Memorex-Jahr die Umsätze bereits verdreifacht, verfünffacht, ja sogar verzehnfacht hatte, beschloss, die Umsetzung der Idee vorerst in einem Land zu testen. Step by step. Grundsätzlich schienen sich die Fernsehanstalten als ideale Partner in dieser Sache anzubieten: Sie litten – so Rolfs Einschätzung – am meisten unter den systembedingten Lieferengpässen bei Magnetbändern. Damit sollte er recht behalten. In Budapest gelang es ihm relativ rasch, Fernsehdirektor Mihály für die Idee der Konsignationslager zu erwärmen. Damit war auch insofern die halbe Miete gezahlt, weil dessen weitreichender Einfluss ausreichte, um nach zähem Hin und Her mit verschiedensten Behörden tatsächlich eine Bewilligung des Außenhandelsministeriums und der beteiligten Außenhandelsgesellschaften zu erwirken. Und nicht nur das: Es bedurfte nicht zuletzt einer entsprechend großen und gesicherten Räumlichkeit zur Unterbringung des Konsignationslagers – wiederum eine Sache, die nur der Staat, also Ungarn, bereitstellen konnte. Aus heutiger

Perspektive grenzt es an ein Wunder, in welcher Geschwindigkeit Rolf im Verbund mit dem ungarischen Fernsehdirektor das scheinbar Unmögliche möglich machte. Nicht nur dass er die Bewilligung bekommen hatte, er schaffte es auch, den behäbigen Apparat so in Bewegung zu setzen, dass im Frühjahr 1971 tatsächlich alles komplett war: Die Stempel und Unterschriften waren dort, wo sie hingehörten, dazu eine Halle in Budapest, die für die künftigen Memorex-Waren als Konsignationslager dienen sollte. Alles wunderbar – bloß noch eine klitzekleine Frage offen: Wie sagt man's dem Kinde daheim?

Tatsache war, dass Memorex in den Plan nicht eingeweiht war. Und ein Einverständnis ließ sich keineswegs so ohne Weiteres voraussetzen. Welche Firma lieferte über den „Eisernen Vorhang" Waren im Wert von Millionen Dollar – ohne Sicherheit, dass die Zahlung kommt, ohne Akkreditiv, ohne staatliche Bestellung und damit ohne jegliche Garantie? Ein beträchtliches Risiko also.

Zvonimir Hauser war der Erste, dem Rolf die Sache unterbreitete. Dieser konnte sich den Plan zwar prinzipiell gut vorstellen, allerdings nicht alleine entscheiden. Reto Braun aus Brüssel musste her:

„Der Braun kommt in mein Zimmer. Nehmen'S Platz, Herr Braun, dann hab' ich ihm alles geschildert. – Ja, sehr interessant, sehr interessant, aber wissen Sie, da brauch' ich die und die Zahlen, sonst kann ich gar nichts entscheiden. Aus meiner damaligen Sicht war das natürlich eine typische Managerhaltung: Langsame Entscheidungsprozesse und niemand will konkret verantwortlich sein, aber ich war darauf vorbereitet. Herr Braun, sag' ich, gar kein Problem, sagen Sie mir einfach, was Sie brauchen. Ich habe dann alles aufgeschrieben, was er gesagt hat, und er hat natürlich geglaubt, er wird jetzt wieder fahren und ich werde mich um die verlangten Sachen kümmern. Ich aber frag' ihn, ob das wirklich alles ist. Ja, das ist alles. Daraufhin bin ich aufgestanden und habe gesagt: Herr Braun, geben Sie mir fünf Minuten, in fünf Minuten haben Sie alles! Bin aufgestanden, zur Tür gegangen, habe den Schlüssel umgedreht und habe ihn bei mir im Büro eingesperrt. Der Braun ist da gesessen, und ich glaube,

da hat er schon ein bisschen ein mulmiges Gefühl bekommen, weil ihm klar geworden ist, da kommt er nicht mehr aus. Und spontan entscheiden ist das Letzte, was Big Bosse gerne tun. Sie sind ja gewöhnt, immer Kommissionen oder irgendwelche Expertengruppen zur Seite zu haben. Ich aber habe ihm nach ein paar Minuten das ganze Zahlenmaterial in die Hand gedrückt und hab' gewartet. Einfach nur gewartet. Machen Sie, was Sie wollen, ist in Ordnung, hat er gesagt und ist raus gestürmt. Danach waren wir eine Zeit lang auch ziemlich bös' miteinander, aber wir haben uns in der weiteren Zusammenarbeit bald wieder ausgesöhnt und sind dann sogar sehr enge Freunde geworden."

Rolfs Chuzpe, den höchsten Memorex-Manager Europas, seines Zeichens *Vice President European Middle East and Africa*, in seinem Büro einzusperren und zu einer Entscheidung zu zwingen, hatte also den Ausschlag für ein zähneknirschendes OK seitens der Memorex gegeben.

Brauns Ärger und wütende Reaktion kümmerten Rolf kaum. Wie geplant, implementierte er in Ungarn im Frühjahr des Jahres 1971 tatsächlich ein Konsignationslager, das grundsätzlich genauso funktionierte, wie er sich das vorgestellt hatte: Es lief wie am Schnürchen. Die Memorex erhielt nahezu alle Aufträge, und Rolf hatte seine Position bei den Preisverhandlungen mit den Außenhandelsgesellschaften gegenüber der Konkurrenz entscheidend verbessert: Rolf diktierte nun die Preise, und wer billiger bei der Konkurrenz kaufen wollte, – bitte gerne – hatte eben einige Monate Wartezeit in Kauf zu nehmen.

Längerfristig hatte die Geschichte allerdings weitreichende Folgen und schon in Kürze zeigte sich vor allem eines: Der Zug zum Tor, den Rolf hier als ehemaliger Tormann an den Tag gelegt hatte, erwies sich nolens volens als gewaltiges Eigentor:

„Nach der Geschichte hab' ich gewusst: In der Firma werde ich nicht alt. Gar keine Frage. Wenn ich das mit dem Boss aufführe! Und sehr bald hat sich auch herausgestellt, dass das Konsignationslager tatsächlich einer meiner größten Fehler war. Warum? Unabhängig

davon ist mir nämlich ungefähr zur selben Zeit auch klar geworden, dass ich viel besser verdienen kann, wenn ich als selbstständiger Vertreter für die Memorex arbeiten würde. Die haben mich dort natürlich mittlerweile heiß geliebt, weil ich die Umsätze derartig vervielfacht habe. Ich bin also hin und habe ihnen erklärt, ich arbeite gerne für euch weiter, aber nicht als Angestellter, sondern als selbstständiger Handelsvertreter. Ihr habt's alle Vorteile: Ich arbeite genauso für euch weiter, ihr braucht's mir kein fixes Gehalt mehr zahlen, ihr braucht's mir keine Spesen zahlen, ihr braucht's die Kunden, die ich nach Wien bringe, nicht entertainen. Das mach' alles ich – ihr liefert einfach, und wenn ihr das Geld habt, dann zahlt ihr. So was Schönes gibt's doch nicht, und ihr habt's den besten Verkäufer in Osteuropa! Und so weiter. Das haben sie eingesehen.

Und dann? Ich habe tatsächlich alle Länder in selbstständiger Vertretung bekommen. Außer einem: Ungarn. Da haben sie mich nicht gebraucht, weil sie das Konsignationslager gehabt und die Geschäfte telefonisch abgewickelt haben."

DER BEGINN VON EQUIPEX

Der Schein trügt. Die oben leichthin erzählte Story vom Weg zum selbstständigen Handelsvertreter war keine gemähte Wiese, doch Rolf hatte die Sache wieder einmal geschickt eingefädelt. Denn was er wollte, nämlich als selbstständiger Vertreter von Memorex auf eigene Faust unterwegs zu sein, bedeutete im Wesentlichen den Tod der österreichischen Memorex-Niederlassung in Wien.

Unerwarteterweise erhielt die Sache jedoch eine Eigendynamik, die letztlich zu weit mehr als bloß der selbstständigen Memorex-Vertretung führte:

„Man muss ja immer eine Geschichte erzählen und Rückzugslinien haben, also bin ich zum Herrn Hauser gegangen. Sag' ich: Herr Hauser, es tut mir leid, ich hab' ein Angebot bekommen von der Firma BASF, die wollen mich als selbstständigen Handelsvertreter für ihre Produkte haben. Magnetplattenstapel, Videobänder, Computerbänder, Audio- und Videokassetten. Ich würde das gerne machen – aber noch viel lieber würde ich es für Memorex machen. Selbstständig machen werde ich mich auf alle Fälle, jetzt ist nur die Frage, wer mir die Vertretung gibt. Der Hauser hat mich um ein paar Tage Geduld gebeten und hat mit dem Headquarter in Brüssel zu verhandeln begonnen. Eine Woche später kam er und sagte mir, dass die einverstanden sind. Und dann: Aber wissen Sie was, machen wir es miteinander!"

Das war also die Geburtsstunde von Equipex. Rolf Dolina hätte nichts Besseres passieren können. Bereits im ersten Arbeitsjahr hatte sich gezeigt, dass die beiden gut miteinander konnten. Als Chef hatte Zvonimir Hauser keine Probleme mit Rolfs individuellem und kreativem Eigenleben gehabt, das sich einer hierarchischen Unterordnung verweigerte und mitunter auch aufmüpfig und rechthaberisch sein konnte. Rolf umgekehrt schätzte das ruhige, besonne-

Traude Dolina mit Rolfs kongenialem Partner Zvonimir Hauser (1932–2012), Zahling, 1977.

ne und überaus korrekte Wesen seines künftigen Partners, dem er hundertprozentig vertraute. Die unterschiedlichen Wesensarten der beiden Männer begünstigten das gemeinsame Vorhaben: Während der abenteuerliche und quirlige Rolf sich zur Rampensau mit glänzenden Verkaufszahlen entwickelt hatte, war der Stratege Zvonimir Hauser der perfekte Mann für das Homeoffice.

„Dann haben wir also die Firma Equipex gegründet – auf einer Fifty-Fifty-Basis. Ich habe meine Büromittel und mein Auto und er sein Geld eingebracht. Das war damals kein kleines Risiko, das wir eingegangen sind: Er hat die ersten drei Jahre nach Firmengründung nur von seinem Ersparten gelebt. Verheiratet, dazu vier kleine Kinder, die sind damals gerade auf die Welt gekommen. Und ich habe mitsamt der Familie die nächsten drei, vier Jahre von den Reisespesen gelebt. Nämlich von der Differenz der Spesenabrechnung nach dem offiziellen Wechselkurs und wie ich tatsächlich am Schwarzmarkt getauscht habe.
1971 haben wir begonnen, die Equipex aufzubauen und der Hauser und ich sind wirklich ein kongeniales Team geworden."

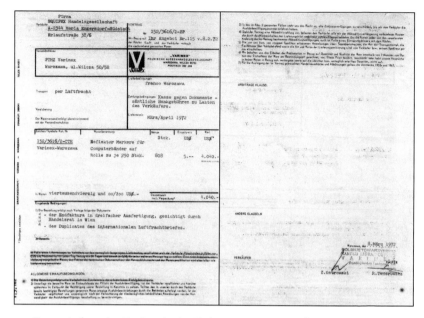

Erster Auftrag der Equipex in der Höhe von 4.040 US-Dollar, Warschau,
8. März 1972. Wurden die Offerte der jungen Firma Equipex bis dahin
durchwegs von Traude Dolina im Schlafzimmer getippt, so erwarben die
beiden Equipex-Gründer kurz darauf ihr erstes gemeinsames Büro in der
Wiener Schadekgasse, wo die Firma bis 1979 logierte: „Im 72er-Jahr ist das
mit dem Büro bei uns zu Hause nimmer mehr gegangen. Meine Frau hat ja
die ganze Nacht geschrieben und die Nachbarn unter uns haben mit dem
Besen an die Decke geklopft und sich über den Lärm der Schreibmaschine
beschwert. Deshalb sind wir in die Schadekgasse übersiedelt."

Erste Equipex-Teilnahme an der Brünner Messe, Brno, 1974 (Bild Seite 153 u.)
Von links: Ing. Baar (Firma Muzo), Ing. Hess (Muzo), Karl Dworan (Equipex),
Ing. Mainau (Equipex), Traude und Rolf Dolina.
Die Wahl des Firmennamens Equipex verdeutlichte auch die enge Verbunden-
heit mit Memorex: Setzte sich Memorex aus den Begriffen Memory und
Excellence zusammen, so bildete Equipex das Akronym aus dem Begriffspaar
Equipment und Excellence.

Das Equipex-Team Zvonimir und Rolf mit Elisabeth und Traude im Bauernhaus der Hausers, Zahling, August 1977.

KAPITEL V

VON DER ONE-MAN-SHOW
ZUM FIRMENIMPERIUM

VON ANGEWANDTER PSYCHOLOGIE UND SCHOKOLADEN ALLER ART ODER: WARUM DIE KONKURRENZ KEIN BEIN HOCHKRIEGT

„Das Anfüttern ist ein Begriff aus der Sportfischerei und beschreibt das Locken der anvisierten Beute an den Angelplatz. Oft wird hierfür ein Paniermehl-Gemisch verwendet, das mit Wasser angefeuchtet zu tennisballgroßen Kugeln geknetet wird. Diese sinken auf den Grund und zerfallen zu feinsten Flocken, welche die Fische zwar anlocken, aber nicht sättigen. Anfütterungsboote oder auch Futterboote ermöglichen das Ausbringen von Fischfutter oder Montagen an schwierigen oder weit entfernten Angelplätzen.

Daraus leitet sich auch der juristische Begriff des Anfütterns ab. Dies bezeichnet die (wiederholte) Geschenkvergabe an Politiker, ohne dass von diesen (zunächst) eine Gegenleistung erwartet wird. In Deutschland wird das Anfüttern häufig als Landschaftspflege bezeichnet und als Bestechung gewertet", erläutert Wikipedia, nicht ohne auf das seit 2008 geltende und 2009 wiederum gelockerte „Anfütterungsverbot" zu verweisen, das neuerdings im österreichischen Strafrecht bei der Bekämpfung der scheinbar überbordenden Korruption helfen soll. Bei einem derartigen Ansinnen muss Rolf Dolina lachen. Herzhaft. Zum einen, weil seiner Einschätzung nach das Problem der Korruption mit einer solchen Regelung nicht in den Griff zu bekommen sei, zum anderen, weil es wahrscheinlich wenige Menschen gibt, die dieses spezielle System vom Geben und Nehmen in der Praxis besser beherrschten als er. Keine Frage: Bei der Fütterung von kleinen und großen Fischen des europäischen Ostens in den 1970er-Jahren kannte Rolf Dolina sich aus. Allerdings stellte sich die Gemengelage unter den Bedingungen totalitärer Herrschaftssysteme etwas anders dar als in den westlichen Demokratien des 21. Jahrhunderts. Dies gilt für die wirtschaftlichen Rahmenbedingungen ebenso wie für den gelebten gesellschaftlichen Alltag. Ein damals in der DDR gängiger Witz brachte die Sache ironisch-humorvoll auf den Punkt: Demnach bestand zwischen Russland und Amerika ohnehin kein wesentlicher Unterschied, denn in beiden galt dasselbe wirtschaftliche Grundprinzip: Für Rubel bekam man nichts, für Dollar alles.[24] Dabei klingt bereits durch, was sich in der Lebensrealität aller kommunistischen Staaten entwickelt hatte: Im Wesentlichen eine weithin praktizierte Schattenwirtschaft, in der von den verheißungsvollen Versprechungen einer freien und gerechten Gesellschaft des werktätigen Volkes nicht viel übriggeblieben war. In der Praxis hatte sich in immer stärker werdendem Ausmaß ein informelles, nutzungsorientiertes und vor allem allgegenwärtiges Tauschsystem herausgebildet, das auf Leistung und Gegenleistung aufbaute. Ware gegen Ware – im faktischen wie auch übertragenem Sinn, nicht zuletzt, weil für Geld ohnehin wenig zu bekommen war. Dieses nach marktwirtschaftlichen Kriterien funktionierende Tauschsystem umfasste alle Gesellschaftsschichten – vom politischen Funktionär bis hin zum kleinen Portier, unabhängig davon, ob es um den Bedarf an falschen Zähne, violetter Wolle oder um große wirtschaftliche Unternehmungen ging. Dazu analysierte u. a. Manfred Drennig, ehemaliger Stellvertretender Generaldirektor der Länderbank, ÖVP-Funktionär und nebenbei auch Freund und Geschäftspartner von Rolf Dolina in seinem Buch vom „Tauschen und Täuschen" treffend, dass auch immer größere Teile „der offiziellen Wirtschaft nur noch durch einen eigentlich systemwidrigen Rückgriff auf informelle Beziehungen und Verfahren ihre Aufgaben einigermaßen erfüllen konnten."[25] Das trifft wohl den Kern.

„Muss man Flasche tragen", wurde zu einer geflügelten Sentenz in Rolfs engerem Umkreis in Polen, ein Satz, den Rolfs polnischer Mann vor Ort, Viktor Polinowski, geprägt und der für alle Länder Gültigkeit hatte:

---

[24] Manfred Drennig, Tauschen und Täuschen. Warum die Gesellschaft ist, wie sie ist, Wien 2008, S. 190.
[25] Ebd.

„Wenn ich den Viktor gefragt habe, ob man dies oder das machen kann, oder ob dies und das geht, dann hat er gesagt: Muss ich Flasche tragen, das war sein ewiger Spruch - muss man Flasche tragen. Da ist man dann gegangen mit einem Sackerl, da war der Wodka drin oder ein Whisky oder eine Cognacflasche, das hat man als Geschenk gebracht. Muss man Flasche tragen ... damit ist einfach alles gegangen.“

Dies war also im Wesentlichen das System, innerhalb dessen Rolf Dolina rasch gelernt hatte, sich elegant und geschickt zu bewegen. Schlussendlich wie ein Fisch im Wasser, wobei seine persönliche Geschichte – die Erfahrungen von Mangel und Entbehrung in seinen Kindheitsjahren – dem intuitiven Verständnis der Lage nicht abträglich war.

Die Erinnerungen und Anekdoten, die Rolf zu diesem Thema spontan einfallen, sind – nach drei Jahrzehnten Geschäftserfahrung in Osteuropa – natürlich unerschöpflich, gleichermaßen Legion wie legendär. Nicht alle können in dieser Biografie, schon gar nicht in diesem Kapitel festgehalten werden. Das hier Erzählte markiert also nur eine kleine, nicht chronologisch sortierte Auswahl, in der versucht wird, das Typische und Spezifische am Dolina'schen Geschäftsgebaren zu fassen. Neben dem scheinbar untrüglichen Sinn fürs Geschäft, fürs Geld und für alles, was danach auch nur im Entferntesten riecht, gibt es durchaus einige bestimmende Facetten, die auf eine gewisse Art typisch waren und die Rolf von anderen *Expats* unterschied. Gleichzeitig geben sie auch eine Vorstellung von ökonomischer und gesellschaftlicher Realität sowie von persönlichem Alltag in einer Region und in einer Zeit, deren Aufarbeitung noch kommende Generationen beschäftigen wird.

Praktisch zur Grundlage und zum Substrat des Dolina'schen Erfolgsmodells im kommunistisch-sozialistischen Osten gehörte – allen voran – der Schmuggel. Also die „rechtswidrige Verbringung von Waren über eine Grenze“, könnte man wiederum mit Wikipedia trefflich dozieren.

Klar, auch andere „Osthändler“ schmuggelten Waren über die Grenzen, mehr oder weniger systematisch, mehr oder weniger gewitzt.

Dennoch hatte sich Rolf gerade in diesem Zusammenhang mit seiner spezifischen Arbeitsweise gegenüber der Konkurrenz von 3M, Emi, BASF und wie sie alle hießen einen gewaltigen Startvorteil erarbeitet: Er fuhr – was aufgrund der großen Distanzen sonst kaum jemand für möglich gehalten, geschweige denn in die Tat umgesetzt hätte – mit seinem eigenen Auto: Tausende Kilometer, gewaltige Distanzen. Von Wien aus betreute er seine Kunden in nordöstlicher Richtung in der damaligen ČSSR, in Polen bis hin zur DDR, in südöstlicher Richtung fuhr er nach Rumänien, Bulgarien und Jugoslawien.

„Für den Zoll hatte ich eine eigene Technik. Ich bin immer ungefähr zur selben Zeit weggefahren, da kannte ich dann schon die Leute von der Schicht. Selbstverständlich hat man sich da mit der Zeit auch angefreundet, geplaudert und die Plastiksackerl mit den Bananen so hingestellt, als hätte man sie vergessen. Keiner hat irgendwas gesagt: Du bist weggefahren und der Zöllner hat das Sackerl genommen und seine ganze Familie oder Freunde mit Bananen oder mit Marzipan oder sonst was versorgt. Es gab natürlich auch die sogenannten Devisengeschäfte wie die Pewex-Läden in Polen, die Tuzex-Läden in der ČSSR oder die Intershops in der DDR. Da konnte man gegen Devisen prinzipiell alle jene Sachen kaufen, die es dort sonst nicht gab. Da habe ich natürlich auch viele Dinge gekauft, aber manche Dinge hast du auch da nicht bekommen. Zum Beispiel so große Kalender mit Formel-Eins-Boliden oder nackten Frauen drauf. Und genau das war natürlich bei den Männern das Gefragteste. Die üblichen Klassiker waren vor allem Bananen, Marzipan, Kalender, Kugelschreiber, Feuerzeuge, Digitaluhren und natürlich Parfums und Seidenstrümpfe für die Damen.
Prinzipiell war es ja so, dass beim Zoll jeder Taschenrechner ins Visum eingetragen wurde. Das musste man dann auch wieder ausführen, um zu zeigen, dass man das dort nicht verkauft hat, also Geld bezogen hat, ohne Geld zu wechseln.
Deshalb war es wichtig, das Auto sehr clever zu beladen. Zuerst die Digitaluhren hinein, dann die kleinen Rechner, die ganzen Kalkulatoren, die Parfums ... alles rein ... drüber die Mini-Planer, die Feuer-

zeuge und Kalender, damit habe ich dann den ganzen Kofferraum angefüllt. Und ganz oben waren natürlich ein paar Mini-Planer, Kalender mit nackten Weibern drauf und so weiter. So bist du also an die Grenze gekommen: Was haben Sie mit? Sag' ich: Werbegeschenke, alles nur Werbegeschenke, keine Handelswaren. Bitte aufmachen! Jetzt machst also auf, der steht neben dir – meistens waren es zwei. Dann nehme ich also das erste Trumm raus und sage: Schaun'S, das schenk' ich Ihnen, das schenk' ich Ihnen, das, das und das. Das hat man so lange machen müssen, bis der einfach nix mehr halten konnte. Weil jetzt hatte er eigentlich nur noch zwei Möglichkeiten: Entweder er lässt alles in den Gatsch fallen und gräbt und sekkiert dich weiter oder er sagt: Danke, Kofferraum zu, Wiederschauen, und trägt die Geschenke weg. Das ist angewandte Psychologie. Aber das lernt man natürlich. So bin ich immer über die Grenze gekommen. Am Ende haben sich die Grenzler und meine Kunden gefreut, und ich natürlich auch, weil ich war Everybody's Darling."

Dass man in einem Kofferraum mehr Schmuggelware unterbrachte als in einem Koffer, wenn man – wie die Mehrheit der damaligen Handelsreisenden - mit dem Flugzeug reiste, ist einleuchtend. Tatsächlich war es aber nicht nur die Quantität der Schmuggelware, die Rolf einen Wettbewerbsvorteil gegenüber der Konkurrenz verschaffte, sondern auch die Qualität. Die Listen, die Rolf in Bezug auf die individuellen Wünsche seiner Kunden führte, wurden bereits erwähnt. Und dass Traude Dolina die ganze Woche mit der Besorgung dieser speziellen Konsumgüter beschäftigt war, deutet schon den Aufwand an, der hinter diesem System steckte. Tatsächlich war es ein sehr zeitintensives System, das Rolf vor Ort in den Ländern aufgebaut hatte – und nicht immer waren es Konsumgüter oder Geld, mit deren Hilfe Rolf sein Netzwerk aufbaute. Anders als die meisten seiner Konkurrenten besuchte er nämlich nicht nur die jeweiligen Endkunden, sondern alle am Verkaufsprozess Beteiligten – in Summe also eine ganze Menge Leute:

„Die meisten haben ja nur den Außenhandel besucht, das war natürlich einfach. Die sind zum Beispiel nach Warschau geflogen,

zur Außenhandelsgesellschaft gegangen, haben ihr Offert abge-
geben, mit den Leuten zu Abend gegessen und sind nach zwei
Tagen wieder heimgeflogen. Ich aber bin dort jeden Tag herum-
gelaufen und habe nachgefragt: Wer ist Ihr Kunde, wer sind die
größten, wer ist der Großhändler und so weiter. Und dann habe
ich die ganzen Großhändler und die Kunden besucht. Der ers-
te Kundenbesuch, das weiß ich noch genau, das war die Firma
GUS, Główny Urząd Statystyczny, das zentrale statistische Amt
in Warschau. Das war mein erster persönlicher Kundenbesuch
bei einem Endkunden im Zusammenhang mit Computerbän-
dern. Mit all diesen Leuten, die ich da besucht habe – nicht nur
dort natürlich –, habe ich auch Freundschaft geschlossen. Kleine
Geschenke mitgebracht, geplaudert, auch Persönliches. Da hat
mir einmal einer zum Beispiel erzählt, dass seine Tochter gerne
Deutsch lernen will. Und das hab' ich dann irgendwie tatsächlich
organisiert. Das Mädel ist einen Monat nach Wien gekommen,
hat auf der Uni einen Deutschkurs gemacht und ich habe sie in
einer Pension untergebracht und alles bezahlt. Dass mir dieser
Mensch natürlich ewig verbunden war und umgekehrt alle meine
Wünsche erfüllt hat – solange es nicht um seinen Kopf ging –, ist
natürlich auch klar.“

Zuhören und ein Gespür für Situationen und Menschen waren wesentlicher Bestandteil dieser Form des Geschäftsgebarens. Vielfach
zapfte Rolf auch sein bis dato aufgebautes Netzwerk an, um selbi-
ges zu erweitern. Dies zeigt eine ganz andere Geschichte, die auch
demonstriert, in welchem Ausmaß sich Rolf Dolina in den von ihm
bearbeiteten Ländern zu engagieren begonnen hatte und warum es
die Konkurrenz schwer hatte:

„Diese Ostländer hatten immer Devisenprobleme und Devisennöte,
es waren ja keine sehr reichen Länder. Importiert wurde nur das, was
unbedingt gebraucht wurde, um die Wirtschaft in Gang zu halten.
Und da hab' ich versucht, dem Fernsehen zu helfen, indem ich west-
liche Kredite für den Einkauf meiner Waren organisiert habe. Den
ersten westlichen Kredit habe ich bei einer Bank in der Schweiz, der

Cantrade[26], organisiert. Dort war ein gewisser Mann namens Italo Canonica Abteilungschef. Den habe ich gekannt und die Ohren voll geweint: Ich brauch' eine Million Dollar für den Einkauf von Memorex-Videobändern für das staatliche polnische Fernsehen. Das hat tatsächlich geklappt und wir haben das auch für die Zukunft auf die Beine gebracht. Die Bank Handlowy hat dann bei der Cantrade diesen Million-Dollarkredit gehabt, zweckgebunden für den Kauf der Memorex-Waren.

Das mehr oder weniger Gleiche ist mir dann auch mit der American Express gelungen. Da bin ich in Wien hingegangen und ich habe es geschafft, den damaligen Generaldirektor, Walter Fischerlehner, zu überzeugen, eine Kreditlinie gegenüber der Bank Handlowy aufzumachen – für die Lieferung von Memorex-Produkten natürlich. Den hab' ich einfach überzeugt. Das ist alles sehr sachlich und seriös abgelaufen – ohne Bestechung, ohne Kick-Back, ohne Schmiergeld, also alledem, wovon jetzt immer wieder die Rede ist. American Express hat dann jedenfalls eine Kreditlinie gemacht: Zahlungen gegen ein bestätigtes Akkreditiv, wobei Polen damals schon große finanzielle Probleme hatte. Generell sind die Akkreditive ja oft monatelang nicht bezahlt worden.

Irgendwann ruft mich der Walter Fischerlehner an und fragt: ‚Herr Dolina, ich möchte eines wissen. Ich habe viele Akkreditive mit der Bank Handlowy laufen. Aber Ihre sind die Einzigen, die innerhalb von sieben Tagen gezahlt werden. Wie machen Sie das?‘

Ich hab' mich da natürlich deppert gestellt, weiß ich nicht und so. Faktum ist, dass ich natürlich hinter den Kulissen entsprechend gearbeitet habe. Ich bin natürlich zu der Bank Handlowy gegangen und habe um Intervention gebeten, als das erste Akkreditiv nicht gekommen ist. Bin also dorthin gegangen und habe die Frau, die den Austrian Desk bearbeitet hat, kennengelernt. Eine beleibte, sehr nette Polin, die am Tisch Berge von Akkreditiven liegen hatte. Sie hat auch sehr gut Englisch gesprochen, sogar ein bisschen Deutsch. Wir haben geplaudert über unsere Familien, über ihre und meine, und da

---

[26] Die Bank firmiert heute unter dem Namen Julius Bär Bank.

hat sich herausgestellt: Sie hat einen Sohn, der auf der Warschauer Universität Mathematik und Computerwissenschaft studiert. Wunderbar, aber das Problem war, dass sie fast keine Computerzeiten zur Verfügung hatten, um die Programme zu testen.

Naja, ich hab' gesagt, ich werde einmal schauen, ob ich was machen kann. Dann bin ich zu meinen Freunden gegangen, in dem Fall zu meinem Freund Bogdanowicz, Generaldirektor der ZOWAR, und habe gefragt: Du, was machst du in der Nacht mit den Computern? Es wurde dann klar: Das Rechenzentrum steht in der Nacht, weil um sieben Uhr alle heimgehen. Ich sag' also: ,Mach' mir bitte einen Gefallen, ich schick dir einen jungen Mann, der braucht jede Woche ein, zwei Stunden Computerzeiten, um Programme zu testen.'

Danach bin ich wieder zur Frau Tenerowicz und habe sie gefragt, ob ihr Sohn noch die Probleme hat. Klar hatte er die noch, und nicht nur er, sondern alle Studenten. Ich sag' also zu der Frau: ,Wissen Sie was, ich gebe Ihnen jetzt eine Nummer und einen Namen. Da soll der Sohn anrufen und dann hat er jede Woche drei bis vier Stunden Testzeit am Computer. Kostet nichts.'

Die Frau war natürlich aus dem Häuschen und hat geglaubt, ich mache einen Schmäh, aber gut, probieren wir es. Der Sohn ist zum Bogdanowicz gegangen, und der hat ihn in der Nacht arbeiten lassen für den Rest seines Studiums. Und genau deswegen sind die Akkreditive vom Dolina immer ganz oben gelegen."

Es wäre natürlich gelogen, wenn man behauptete, es wäre damals nicht auch Geld geflossen, durchaus auch viel Geld: Selbstverständlich hatte Rolf Dolina bei seinen Kunden ein großzügiges Provisionssystem eingeführt, an dem nicht wenige Personen gut und vor allem regelmäßig verdienten. Einzigartig daran war allerdings nicht die bloße Existenz dieser Zahlungen, sondern etwas ganz anderes:

„Bei mir hat eigentlich jeder jede Provision haben können. Das haben wir einfach auf den Gesamtpreis draufgeschlagen. Ich habe gesagt, ich brauche hundert, du willst zehn, also hundertzehn Prozent. So etwas war damals in den 1970er-Jahren grundsätzlich noch nichts Außergewöhnliches. So war einfach der Osthandel. Etwas Besonde-

res war aber, dass ich in Osteuropa von rund dreißig Menschen die Bankvollmacht bei einer Schweizer Bankgesellschaft gehabt habe. Das heißt, ich habe deren Bankkonten in der Schweiz verwaltet. Das Problem war ja, dass die Leute nicht oder nur bedingt ausreisen durften. Und umgekehrt konnten die nicht so viel Geld auf ihre eigenen Konten einzahlen – es wurde ja alles und jeder überwacht. Hier ging es also darum, dem System ein Schnippchen zu schlagen.

Ich habe das Problem so gelöst, dass ich mir von einer Schweizer Bank einmal blanko mehrere Kontoeröffnungsformulare habe geben lassen. Und irgendwann hat sich immer eine Gelegenheit ergeben, dass die betreffende Person einmal nach Wien reisen durfte. Da haben wir dann alles ausgefüllt, ich hab den Pass kopiert, er hat das unterschrieben. Alles ganz normal, wie eine Kontoeröffnung eben. Dabei habe ich mir allerdings das interne System der Banken zunutze machen können. Es ist nämlich so, dass Banken untereinander Bücher haben, wo Kontrollunterschriften drinnen sind. Also musste ich zum Beispiel mit meinem bulgarischen Freund zu einer österreichische Bank gehen, da hat er vor dem Bankdirektor unterschrieben, und der wiederum hat – wie ein Notar – die Echtheit der Unterschrift bestätigt. Das ist damals gegangen: nur die Bank für die Bank. Und weil ich auch bei den Banken gute Kontakte hatte, habe ich auf diese Art und Weise rund vierzig Konten für die Provisionen eröffnet, die ich den Leuten versprochen gehabt habe.

Natürlich habe ich für diese Schweizer Konten auch die uneingeschränkte Vollmacht gehabt, klar. Er konnte da ja nicht selber hinfahren. Und dann bin ich zum Beispiel nach Warschau gekommen, oder nach Prag oder Bukarest, und habe gesagt: Du hast so viel am Konto, du so viel. Und er hat dann gesagt, das nächste Mal bring' mir bitte so viel und so viel. Dann bin ich wieder nach Zürich, hab' das abgehoben mit meiner Vollmacht, und so ist dann die betreffende Person zu ihrem Geld gekommen. So hat das funktioniert. Jahrzehntelang. Das brauche ich natürlich nicht dazusagen: Wo der mir helfen konnte, hat er mir natürlich geholfen. Und der hat nicht nur Bänder eingekauft, sondern auch Linsen, Lampen und weiß Gott was alles. Und er hat automatisch drei Prozent vom Kaufpreis auf sein Konto in der Schweiz überwiesen bekommen. Insofern sind die Geschäfte auch wirklich glänzend gelaufen. Aber wir haben eigentlich alle miteinander auch sehr viel riskiert. Auch ich mit meinen Geldtransporten, wenn ich das Bargeld über die Grenze geschmuggelt habe. Der Zoll war ja immer sehr heikel und überall waren die Staatspolizei und die Spitzel. Ich musste das Ganze natürlich auch buchhalterisch dokumentieren, das war nicht so einfach bei dreißig oder vierzig Konten. Daher habe ich alles codiert aufgeschrieben, bzw. auch beim Reden musste ich höllisch aufpassen. Deshalb haben wir zum Beispiel immer gesagt: hundert Schokoladen. Das waren dann in Wahrheit tausend Schweizer Franken. Oder hundert Lederhosen, das hat tausend Schilling bedeutet. Cola wiederum war unser Code für Dollar.

Eine Sache aber war grundlegend anders als heute: Ich hab' an diesen Dingen nichts extra verdient. Ich hab' also nicht gesagt, ich bring' dir 3.000 und 300 gehören mir fürs Transportieren. Nein, das war wirklich einfach ein Service. Die Leute haben mir hundertprozentig vertraut und ich ihnen. Und so etwas gibt es heute nicht mehr. "

GEWINNBRINGENDE BRIEFE
UND EIN ADELSPRÄDIKAT

„Wer das geschrieben hat, gehört öffentlich erschossen", erklärte der friedfertige Zvonimir Hauser in seinem Büro, klopfte sich vor Begeisterung auf die Schenkel und kam nicht umhin, seinem jüngeren Partner wieder einmal zu einer echten Meisterleistung zu gratulieren. Seit der Equipex-Gründung 1972 war bereits viel Wasser die Donau und Moldau hinuntergeflossen und hatte einiges an Schotter transportiert. Das Dolina'sche Verkaufssystem, Rolfs Schmäh und Ideenreichtun und vor allem auch seine allgegenwärtige physische Präsenz in den einzelnen Ländern, gepaart mit dem überaus umsichtigen Firmenmanagement vom Wiener Back-Office-Mann Zvonimir Hauser, hatten dafür gesorgt, dass die beiden Equipex-Gründer mit Memorex-Produkten ein beachtliches Vermögen gemacht hatten. Und nicht nur das. Zu diesem Zeitpunkt war auch

Das Memorex-Headquarter in Santa Clara, Kalifornien, 1981.

Rolf und Edgar Francisco beim offiziellen Handshake, Santa Clara, 1981.

schon eine weitere Firma etabliert, die im Jahr 1978 über sechzig MitarbeiterInnen verfügte und mit einem Jahresumsatz von hundert Millionen Schilling bilanzierte.[27] Davon wird später noch die Rede sein. Ungeachtet dessen waren die Memorex-Produkte für Equipex nach wie vor eine äußerst wichtige und einträgliche Schiene. Und bei dem Mann, den Hauser im Februar des Jahres 1983 so spontan des Todes würdig befunden hatte, handelte es sich um keinen Geringeren als um den Memorex-Manager Edgar R. Francisco: International Sales Manager, beheimatet in Kalifornien und keine kleine Nummer in der Konzernhierarchie.

Rolf selbst verband mit Edgar schon seit geraumer Zeit ein freundschaftliches Verhältnis, das der reinen Businessebene entwachsen war: Die Familien der beiden Männer standen in regelmäßigem privaten Austausch, und Claudia, Rolfs mittlerweile erwachsene Tochter, verbrachte sogar einige Zeit bei den Franciscos in Kalifornien, als sie 1981 zum Sprachstudium in Amerika weilte.

---

[27] Trend, April 1979, S. 217.

Rolf, Edgar und der australische Kollege Nigel während eines Ausflugs in der Bay Area, San Francisco, 1981.

Traude Dolina mit Narel Bohorquez bei einem Memorex-Besuch, Santa Clara, Juli 1981.

Kurzum, die beiden verband ein Vertrauensverhältnis, das sich im Jahr 1984 und darüber hinaus überaus positiv auswirken sollte. Unterschrieben hatte Edgar einen Brief, dessen Inhalt Rolf ausgetüftelt hatte. Er sollte der Firma Equipex Millionen bringen – über Jahre hinweg. Diese Dimension war Zvonimir Hauser beim Lesen des Briefes in der Sekunde gedämmert – im Gegensatz zu Edgar Francisco, dem das Memorex-Geschäft in Osteuropa schon aufgrund der Distanz exotischer erschien als die erste Shuttle-Mission der Discovery, die noch im November desselben Jahres starten sollte.

Einerseits war die Unterschrift unter diesen Brief ein purer Gefallen für Rolf, andererseits: Warum einen scheinbar vernünftigen Vorschlag ablehnen? Equipex hatte der börsennotierten Memorex über Jahre hinweg phantastische Verkaufszahlen beschert und Rolf Dolina war nach wie vor *der* Top-Seller in Europa. Worum ging es also? Politisch-wirtschaftlicher Hintergrund dieser Geschichte war, wie so oft, die angespannte Devisensituation. Die osteuropäischen Staaten versuchten in zunehmendem Ausmaß, sich von den Importen des Westens unabhängig zu machen. Zu Beginn der 1980er war es schließlich soweit, dass auch in Osteuropa mit der Produktion von Magnetplattenstapeln, Computerbändern und magnetbeschichteten Datenträgern begonnen wurde. Der Großteil der dazu notwendigen Rohstoffe musste zwar nach wie vor gegen teure Devisen importiert werden, dennoch konnten die ökonomischen Eliten in den einzelnen Ländern – anders als beim Import des fertigen Produkts – zumindest auf eine gewisse Wertschöpfung innerhalb ihrer eigenen Grenzen verweisen. In diesem Zusammenhang sah die planwirtschaftlich organisierte Wirtschaft vor, dass sich jedes Land künftig auf einen technologischen Schwerpunkt konzentrieren und in der Folge die anderen COMECON-Mitglieder mit dem jeweiligen Produkt beliefern würde. Theoretisch zwar nicht ohne Reiz, scheiterte der Plan allerdings an den partikularen, nationalstaatlichen Wirtschaftsinteressen.

Und genau diesen Schwachpunkt im System hatte Rolf Dolina natürlich bereits registriert.

Rolf tätigte zu diesem Zeitpunkt – nicht zuletzt mit Hilfe und auf Vermittlung von Rudi Wein – bereits Geschäfte in und mit der DDR. Zu seinen Kunden gehörte u. a. der Nachfolgebetrieb der Agfa, die Organchemie Wolfen, kurz ORWO. Diese verfügte – noch aus Agfas Zeiten – über eine Beschichtungstechnologie aus der Filmchemie, die im Auftrag der COMECON weiterentwickelt worden war.

„Die ORWO hat seit Beginn der 1980er-Jahre Computerbänder erzeugt. Natürlich hat man dafür sehr viele Bestandteile gebraucht, die aus dem Westen gegen Devisen importiert werden mussten: den Magnetstaub, die Partikelchen, die Polyesterharze und so weiter. Deshalb waren die auch nicht wirklich daran interessiert, die Produkte, die sie selbst herstellten, innerhalb des COMECON zu verkaufen. Die haben ja alle Dollar und Devisen gebraucht. Und innerhalb des COMECON gab es nur den sogenannten Verrechnungsrubel. Logischerweise hatte also auch die ORWO kein Interesse, ihre Bänder nach Warschau zu verkaufen, weil sie da nur Verrechnungsrubel und nicht Dollar bekommen hätte. Das Ganze habe ich mir einmal näher angeschaut. Irgendwann habe ich dann ein paar ORWO-Bänder genommen, zwanzig oder dreißig Stück. Ganz neutral, ohne Aufschrift, und habe diese Bänder meinen Freunden in Polen zum Testen gegeben, wobei ich gesagt habe, dass wir jetzt bei der Memorex eine zweite Linie aufbauen. Klar hat sich bei den Tests ergeben, dass die Qualität nicht so gut war wie bei den Memorex-Bändern, weil es mehr Ausschuss und Drop-Outs gab. Aber die Qualität war trotzdem noch akzeptabel. Dazu kam, dass die Memorex-Produkte sehr teuer waren und es immer Preisprobleme gab. Deshalb habe ich zu meinen Kunden gesagt: Ok, nehmt doch diese Second-Brand-Produkte, sind immer noch gut, aber erheblich billiger.
Die waren natürlich sehr interessiert und es war klar, ich muss jetzt mit der Memorex verhandeln. Bin also zuerst nach Kalifornien zur Memorex geflogen und hab' dort mit dem Edgar Francisco und mit der Narel Bohorquez gesprochen. Hab' gesagt: Kinder, wir könnten

noch viel mehr verkaufen, aber ich brauche unbedingt einen zweiten Brand, ach, wenn wir nur ein Second-Brand-Product hätten,
bla, bla, zum Beispiel Equipex-Data-Tape. Du musst immer wissen,
wo du wen und vor allem mit welcher Wurst hinter einem Ofen
hervorlockst! Ich habe also argumentiert, dass ich das Produkt um
zwanzig Prozent billiger verkaufen kann, der Memorex zehn Prozent weniger zahle, dafür aber der Factory-Output entsprechend
größer wird. Langer Rede kurzer Sinn: Ich hab' von der Memorex
einen Patch von 2.000 Bändern genommen. Und die haben das für
mich mit meinem eigenen Label gelabelt: Equipex-Data-Tape –
das habe ich mir mittlerweile auch am Patentamt als eigene Marke
schützen lassen.
Die Bänder waren natürlich exzellent, besser als die von ORWO.
Diese Bänder hab' ich nicht weitergeschickt, sondern nur eingela-
gert. Zur Memorex habe ich gesagt: Die Kunden sind angetan, das
wird sicher eine gute Sache, aber es dauert halt, bis das alles eva-
luiert ist und bis der Name Equipex bekannt ist. Bei der Memorex
haben sie die Geschichte bald vergessen, aber ich habe von ihnen
vorher ein Schreiben verlangt, in dem sie mir bestätigt haben, dass
unter dem Namen Equipex-Data-Tape das Memorex-Band drinnen ist. Das hat ja gestimmt. Zumindest bei den 2.000 Stück, die
ich gekriegt habe. Das haben sie also tatsächlich geschrieben. Und
der Hauser hat, wie er das gesehen hat, gesagt, wer das geschrieben
hat, gehört öffentlich erschossen. Klar, die Amerikaner haben nicht
durchgeblickt, was ich da mache."

Die Nummer, die Rolf jetzt abzog, war natürlich klar:

„Mit dem Schreiben – signed by Edgar Francisco – bin ich hausieren
gegangen, und die Firmen haben um 20 Prozent billigere Equipex
Data-Tapes gekauft, in der Meinung, dass sie ein Memorex-Band
bekommen. Ich hab' natürlich bei der ORWO eingekauft – habe
ihnen meine Labels geliefert, die ORWO hat auf ihre Bänder meine
Labels drauf gepickt und hat mir dann um fünf Dollar das Band
geliefert. Ich habe das Band nicht um 14, sondern um 12 oder 11 ½

Memorex Corporation

San Tomas at Central Expressway
Santa Clara, California 95052
408/987 1000

24 February 1983

INGEGANGEN am: 8. MRZ 1983

WEITERGELEITET am: 8. MRZ 1983

an 𝓡𝓹 von 𝓑𝓯

Mr. Rolf Dolina
Equipex G.M.B. H.
Postfach 32
A-2301 Gross-Enzersdorf
Grossenzersdorf Bein Wein
Austria

Subject: Equipex Brand Name for Memorex Computer Supplies

Dear Rolf:

We take reference to the previous meetings and discussions we have had, and in particular, to our telex dated 13 January 1983 regarding Memorex disc packs.

We are happy to inform you that effective immediately, Memorex will be able to supply computer tape and disc packs to you under the following brand names:

● For Disc Packs: EQUIPEX Datapacks

● For Computer Tapes: EQUIPEX Datatape

As already outlined to you, the policy of Memorex continues to be that of supplying you under these brand names quality computer media products fully warranted in accordance with our standard warranty and in line with our reputation for being the largest computer media supplier worldwide.

We are sure that your customers will continue to put trust and confience in our products supplied under the new brand name of "Equipex".

May we assure you of our commitment to support you now and in the future.

Yours truly,

Edgar R. Francisco
Manager, International Distributor Sales
Memorex International

ERF:fr

cc: B. Donnahoo, INT
     N. Bohorquez, INT

Der „One-Million-Dollar-Brief" – die Bestätigung für Equipex-Data-Tapes als Second-Brand-Product von Memorex, 24. Februar 1983.

EQUIPEX

DATA TAPE
The Multi-Purpose Computer Tape.

EQUIPEX DATA TAPE has been formulated for wide-ranging applications on today's high-density tape subsystems. It provides data reliability and excellent performance at both 6250bpi and 1600bpi.

Data Integrity

EQUIPEX DATA TAPE provides the assurance that data read back is the same as the original. Time after time... even after one million times. A new oxide formulation improves signal strength and head-to-tape contact to ensure data integrity. In order to maintain the high EQUIPEX standards, EQUIPEX DATA TAPE undergoes more than 100 quality checks and audits prior to delivery.

Durability

EQUIPEX DATA TAPE functions up to 10 times longer than other brands. It will exceed ANSI specifications even after long time usage and is considered to belong to the most durable tapes available today. Data can also be recovered after longer periods of storage.

5-Year-Warranty

EQUIPEX warrants that each reel of EQUIPEX DATA TAPE Computer Tape is free from defects in material and workmanship for a period of 5 years from date of purchase. See reverse for full details.

Der Prospekt zur neuen Marke: Das vermeintliche Second-Brand-Produkt von Memorex mit ORWO-Bändern. Um den amerikanischen Touch des Produkts zu unterstreichen, wurde eine amerikanische Firmenadresse angegeben – die Privatadresse von Edgar Francisco.

Dollar verkauft, aber mit einer größeren Spanne. Das heißt, ich habe die osteuropäischen Bandeln den Osteuropäern in Dollar abgekauft und den anderen osteuropäischen Ländern in Dollar verkauft. Neben den Memorex-Bändern natürlich. Das hat gut funktioniert, weil der Bedarf immer mehr gestiegen ist – immer mehr Computer, immer mehr Bänder. Den Mehrbedarf habe ich eben mit ORWO-Bändern abgedeckt. Das ist eigentlich fast bis zur Wende gegangen."

Eine Geschichte, die in ähnlicher Weise mit Magnetplattenstapel funktionierte, bahnte sich 1984 auch in Bulgarien an. Allerdings verweigerte die Firma ISOTIMPEX das Labeling in gewünschter Form. Damit war klar: Sollte diese Sache noch ein zweites Mal funktionieren, musste der Chef selbst Hand anlegen.

„In Embraport, das ist ein Zollfreilager in Zürich, habe ich mir ein Lager mit 400 Quadratmetern gemietet. Da bin ich dann mit meiner Frau tagelang von acht Uhr früh bis fünf Uhr nachmittags gestanden: Wir haben jede Schachtel aufgemacht, das Disk-Pack herausgenommen, das Label drauf gepickt, die Schachtel zugemacht. Das heißt, da war eine Memorex Schachtel mit einem Equipex-Pack drinnen, aber gekommen ist es aus Bulgarien. Es war natürlich sonnenklar, in diese Geschichte darf man niemanden einweihen. Nur der Hauser und meine Frau haben das noch gewusst und haben da auch gearbeitet, wobei - für den Hauser war das nix. Aber meine Frau und ich, wir haben im Schweiße unseres Angesichts gehackelt."

Klar, dass damit unendlich viel Geld verdient wurde. Ebenso klar, dass man diese Aktion höchst unterschiedlich bewerten kann. Unabhängig von der jeweiligen Interpretation ist allerdings eines gewiss: Die Geschichte hat etwas Typisches. Typisch für den ewigen Abenteurer, der alles probiert, der alles ausreizt, der sich aber auch nicht zu schade ist, den eleganten Anzug gegen die blaue Hackler-Montur zu tauschen. Typisch aber auch in anderer Hinsicht. Dass das Ganze nämlich über Jahre hinweg ohne Reibereien funktionierte – parallel zum Verkauf von Memorex-Produkten – , hat auch mit einer zentralen Eigenschaft zu tun: Rolf Dolina verfügte über ein ausgeprägtes Gespür für ein ausgewogenes Verhältnis von Geben und Nehmen. Die Gier, über die heute so viel zu lesen ist, gewann nie die Oberhand.

Memorex selbst war das Spiel mit Second-Brand-Produkten auch nicht fremd. Vor allem in den 1970er-Jahren lieferte sie, was Magnet- und Videobänder betraf, ihre Ausschussware vor allem in den arabischen Raum – weil dort grosso modo auch die Abspielgeräte von so minderer Qualität waren, dass ein Nachweis für die Fehleranfälligkeit der Bänder praktisch unmöglich war. In diesem Zusammenhang kam es zu einer Begebenheit, auf die Rolf Dolina heute noch mit Stolz verweist. Eine Geschichte, die quasi einem Adelsprädikat unter Kaufleuten gleichkommt. Hintergrund der Geschichte war, dass es Mitte der 1970er-Jahre bei Memorex einen Lieferengpass bei Videobändern gab. Infolgedessen wurde auch ein größerer Posten an Ausschussware nach Polen geliefert, wo man die fehlerhafte Ware umgehend bei Rolf reklamierte. Vereinbart wurde ein Gratistausch von rund fünfhundert Zweizollbändern zwei Monate später, also die Rücknahme der fehlerhaften Ware bei Anlieferung der neuen. In dieser Phase wurde Rolf von Reto Braun zu einem Termin in Warschau begleitet:

„Wir sind auch zur VARIMEX in die Ulica Wilcza gefahren. Wir hatten dort einen Termin mit Zbigniew Ostrowski und der Barbara Boratyńska-Polna. Man konnte natürlich nicht übergehen, dass 480 Bänder nicht in Ordnung waren. Jedenfalls hat der Braun abschließend gemeint: ‚Herr Ostrowski, wir werden das austauschen und wenn ich zurück bin, kriegen Sie das von mir schriftlich. Ich schicke Ihnen eine Bestätigung über den Gratisaustausch.‘ Und was sagt der Ostrowski drauf? ‚Herr Braun, Sie brauchen mir keinen Brief schreiben, das Wort von Herrn Dolina ist mir mehr wert als jeder Brief.‘“

In der Tat war es die enorme Handschlagqualität und Verlässlichkeit, die Rolf Dolina einen exzellenten Ruf bei seinen Geschäftspartnern und -freunden einbrachte und ihm schlussendlich die Türen für sämtliche weitere Unternehmungen öffnete. Sein Wort galt mehr als jeder Vertrag, und eine solche Eigenschaft zählte im Umfeld von Diktatur und Bespitzelung doppelt. Wie tiefgehend Vertrauen und Zuneigung seitens der verschiedensten Geschäftspartner gegenüber Rolf tatsächlich waren, wird ersichtlich aus einem Gespräch mit Rolfs langjährigem Geschäftsfreund Alexander Koran im Jänner 2013:

„Noch heute treffe ich auf der Straße in Bukarest Leute, die mich fragen, wie geht es dem Herrn Dolina. Und dann ziehen sie seine berühmte Visitenkarte aus der Brieftasche. Die haben immer noch diese Visitenkarte bei sich! Da, wo draufsteht: ‚Always ready for a new business‘. Nach fast vierzig Jahren halten sie immer noch diese Visitenkarte in Ehren. Das ist eigentlich unglaublich. Aber er hat einfach die Gabe, von Kunden geliebt zu werden. “

Die berühmte Visitenkarte, die Rolf Dolina in den 1970er-Jahren in Umlauf brachte und die bis heute in so manchen Brieftaschen rumänischer Geschäftsfreunde steckt.

Als „Kuss der Securitate" betitelte Alexander Koran dieses Foto, das ihn (rechts im Bild) im Juli 1976 mit Gigi Pogaceanu in Bukarest zeigt. Bis heute gehört er zu den engsten und vertrautesten Geschäftsfreunden von Rolf Dolina – eine Freundschaft, die mittlerweile 45 Jahre hält: „Den Alexander Koran habe ich bei meinem Start in Rumänien kennengelernt. Da war er der IBM-Country-Manager. Er ist eine faszinierende Persönlichkeit mit einer Wahnsinnsbiografie. Am 16. Dezember 1939 geboren, so steht es zumindest in seinen Papieren. Er lebte als Findelkind in einem jüdischen Waisenhaus in Polen, bis er von polnischen Juden, einem Juwelierehepaar, adoptiert wurde. Dann die Flucht nach Frankreich. Von Paris ist er schließlich nach Wien gekommen und hat auf der TU Architektur studiert. Ein sehr gebildeter Mann und ein sehr, sehr lieber Freund. Er spricht perfekt Französisch, perfekt Deutsch, perfekt Englisch, perfekt Polnisch, war mit einer Rumänin verheiratet und spricht auch perfekt Rumänisch. Und Hebräisch spricht er auch noch. Das fasziniert mich bis heute."

ÜBER KLIMASCHRÄNKE UND DIE ENTWICKLUNG VON HIROSS DENCO

In der Retrospektive ist die oben genannte Visitenkarte mehr als nur ein ungewöhnlich humoriges Accessoire eines Geschäftsmannes der 1970er. Tatsächlich offenbart das Kärtchen eine tiefe Wahrheit über Rolf Dolina: Nämlich dass es nichts gibt, was er nicht verkaufen könnte bzw. nicht auch verkauft hätte.

Voraussetzung dafür war sein omnipräsentes Gespür für das richtige Produkt zum richtigen Zeitpunkt. Und zu den definitiv „richtigen" Produkten in dieser Zeit sollten sich Klimaanlagen für die überall neu entstehenden Rechenzentren herauskristallisieren. Doch beginnen wir mit der Geschichte der Reihe nach: Dass die Kühlung von Rechenzentren mit ihren damals noch monströs anmutenden Computeranlagen überall ein wichtiges Thema war, hatte Rolf als Verkäufer von technischen Produkten quasi en passant mitbekommen, ohne damit irgendwelche konkreten Absichten zu verbinden. Mit seinen Equipex- und Memorex-Touren quer durch den europäischen Ostblock fühlte er sich ohnehin bestens ausgelastet, die Geschäfte liefen hervorragend.

Dass in dieser Phase Klimaschränke zum neuen Dolina'schen Parallel- und Großprojekt avancieren sollten, verdankte sich in diesem Fall Zvonimir Hauser und einer Zufallsbegegnung:

„Die Italiener haben auch Geschäfte über die Univerzale in Belgrad gemacht. Darunter war eben Piero Faini, damals Geschäftsführer der Firma Hiross Denco. 1,65 Meter groß, verheiratet, fünf Kinder, Tangotänzer und insgesamt ein wilder Hund.

Der Zane hat ihn einmal zu einem Abendessen mit dem Hauser mitgenommen und so sind die beiden ins Gespräch gekommen. Es war schnell klar, dass unsere Branchen irgendwie zusammenpassen. Der Hauser hat jedenfalls abschließend zum Faini gesagt, dass er auf je-

den Fall zuerst mit mir reden muss, weil ich ja der Verkäufer bin.
Und ich hab' gesagt: Anhören kann man sich alles.
Der Faini ist von Belgrad über Wien nach Mailand zurückgeflogen
und ich kann mich gut erinnern, wo wir uns getroffen haben: In dem
Airport-Restaurant mit Blick auf das Flugfeld. Es kommt also der
kleine Piero mit dem Hauser. Und dann haben wir geplaudert, ge-
plaudert und geplaudert. Und am Ende habe ich gesagt: Ok, kann
ich mir vorstellen das Ganze! Why not?"

Damit wurde also am Flughafen Wien Schwechat das Projekt
„Klimaschränke" geboren. Dass das Geschäft mit Piero Faini am
Flughafen besiegelt wurde, erscheint im Rückblick als signifikan-
tes Vorzeichen: Für die langen Autotouren fehlte mit dem neuen
Verkaufsprodukt zunehmend die Zeit, Rolf avancierte ab jetzt zum
Vielflieger. Der Beginn des Geschäfts mit den Klimaschränken fiel
bereits in eine Phase, in der Rolf in den verschiedenen Ländern –
außer Ungarn – bereits gut etabliert war. Insbesondere in Prag und
Warschau hatte er sich eine funktionierende Büroinfrastruktur aufgebaut, mit verlässlichen Leuten, auf deren Unterstützung er zählen
konnte. Allerdings bedeutete der Vertrieb von EDV-Klimaschrän-
ken auch eine völlig neue Kunden- und Arbeitsstruktur, die wiederum mit einem immensen persönlichen Einsatz verbunden war.
Doch Rolf fand das Produkt der Familie Rossi, die als Mehrheitseigentümer hinter Hiross Denco stand, einfach genial. Bisher waren Rechenzentren und EDV-Anlagen so konzipiert gewesen, dass
in einem großen Raum von etwa 200 Quadratmetern die Rechner
platziert wurden, wohingegen die Kühlanlagen in einem eigens ge-
schaffenen Nebenraum untergebracht werden mussten. Durch ein
kompliziertes System von gelöcherten Doppelböden und Luftka-
nälen wurde schließlich die klimatisierte, gekühlte Luft in die Re-
chenzentrale eingespeist. Diese Technologie brauchte nicht nur viel
Platz, sondern hatte auch sonst einige Nachteile: Die Rechenzentren
bedurften vorab einer komplexen Planung durch Architekten und
waren zudem äußerst wartungsintensiv. Die Rossis hingegen hatten
nun eine Technologie in kompakter Schrankform entwickelt, die

direkt im Rechenzentrum platziert werden und zudem ein ansprechendes Design vorweisen konnte:

„*Mit den Klimaschränken der Rossis hat man sich einiges erspart, vor allem den Extraraum und die ganzen Luftkanäle. Und die Schränke waren auch gar nicht so hässlich, sondern haben ausgeschaut als wären sie von der IBM, die gleichen Farben mit dem Blau und dem Grau. Die haben Luft oben angesaugt, durch den Schrank hinein gekühlt und in den Doppelboden hineingeblasen. Wirklich eine geniale Idee. Man musste eigentlich nur noch wissen, wie viel Wärme man abführen wollte, und danach wurde einfach die Schrankgröße konzipiert. Die Schwierigkeit bestand eigentlich darin, dass man dem Projektanten, dessen Beruf es bisher war, das ganze EDV-System baulich zu planen, sagen musste: Du wirst nicht mehr gebraucht. Das war natürlich nicht einfach und deshalb haben wir angefangen, in ganz Osteuropa Seminare und Vorträge zu halten. Wobei wir jetzt eben vor allem die Architekturbüros eingeladen haben. Ich kann mich erinnern, in Warschau damals, da war der Ing. Kołodzeijek vom Architekturbüro Instalproject, das war damals der Papst der Computer-Klimatisierung. Der ist aufgestanden, ist rausgegangen und hat eine Brandrede gegen uns gehalten. Der war eine harte Nuss, aber ich hab' sie auch geknackt. Zum Schluss hat er nur noch HIROSS geplant und projektiert. Das war wirklich eine mühsame Arbeit. Mühsamst! Vorträge in Prag, in Bratislava, in Warschau, in Katowice, in Bukarest, in Sofia, in Belgrad, überall. Wenn ich gewusst hätte, was das für eine Arbeit ist, hätte ich mir das nie angetan. Aber da hat mich der Ehrgeiz gepackt, weil ich von dem Produkt absolut überzeugt war. Na ja, to make a long story short, es war eine komplett neue Front.*"

VON HÖHERER GEWALT, GROSSEN RÄUSCHEN UND DURCHBRÜCHEN

Die neue Front, die sich hier neben dem nach wie vor florierenden Memorex- und Equipex-Vertrieb aufgetan hatte, gestaltete sich anfänglich schwierig und extrem arbeitsintensiv, doch bald war es ein famoses Geschäft. Erste Aufträge für die Hiross-Air-Condition kamen von der Territorialverwaltung im rumänischen Pitesti und der Glas-Union in Teplitz-Schönau an der tschechisch-ostdeutschen Grenze. Auftragsvolumen: etwa 62.000 US-Dollar.

Der absolute Durchbruch mit den Klimaschränken vollzog sich allerdings erst mit einem Auftrag in Warschau, Rolfs Lieblingsstadt in seinem Lieblingsland, wo ihm die Mentalität besonders lag:

„Damals haben wir uns beworben für die Klimatisierung eines Computer-Zentrums in einem ganz neu gebauten Gebäude in Warschau. Das war die Komisja Planowania, die staatliche Planungskommission in Warschau, also faktisch das Corps, das Herz des Kommunismus, weil dort wurde einfach alles geplant. Als Computerlieferanten haben angeboten die IBM und die UNIVAC, und wir haben neutral für beide angeboten. Uns war das ja im Wesentlichen wurscht, obwohl wir die UNIVAC schon ein bisserl bevorzugt haben, weil wir mit denen immer auf der Messe zusammen waren. Wir haben ja die ganzen Leute gekannt. Natürlich haben wir auch die IBM-Leute gekannt, aber die IBM war halt immer ein bisserl hochnäsig, und die UNIVAC Leute waren Burschen vom Grund, wie man auf Wienerisch so sagt.

Bei der Komisja Planowania haben wir jedenfalls das Geschäft gemacht, die UNIVAC mit den Computern und die EQUIPEX mit den Klimaschränken und dem ganzen Zubehör. Das war und blieb für uns das größte Einzelhandelsgeschäft in unserer Geschäftsbeziehung mit Polen: fünf Millionen Dollar. Da hatte ich auch mei-

nen ersten riesigen Rausch in Warschau. Ich war mit dem Günther Czutta von der UNIVAC und seiner Truppe und zwei Leuten von uns unterwegs. Wir sind im Europejski gesessen bis um vier Uhr in der Früh – bis sie neben uns schon die Sessel auf den Tisch gestellt haben. Ich weiß nicht mehr, wie wir in die Zimmer gekommen sind. Ich bin ins Bett gefallen und habe einfach nur noch geschlafen. Irgendwann um zehn, elf bin ich kurz wachgeworden, ins Klo getaumelt und bin von Wand zu Wand geflogen. Ich hab' nicht einmal gerade gehen können. Um drei am Nachmittag bin ich endgültig aufgewacht, da war ich dann, sagen wir, normal betrunken. Ich hatte sicher eine Alkoholvergiftung, das war mir so klar wie nur was. Jedenfalls habe ich bei der VARIMEX angerufen, mit denen hätte ich um neun in der Früh einen Termin gehabt. Hab' mich überall entschuldigt und erzählt, dass wir den Auftrag gemacht und gefeiert hätten. Und das Tolle daran war: Jeder hatte völliges Verständnis dafür, das war für die Leute vollkommen normal, gar kein Problem. Das werde ich mein Leben lang nicht vergessen. Danach bin ich in Polen und in der Tschechoslowakei als Lieferant für Klimaschränke und auch für das ganze Zubehör voll akzeptiert gewesen. Ab da haben wir ununterbrochen Offerte rausgeschickt, und ich bin nur noch herumgeflogen wie ein Verrückter."

Es gibt keine Probleme, sondern immer nur neue Herausforderungen, sagt Rolf Dolina heute ganz im Sinne der Erfinder von NLP und grinst, wenn er an manche Lösungen denkt:

„Am mühsamsten war eigentlich, dass die Italiener dauernd Lieferprobleme hatten, wegen der Streiks. Die haben ja dauernd gestreikt, die Italiener. Und wir haben gesagt, so geht das nicht, natürlich weil wir in den Verträgen Pönalzahlungen für verspätete Lieferungen drinnen gehabt haben. Jetzt haben die gestreikt und ich hätte eine Pönale zahlen müssen! Im Vertrag ausgeschlossen war natürlich vis major – und Streik ist ja höhere Gewalt, klar. Da hab ich immer wieder gesagt: Burschen, ich brauch' eine Bestätigung von der Handelskammer, notariell bestätigt, dass da ein Streik war. Und zum Schluss war's dann schon so, da war kein Streik, aber die haben trotzdem

zu spät geliefert. Dann haben sie einfach irgendeinen Blödsinn auf Italienisch geschrieben und der Notar hat das mit Unterschrift bestätigt. Meine Kunden haben das nicht lesen können, weil sie nicht Italienisch konnten. So sind wir also um die Pönalzahlungen herumgekommen, das kann man sich heute alles gar nicht mehr vorstellen. Würde auch nicht mehr funktionieren."

Wie sich die Sache mit den Klimaschränken weiter entwickelte, beschrieb im Jahr 1979 der „Trend" in einem Artikel, der den „Kapitänen" Hauser und Dolina voller Respekt Tribut zollte – in einer Zeit, als die Goldgräberstimmung, die den kapitalistischen Westen Anfang der 1970er-Jahre erfasst hatte, schon längst verflogen war:

„Da holten die Wiener zu einem eleganten Dolchstoß aus: ‚Entweder machen wir jetzt Schluss', teilten sie den verblüfften Partnern in Mailand mit, ‚oder eine eigene Firma, in die ihr mit eurer Technologie einsteigt.' Hiross Denco akzeptierte. Der nächste Schlag unmittelbar darauf: ‚Wir richten eine Werkstatt ein und bauen die Anlagen zum Teil aus Elementen, die Hiross Denco in Italien erzeugt, aber auch aus Bestandteilen, die wir aus Amerika beziehen und in Österreich herstellen lassen, selber.' Die Italiener gaben erneut nach, sie fanden die Form eines erweiterten Assemblings, wie Dolina und Hauser ihre Idee nannten, noch immer lukrativ genug, um mit 51 Prozent Firmenanteilen liebend gerne mitzumachen."[28]

Februar 1978 markierte den Baubeginn eines neuen Büro- und Produktionskomplexes im niederösterreichischen Groß-Enzersdorf, etwa dreißig Kilometer Luftlinie zur Grenze der damaligen ČSSR: „Aus den Fenstern der Chefetage sieht man die endlos anmutende Ebene, die bis Stupava und Bystrica pri Bratislava reicht, tief in ein anderes Land, in eine andere Welt hinein. Ein Hauch des Ostens umweht das einsame Gebäude, das weit außerhalb des Ortskerns mitten in den Feldern steht"[29], zeichnete der „Trend" ein mystisch-gruseliges Bild, das den Vorstellungen der österreichischen Mehr-

---

[28] Trend, April 1979, S. 218.
[29] Ebd.

Das von Rolf Dolina und Zvonimir Hauser neu erbaute Bürogebäude HIROSS
DENCO nach den Entwürfen des Architekten Adolf Krischanitz, Groß-Enzersdorf, 1981.

heitsbevölkerung gemäß den stark antikommunistischen politischen
Maximen zweifelsohne entsprach.

Mit dem Neubau in Groß-Enzersdorf, das Rolf von Kindheitsbe-
suchen mit der Großmutter bereits kannte, dokumentierte sich jedenfalls erstmals auch Rolf Dolinas Interesse für Architektur. Gemeinsam mit Hauser ließ er ein modernes, interessantes Gebäude
errichten, dessen Planung sie dem Architekten Adolf Krischanitz
übertrugen. Dieser bildete in den Jahren von 1970 bis 1980 mit
Angela Hareiter und Otto Kapfinger die Gruppe „Missing Link",
eine Gruppe, die neben künstlerischen Objekten auch zahlreiche
Aktionen und Performances bis hin zu Experimentalfilmen realisierte.

Mit der Fertigstellung des Neubaus endete ein anderer wichtiger
räumlicher Bezugspunkt. Das Büro in der Wiener Schadekgasse, wo
1974 auch die langjährige Zusammenarbeit mit Rolf Dolinas Sekretärin Edith Hosch begann, wurde aufgegeben und das gesamte Team
übersiedelte nach Groß-Enzersdorf.

Am 31. Jänner 1979 wurde der Neubau im Rahmen eines Festakts im Beisein des SPÖ-Ministers Josef Staribacher (Bundesminister für Handel, Gewerbe und Industrie) offiziell eröffnet und mit anschließender Party gebührend und ausgelassen gefeiert. Katerstimmung? Keine Spur: Denn am nächsten Morgen folgte bereits der erste Big Deal im neuen Büro, eingefädelt und ausverhandelt von Rolfs Freund Hanno Bäuerle, damals Geschäftsführer der Hiross Denco Austria. Am 1. Februar konnten Hauser und Dolina den von ihm perfekt vorbereiteten Kooperationsvertrag zur Herstellung von 600 Computerklimaschränken mit dem tschechoslowakischen Unternehmen Vzuvotechnika unterzeichnen – ein Unternehmen, das 30.000 ArbeiterInnen beschäftigte und vornehmlich in die Sowjetunion exportierte. Auftragswert: 300 Millionen Schilling.

In dieser Phase wurde als neue Vertriebsorganisation auch die Hiross-Denco-Austria gegründet, wo die Italiener 51 und Hauser und Dolina 49 Prozent Anteile hielten. An der Struktur der Arbeitsaufteilung des bewährten Teams änderte sich allerdings nichts. Hauser erledigte nach wie vor das Back-Office und Dolina machte den Frontmann. Der Grund, warum die beiden allerdings erneut „zum Schlag gegen die Italiener ausholten" und auch die Produktion nach Groß-Enzersdorf verlegen wollten, lag nach wie vor in der lebendigen Streikkultur der Italiener. Es war klar, dass im Kontext der permanenten Lieferverzögerungen die Sache mit den gefakten notariellen Beglaubigungen längerfristig keine Lösung darstellte und ordentlich ins Auge gehen konnte, sobald man in den Außenhandelsgesellschaften auf jemanden stieß, der auch nur ansatzweise der italienischen Sprache mächtig war. Und bei allem Sinn fürs risikoreiche Abenteuer zwischendurch, Dolina und Hauser wussten, nur intelligente Abenteuer sind auch gute Abenteuer. Genau aus diesem Grund wurde schließlich die Firma AUTRAIR gegründet, die mit Hilfe des italienischen Technikers Ermes Santi in den Produktionshallen hinter dem Groß-Enzersdorfer Bürokomplex die Klimaschränke produzierte.

Das Erfolgsduo
Hauser & Dolina
mit ihren Frauen
Traude und Elisabeth
im neuen Büro,
Groß-Enzersdorf,
Dezember 1978.

Mit Piero Faini beim
Hiross-Firmenfest,
Groß-Enzersdorf,
Mai 1984.

Am Rednerpult
bei der offiziellen
Eröffnung des
neuen Bürogebäudes,
Groß-Enzersdorf,
31. Jänner 1979.

Shakehands mit SPÖ-Minister Josef Staribacher (Bundesminister für Handel, Gewerbe und Industrie), Groß-Enzersdorf, 31. Jänner 1979.

Minister Staribacher mit Zvonimir Hauser bei der Besichtigung der Klima-schränke, Groß-Enzersdorf, 31. Jänner 1979.

Als Produkt waren Klimaschränke inklusive sämtlichem Zubehör – von Motorgeneratoren über Alarm- und Feuerlöschsysteme – zwar nicht wahnsinnig sexy, schon gar nicht im Vergleich mit der späteren „Playboy"-Geschichte, aber es war zweifelsohne der richtige Zeitpunkt für das richtige Produkt, mit dem sich jede Menge Geld verdienen ließ – umso mehr, wenn es galt, gelegentliche „Herausforderungen" auf kreative Weise zu bewältigen.

Wo es Wickel gibt, gibt es auch Möglichkeiten, lautet eine Dolina'sche Weisheit, die in einem Fall allerdings auch direkt in den einzigen Konflikt mit Zvonimir Hauser mündete.

DER GROSSE WICKEL UND EIN GUTER DEAL

„Der Hauser und ich waren ein ideales Gespann und haben eigentlich das ganze Leben nur ein einziges Mal einen größeren Wickel gehabt. Wir haben nie gestritten, weil wir beide immer sehr korrekt waren. Und wenn beide korrekt sind, gibt's keine Basis zum Streiten. Wenn ich 100 Schilling geteilt habe, habe ich ihm 51 Schilling gegeben und mir 49 – nur damit nicht der Verdacht aufkommt, ich hätte ihn übervorteilt. Und er hat das genauso gemacht, deshalb hat es nie Wickel gegeben. Bis auf eine Ausnahme.

Wie gesagt, wir haben nicht nur die Klimaschränke geliefert, sondern auch die Motorgeneratoren und alle diese Alarmsysteme, Feueralarmsysteme, Feuerlöschsysteme, Doppelböden, Wände. Wir haben alles geliefert, und alles mit den Strukturen, die ich dort aufgebaut hatte. Eines Tages kam von der ELWRO[30] – das war die Außenhandelsgesellschaft für Computer in Wrocław – eine Anfrage von meinem Freund Steve Respond, der dort Einkaufsdirektor war. Schon die Anfrage Ende Oktober war ein zwei Meter langes Telex. Ich habe sofort gerochen: Wickel und Möglichkeiten. Überall wo es Wickel gibt, gibt's auch Möglichkeiten. Ich war mir sicher: Die wollen das noch in diesem Jahr haben, schreiben es aber nicht hinein, sondern fragen nur nach unserer Lieferzeit. Ich hab' gesagt: Ich biete ihnen jetzt die Motorgeneratoren an, nachdem ich die technischen Spezifikationen gleich weitergeschickt habe zur SELIN, also zum Produzenten der Motorgeneratoren in Genua. Die haben sich natürlich ausgekannt, und die Fachleute haben gleich gewusst, was die alles brauchen. Ich schick' das also runter, er schickt das zurück und sagt, das kostet 1,1 Millionen Dollar, zwei Stück: 2,2 Millionen. Lieferzeit: Sechs Monate nach Bestellung und Erhalt der

---

[30] Die ELWRO (Wrocławskie Zakłady Elektroniczne), gegründet 1959 mit Sitz in Breslau, war die staatliche polnische Außenhandelszentrale für elektronische Rechentechnik.

Anzahlung. *Normal, ein custom made product. Also handgeschnitzt für den Kunden. Ich hab' das also genommen, hab' das Offert hinaufgeschickt, allerdings mit ein bisserl anderen Preisen: Ein Gerät kostet 2,2 Millionen Dollar, nicht 1,1 Millionen, und zwei kosten 4,4 Millionen, also 5 Millionen inklusive Zubehör, einem Set of Spare Parts und allem Drum und Dran. Lieferzeit nach Vereinbarung. Ich habe gesagt: Warten wir, was passiert. Und dann: Please come, negotiations. Wir sind also hingefahren und über die technischen Sachen waren wir uns rasch einig. Das waren ja gute Techniker dort. Zwei Themen blieben am Ende übrig: Lieferzeit und Preis. Da sind also dagesessen mit dem Protokoll: Die Anwältin Ella Kowalewska von der ELWRO, mein Verkaufsingenieur Horst Mainau, unser lokaler Verkaufsrepräsentant Marek Kowalski aus Warschau, der Steve Respond und ich. Steve sagt: Wir haben ein Problem, wir brauchen die Ware noch heuer. Die muss die Grenze nach Polen unbedingt heuer überschreiten, weil sonst ist das Geld weg. Wegen der Buchhaltung und der ganzen Budgetplanung – nicht viel anders als heute. Ich stelle diverse Fragen über den Kunden und es stellt sich heraus: Der Kunde hat noch nicht einmal das Fundament für den Neubau des Computerzentrums gelegt, die Ware muss nur wegen dem Budget heuer importiert werden. Das war schon einmal eine gute Nachricht. Der Kunde braucht's nicht. Jetzt war klar, wir müssen nur noch das System schlagen. Ich muss keinen Kunden beschwichtigen, nur das System überlisten. Also frage ich den Steve, ob wir fünf Minuten unter vier Augen reden können. Sitzungsunterbrechung. Ich sag': Steve, ich verspreche dir, dass ich das Ganze vor dem 31. Dezember liefern kann, allerdings unter einer Bedingung: Du versprichst mir erstens, dass du die Kisten, wo das alles drinnen ist, bei dir lagerst, und dass du zweitens die Kisten nicht öffnest. Wenn du mir das versprichst, dann verspreche ich dir die Lieferung. Er hat natürlich gleich überzogen, was ich meine. Gut, ausgemacht. Handshake. Wieder rein in die Sitzung. Ich habe mich noch lange quälen lassen, bis ich gesagt habe, gut, wir können das liefern. Habe alle möglichen Schmähtelefonate geführt, weiß Gott was alles. Zum Schluss: Na gut, wir können das liefern. Und dann der Preis. Sag' ich: Für diese kurze*

Lieferzeit, Herr Respond, verlangen wir keinen Aufschlag. Damit war der Rabatt vom Tisch. Ich wusste, er konnte nicht anders. Na ja, Zahlung: Wie üblich, unwiderrufliches bestätigtes Akkreditiv.

Ich bin heimgekommen, hab' das dem Hauser erzählt, und der ist blass geworden: Nein, mit dir gehe ich nicht ins Kriminal! Was heißt Kriminal? Ja, das ist kriminell ... Nein, das ist gar nicht kriminell, sag' ich. Wir schicken denen fünfzehn Kisten rauf, kassieren das Akkreditiv, haben die fünf Millionen, geben die Anzahlung zur SELIN nach Genua. Wir geben ihnen 100.000 Dollar mehr und wenn die Italiener die Marie sehen, geht's auch einen Monat schneller. Ich handle da draußen alles ab, keine Sorge. Jedenfalls haben wir da einen echt großen Wickel gehabt. Er hat sich schon im Kriminal gesehen. Kriminell, stimmt natürlich auch, aber man muss was riskieren im Leben, oder? Und für mich war es noch ok, weil niemand wirklich zu Schaden gekommen ist. Das war immer meine Maxime, auch wenn manche Aktionen schon grenzwertig waren.

Wir haben das also bestätigt, widerwilligst hat der Hauser unterschrieben. Wenn ich ihm das heute erzähle, dann lacht er natürlich, aber damals war das hart. Auf der anderen Seite war das ein Geschäft, wo wir 2,2 Millionen zahlen und 5 Millionen einnehmen, also 2,8 Millionen Dollar auf einen Schlag verdienen! So, und jetzt habe ich Folgendes gemacht: Ich hab' dem Santi von der AUTRAIR gesagt: Du hast doch da hinten einen Haufen alter, kaputter Kompressoren, die du immer austauscht: Bloß nicht weghauen!

Langer Rede, kurzer Sinn: Wir haben die Kisten mit dem alten Gerümpel vollgefüllt, haben mit der Schablone auf jedes Gerät die Kisten- und die Auftragsnummer drauf geschrieben und das unserem Spediteur übergeben, der das wiederum an den staatlichen polnischen Spediteur C. Hartwig geliefert hat. Ende Dezember waren die ganzen Kisten wie ausgemacht offiziell in Polen importiert worden.

Am 3. Jänner habe ich das große Telex losgelassen an die ELWRO: Lieber Herr Respond ... förmlich natürlich. Tut uns wahnsinnig leid, unser Spediteur, der das übergeben hat, hat einen großen Fehler gemacht. Ihre Kisten gingen nach Kairo und die Kairo-Kisten gingen an Sie. Aber keine Sorge, behalten Sie, was Sie haben, sobald die Kis-

ten von Kairo zurückkommen, schicken wir das sofort nach Wrocław und Sie schicken mir dann Ihre Kisten zurück. Passiert gar nichts, habe ich den Hauser beruhigt. Und so war's auch. Die SELIN hat wirklich vier Wochen früher geliefert, weil wir ein bisserl mehr gezahlt haben. Damit hat also der Kunde sein Geld nicht verloren, hat bekommen, was er wollte, die Importorganisation hat ihren Plan erfüllt, SELIN hat Motorgeneratoren verkauft, und wir haben 2,8 Millionen verdient. Niemand kam zu Schaden. Am Ende hat nur der Steve noch gefragt: Wohin soll ich die Kisten schicken, die irrtümlich zu uns gekommen sind?

Darauf ich: Steve, tu' mir einen ganz großen Gefallen: Bitte hau' das einfach weg!

Das war also der erste und einzige Streit mit dem Hauser."

VOM NEUEN LUXUSLEBEN

„Die Firma Hiross Denco GmbH in Groß-Enzersdorf bei Wien meldet Höhenflug über Osteuropa: Wetterlage günstig, Sicht klar, Aufstieg hält an", leitete der Journalist Stephan Vajda seine nachgerade hymnische und bereits mehrfach zitierte Geschichte über Dolina und Hauser ein, die unter dem Titel „*Eine Reise ins Glück*" im April 1979 im „Trend" erschienen ist. Die Metapher war augenscheinlich mit Bedacht gewählt, denn tatsächlich hatte sich das Fliegen zu einem zentralen Bestandteil in Rolfs Leben entwickelt.

Der gigantische berufliche Aufstieg, den Rolf Dolina innerhalb eines Jahrzehnts vollzogen und der ihn zum mehrfachen Dollarmillionär gemacht hatte, ermöglichte den Dolinas einen neuen, bisher ungekannten Luxus. Bereits 1972 konnte Traude ihren ersten Porsche erwerben, die geliebten Yorkis wurden in Louis Vuitton gepackt, geshoppt wurde im großen Stil bei Modeschauen in Wien, München und Paris. Rolf und Traude, beide von jeher mit ästhetischem Sinn, einem Faible für Mode und einer sympathisch hedonistischen Ader ausgestattet, genossen das Leben in vollen Zügen. Neues Freizeitvergnügen des Paares war das Fliegen, wobei sich unweigerlich ein Gedanke aufdrängt: Wenn es eine Konstante im Leben des Rolf Dolina gibt, dann ist es wohl die Liebe zur Mobilität. Hätten andere berufliche Vielflieger möglicherweise die Nase von Flughäfen und vom Fliegen überhaupt voll gehabt, so meldete sich Rolf im Gegensatz dazu 1974 bei der ASKÖ in Trausdorf als Flugschüler an.

Es sollte aufgrund des knappen Zeitbudgets knapp drei Jahre dauern, bis Rolf die Krawatte gekürzt wurde – bis also jenes Ritual unter Flugschülern vollzogen wurde, mit dem der Erhalt der Pilotenlizenz gefeiert wird. Traude zog sofort nach und schaffte die Prozedur in sechs Monaten. Jede freie Minute wurde nun geflogen. Meist wurde eine Cessna gechartert und für ein paar Stunden nach Salzburg oder Zürich gejettet, um mit Freunden Kaffee zu trinken oder Abend zu essen.

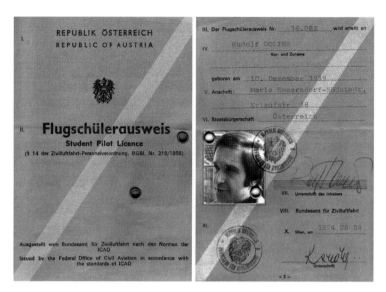

Flugschülerausweis, 1974–1977

Krawattenschnitt – Feier anlässlich der bestandenen Prüfung zum Erhalt der
Pilotenlizenz, Trausdorf, 1977

Flugurlaub in der
Karibik, 1979:
„Während unseres
Urlaubs in der Karibik
haben wir immer eine
Maschine gemietet –
eine Cessna 172 oder
182 –, und jeden Tag
sind wir nach dem
Frühstück mit unse-
rer Maschine von
St. François nach
Pointe-à-Pitre auf
den Hauptairport von
Guadeloupe geflogen,
haben dort Zeitungen
gekauft und einen
Kaffee getrunken. Oder
wir haben Ausflüge mit
der Maschine gemacht:
nach Dominica, Anti-
gua, nach St. John, nach
Basse Terre, sind auf
alle Inseln geflogen, die
Flugplätze hatten. Dort
hatte ich eines meiner
wirklich großen Flug-
erlebnisse."

Im Cockpit, Karibik, 1979: „Wir fliegen gerade den Flughafen in St. John an, da meldet sich der Controller: Give your position. Ich habe also Position und Höhe durchgegeben, sodass der genau wusste, wo ich im Landeanflug war. Plötzlich höre ich ihn wieder: You better hurry up, behind you is a 727 in long final. Ich hatte also von ihm die Anweisung gehabt zu landen, wobei er offensichtlich der irrigen Meinung war, dass ich schneller bin.
Ich dreh' mich um und sehe im Rückfenster die 727. Ich kann nur sagen: Da rinnt einem der Angstschweiß sekündlich in die Arschfalte hinein! Ich hab' mich natürlich bemüht und bemüht, aber mein Flieger ist einfach nicht schneller gegangen. Und dann hab' ich schon gehört: American 727, abandon your approach, make a 360. Sprich: Die große Boeing musste ihren Endanflug abbrechen, sonst hätte sie mich dort über den Haufen geflogen."

Zu den neuen, extravaganten Hobbys gesellten sich – neben den alten und gewachsenen Freundschaften – auch neue, illustre gesellschaftliche Kreise, in denen man nun regelmäßig zu verkehren begann. Geld und Luxus wurden gewissermaßen ein Alltagsgut. Dennoch hinterließen einige Erlebnisse tiefe Eindrücke. Insbesondere eine Anekdote blieb in Erinnerung. Die Story führt zunächst zur Memorex-Historie in die frühen 1980er. 1981 war das Unternehmen von Burroughs geschluckt worden. Ebenso übernommen wurden Teile des Managements, unter anderem auch Rolfs ehemaliger Chef Reto Braun, der nun zur Nummer zwei des Weltkonzerns avanciert war. Vorstandsvorsitzender der Burroughs Corporation war zu diesem Zeitpunkt auch nicht gerade irgendwer: Es handelte sich um den Wirtschaftsprofessor und Manager Werner Michael Blumenthal, der unter Jimmy Carter den Höhepunkt seiner Karriere erreicht hatte. In den Jahren 1977–1979 bekleidete der in Berlin geborene, 1939 nach Shanghai geflüchtete Blumenthal, der 1952 die amerikanische Staatsbürgerschaft erhalten hatte, das Amt des Finanzministers. Und genau in dieser erlauchten Runde erlebte Rolf in New York Folgendes:

„Ich erinnere mich an ein Essen, das wir hatten, im St. Regis in New York. Organisiert hat das Ganze damals der Reto Braun, eingeladen hat aber der Mike Blumenthal. Um den Tisch saßen Michael Blumenthal, Reto Braun als sein damaliger Vize, ein Vertreter der Unternehmensberatung Arthur D. Little und ich. Als es schließlich zur Rechnung ging und der Mike bezahlen wollte, hat er festgestellt, dass er keine Kreditkarte bei sich hatte. Sagte er also zum Kellner, dass er mit einem Personal Cheque zahlen wollte, woraufhin der Kellner geantwortet hat, dass es ihm sehr, sehr leid tue, aber er dürfe keine persönlichen Schecks annehmen. Tatsache ist: Ein persönlicher Scheck war in Amerika damals weniger wert als ein Blatt Papier. Na ja, wir haben dann natürlich gesagt, dass wir die Rechnung übernehmen, aber das wollte der Blumenthal nicht. Er hat also den Chef des Restaurants geholt. Der ist gekommen, hat ihm das auch noch mal erklärt und gesagt, wie leid ihm das tut, aber es geht halt nicht, bla, bla, weil es keine Möglichkeit gibt, die Unterschrift zu verifizieren. Ein Hin und ein Her. Jedenfalls sagt dann Mike irgendwann: ,Ok, I understand, because you cannot verify my signature …' Dann nimmt er den Scheck heraus und hat begonnen, alles auszufüllen. Der Chef hat sich gewunden wie nur was und hat nicht gewusst, was tun. Das war ja ein sehr teures und nobles Restaurant. Eine Minute später reicht ihm der Mike den Scheck und dazu eine Fünf-Dollar-Banknote. Und ganz trocken hat er gemeint: ,Now you can verify my signature.' Weil die Banknote ja seine Unterschrift trug – aus der Zeit, als er

Per Helikopter auf dem Weg zu den Brauns, New York, Oktober 1990.

Secretary of the Treasury war. Woraufhin der Chef des Restaurants natürlich umgefallen ist. Am Ende hat er den Scheck doch genommen. Das war irgendwie ein umwerfendes Erlebnis: Ein Finanzminister der Vereinigten Staaten weist sich mit einer Banknote aus."

Der neu erworbene Geldsegen führte in den 1970er-Jahren natürlich auch zu verschiedenen privaten Entscheidungen und Veränderungen. Diese sollten vor allem auf Traudes Alltag entscheidenden Einfluss nehmen. Bisher lebten die Dolinas nach wie vor in der 1966 bezogenen Wohnung in der Südstadt, hatten allerdings 1975 ein 1,3 Hektar großes Grundstück in der Hinterbrühl erworben. Traude war diejenige, die jetzt das private Großprojekt managte, Kostenvoranschläge einholte, mit den Architekten verhandelte, in Gummistiefeln die Baustellenüberwachung übernahm, Materialentscheidungen traf und alles im Blick hatte. Im September 1977 war die erste Etappe geschafft: Der Rohbau der Villa stand, 1980 war es soweit, dass man den Umzug aus der Südstadt angehen konnte. Es war ein schwerer Abschied und weder Traude noch Rolf fiel die Umgewöhnung leicht. Die Villa mit

Mit Rachele und Reto Braun auf ihrem Anwesen Blue Belle, New Jersey, Oktober 1990: „Die Brauns hatten in der Nähe von New York ein Anwesen. Blue Belle hat das geheißen, ein wunderschönes Haus im Tudor-Stil. Und einmal, als ich mit meiner Frau in New York war, hat der Reto gesagt: Come for dinner, I will send you a helicopter. Hat er uns tatsächlich einen Helikopter geschickt nach New York – und damit sind wir zum Abendessen nach Blue Belle geflogen. Ein Chauffeur hat uns noch direkt zum Haus gebracht. Dann haben wir gespeist und sind mit dem Heli wieder zurück nach New York Da sind wir wirklich alle in Geld geschwommen damals."

ihren 1.100 Quadratmetern Wohnfläche war einfach riesig und der Wohlfühlfaktor wollte sich nicht gleich einstellen. Erst mit der Zeit gewöhnten sich die Dolinas an die neuen Wohndimensionen. In den 1980er-Jahren kamen schließlich noch weitere Immobilien hinzu, die in Traudes Betreuungsgebiet fielen. 1980 wurde als Wochenenddomizil das vielgeliebte Bauernhaus in Edlach an der Rax angeschafft und umgebaut – ein Ort, an dem legendäre Partys gefeiert wurden, der aber auch zu einem familiären Rückzugsgebiet wurde und es bis zum Verkauf im Jahr 2008 auch blieb. In den 1980er-Jahren erwarb Rolf ferner die Penthouse-Wohnung im Marriott, und auch diese wurde von Traude aufwändig und großzügig umgebaut.

Traudes
Baustelle:
Der Rohbau
der Dolina'schen
Villa, Hinter-
brühl, Oktober
1977.

Die 1980
bezogene Villa,
Hinterbrühl,
Mai 1990.

Rolfs Ferrari
vor dem
Wochenendhaus
in Edlach,
10. August 1998.

Von all diesen Baustellen bekam Rolf wenig mit. Er verbrachte die 1970er-, 1980er- und 1990er-Jahre eigentlich kaum noch zu Hause. Die wenige Freizeit, die dem Paar gemeinsam blieb, verlief meist in Bewegung: Sei es am Flugplatz oder beim Golfen, an der Côte d'Azur, in Venedig oder in der Karibik, auf Partys oder auf Charity-Events der Luxusklasse.

Rolf indes liebte sein neues Doppelleben: Mit Stolz genoss er zwar den hart erarbeiteten Luxus, sein Herz schlug allerdings nach wie vor für das abenteuerreiche Leben im Osten, das damals noch vergleichsweise wenig Komfort zu bieten hatte. Needless to say: Rolfs damaliger Alltag war geprägt von opulenten und nicht immer leicht verdaulichen Geschäftsessen, Unmengen von Alkohol, sechzig bis siebzig Zigaretten täglich, wenig Schlaf und einem rotierenden Modus unter permanentem Starkstrom. Wie man das gut drei Jahrzehnte überlebt?

Ohne Zweifel: Eine pferdeartige Grundkonstitution bringt enorme Vorteile. Und Rolf gehört eindeutig zu dieser Spezies, die über eine solche glückliche körperliche Voraussetzung verfügt. Dem gegenüber hatte Rolf aber auch schon sehr früh verstanden, dass dem gelebten Exzess eine gewisse Enthaltsamkeit als Ausgleich gegenüberstehen muss. Statt Fleisch wurde also im privaten Bereich Gemüse gegessen, und auch in Osteuropa nutze er jede Gelegenheit, sich für seine Autofahrten mit Sauerkraut einzudecken, das er sich in seinem Mercedes zu Gemüte führte; statt literweise Kaffee in sich hineinzuschütten, präferiert Rolf bis heute grünen Tee und last but not least bricht er einmal jährlich zu einer dreiwöchigen Franz-Xaver-Mayr-Kur nach Dellach am Wörther See auf – eine Phase der Erholung, die seit 1979 fixer Bestandteil seines Lebens ist.

„Es geht mir vor allem darum, abseits des Alltags zu fasten und damit den Körper zu reinigen. Die Gedärme zu reinigen, den Magen zu reinigen, das Blut zu reinigen. Kein Alkohol, kein Salz, kein Zucker, keine Gewürze und die angenehme Begleiterscheinung ist, dass man nicht nur sich selbst reinigt und Kraft bekommt, sondern sich auch geistig reinigen kann. Ich hab' mir immer, wenn ich dort war,

Mit Traude in der Teebar beim ersten Heilfasten in Dellach am Wörthersee, 1979: „Das Leben ist grotesk: In der Nachkriegszeit wurde ich als Jugendlicher vom Gewerkschaftsbund ins Jugenderholungsheim nach Kap Wörth in Kärnten zum Aufpäppeln geschickt, weil ich unterernährt war. Da habe ich damals im Sommer jedes Mal drei oder vier Kilo zugenommen. Und heute fahre ich sieben Kilometer weiter nach Dellach zur Mayr-Kur beim Rauch. Sieben Kilometer und ein paar Jahrzehnte vorher hat man mich hier also gemästet und aufgepäppelt und heute zahle ich an der fast gleichen Stelle ein Vermögen, um abzunehmen!"

Notizen gemacht. Was mir da alles eingefallen ist! Und alle haben sich immer gefürchtet, wenn der Dolina nach der Mayr-Kur zurück in die Firma gekommen ist, weil da war ich immer voller Energie und hatte 3.000 Ideen gleichzeitig. Seit fünfunddreißig Jahren mache ich diese Kur und bin davon überzeugt, dass das ein Faktor für meine gute körperliche Konstitution und für meine Gesundheit ist."

Die vielleicht wichtigste Formel, dass er drei so intensive Jahrzehnte fast unbeschadet überstehen konnte, war möglicherweise aber auch seine spezielle Sicht der Dinge, die er wiederum in einem Interview mit dem „Trend" 1985 formulierte:

„Nein, ich arbeite gar nicht hart, ich arbeite auch nicht viel, es ist ja überhaupt schwer zu sagen, wie das mit der Arbeit ist, was man da

Claudia, Traude und Rolf im Penthouse des Wiener Marriott kurz vor dem
Aufbruch in die eigene Loge des Wiener Opernballs, Wien, 11. Februar 1988.

*als Arbeit bezeichnen kann. Vielleicht arbeite ich im herkömmlichen
Sinn überhaupt nicht, denn ich bin ein Aussteiger. Ich bin vor 15 Jahren ausgestiegen, seitdem mache ich nur, was mir Spaß macht, eben
das, was die anderen Arbeit nennen, das lebe ich einfach durch, und
ich bin glücklich dabei.«[31]*

In der Tat: Es war eine Reise ins Glück, zu der Rolf mit der Equipex-Gründung 1971 aufgebrochen war. Und diese Reise war noch
lange nicht zu Ende.

---

[31] Trend, Juni 1985, S. 241.

KAPITEL VI

MR. FUJI

DAS ENDE DER MEMOREX-MAGNETBÄNDER

Im Frühjahr 1974 befanden sich die Dolinas gerade gemeinsam im „Posthouse" in Liège, einer unprätentiösen Mischung aus Hotel und Motel direkt an der Autobahn, wo Rolf gewöhnlich nächtigte, wenn er das europäische Memorex-Werk in Lüttich besuchte. Es sollte sein letzter Besuch sein – auch wenn er das noch nicht ahnte, als ihn an der Rezeption ein Anruf von Reto Braun mit einer Einladung zum Abendessen nach Brüssel erreichte.

Traude und Rolf checkten also einen Tag später im Brüsseler Hilton ein, fuhren auf einen Aperitif in die Privatwohnung der Brauns, um von hier aus gemeinsam in den Park Royale zum Dinner aufzubrechen. Es dauerte nicht lange, bis Braun mit der Sache herausrückte: Memorex hatte beschlossen, sich künftig nur noch auf Computertechnologie bzw. Computer-Peripheriegeräte zu spezialisieren. Tatsächlich wurde hinter verschlossenen Türen sogar überlegt, ein direktes Konkurrenzprodukt zur IBM 360 zu entwickeln, allerdings ließ das Management diese Idee am Ende doch sein. Für Rolf bedeutete dies im Klartext vor allem eines – den Abschied vom Videomarkt. Ein herber Schlag. Er zählte mittlerweile alle Fernsehstationen Osteuropas zu seinen Kunden, es lief wie geschmiert und jetzt brach ihm völlig überraschend und praktisch über Nacht sein wichtigstes Verkaufsprodukt weg.

Die Heimfahrt der Dolinas verlief ungewöhnlich schweigsam. In Rolf rumorte und arbeitete es. Und genau an diesem Punkt kommt auch Zane Milenkovič wieder ins Spiel, besser gesagt dessen Freund und Geschäftspartner Josip Valčič, der technische Direktor des Belgrader Fernsehens, mit dem auch Rolf bereits eine sehr freundschaftliche Basis der Zusammenarbeit entwickelt hatte. Noch auf der Heimfahrt von Brüssel erinnerte sich Rolf, dass Valčič einmal bei einer der zahlreichen Orgien im Kumbara irgendetwas erzählt hatte, was ihm jetzt nützlich sein konnte. Bloß was? In Wien angekommen, hatte sein Unterbewusstsein die Info bereits nach oben gespült: Valčič hatte einmal erwähnt, dass er 1964 mit dem jugoslawischen Fernsehen bei den Olympischen Sommerspielen in Tokio gearbeitet und auf Bitte des japanischen Fernsehens höflichkeitshalber auch ein japanisches Videoband getestet hatte. Dieses sei zwar hundsmiserabel gewesen, aber immerhin: Die Japaner hatten ein Produkt und waren damit noch nicht am europäischen Markt vertreten.

„An dieses Gespräch habe ich mich erinnert. Und meine Situation war ja die: BASF ist da, Ampex ist da, und Scotch ist da, aber das waren so große Konzerne, die haben mich überhaupt nicht interessiert. Dafür war ich viel zu individuell, auch zu rechthaberisch und eigen. Und jetzt hab' ich mir im Zusammenhang mit den Japanern gesagt: Worst-Case-Szenario – es passiert nix. Best-Case-Szenario – es passiert was.“

Wieder einmal war es ein Telefonbuch, das zum nächsten Schritt überleitete.
Einen Tag später war Rolf am Weg in die Auerspergstraße 4 – damals Sitz des Japan Trade Centers –, stellte sich vor und bat um sämtliche Daten der Firma Fuji in Japan.
Noch am selben Tag verfasste er ein Schreiben und bekundete sein Interesse, Fuji-Produkte in Osteuropa auf den Markt zu bringen. Ein meterlanges Telex. „Schad' ums Geld“, kommentierte Hauser. Dolina schickte ab. Drei Wochen später standen zwei Japaner im Büro in der Schadekgasse: Hirofumi Yanagida und Kejichi Suzuki.

AUF DEM WEG ZU MR. FUJI IN OSTEUROPA

Die Verhandlungen mit Fuji ließen sich prinzipiell nicht schlecht an. Wie sich bald herausstellte, war Fuji schon zuvor von Memorex aus Santa Clara kontaktiert worden mit der Frage, ob Fuji bereit wäre, Memorex mit Produkten zu beliefern und unter deren Label zu verkaufen. Fuji winkte ab. Für Dolinas Kontaktaufnahme mit Fuji war diese Geschichte allerdings insofern Gold wert, weil Fuji schon im Vorfeld Rolfs Angaben über Verkaufszahlen und sonstige relevante Daten verifizieren konnte. Das Interesse der Japaner an Rolf war dementsprechend groß. Innerhalb eines Monats war man sich handelseins. In Düsseldorf, im europäischen Headquarter von Fuji, unterzeichneten Dolina und Hauser mit ihren neuen Partnern den Vertretungsvertrag für den gesamten osteuropäischen Raum, wobei sich der Vertrag zunächst auf Zweizollvideobänder beschränkte. Rolf hatte also den Vertrag und die Musterbänder und begann mit der Einführung des neuen Brands. Die Fuji-Produkte wurden von Rolfs Kunden positiv aufgenommen, nicht zuletzt weil Japan mit seinen Technologieprodukten im internationalen Wirtschaftsgeschehen starken Rückenwind hatte.

„Fuji hat natürlich gesehen: Der Mann kann das. Wir verkauften wie wild, ich hätte ehrlich gesagt selbst nicht gedacht, dass wir in so kurzer Zeit eine derartige Marktposition erreichen. In der DDR war für mich das Fuji-Produkt überhaupt noch viel besser als das Memorex- Produkt, weil die DDR aus politischen Gründen keine amerikanischen Produkte wollte. Die Amerikaner waren ja die Teufel. Und die noch größeren Teufel waren die Westdeutschen, insofern waren BASF, Memorex und Ampex und Scotch in der DDR gar nicht gern gesehen. Da war ich natürlich mit einem Produkt aus Japan Kaiser. Innerhalb von wenigen Jahren bist du durchs ostdeutsche Fernsehen

in Babelsberg gegangen: Da war alles grün, die ganzen Regale voll mit grünen Fuji-Boxen, alles meine Ware."

Je besser allerdings die Sache mit den Fuji-Videobändern in Osteuropa lief, desto mehr wurmte Rolf eine Sache: Nämlich dass er die Vertretung nur für die Videobänder bekommen hatte, nicht aber für die gesamte Fuji-Produktpalette. Gelegentliche Verhandlungsversuche, seine Vertretungsrechte auch auf andere Fuji-Produkte auszudehnen, scheiterten. Dass Rolf diese Sache nicht einfach schlucken würde, war klar, allerdings erwies sie sich als weit langwieriger als erwartet. Rolf war natürlich davon ausgegangen, dass – wenn der Verkauf der Zweizollbänder erst einmal gut im Laufen wäre – der Rest ein Kinderspiel sei. Weit gefehlt.

Hauptproblem war zunächst die grundlegende Firmenphilosophie von Fuji, die im Wesentlichen eine Teile-und-Herrsche-Politik verfolgte: Sie suchte sich für jede Produktsparte einen eigenen Vertriebspartner, um Monopolstellungen einzelner Großhändler zu vermeiden. So wurden in den einzelnen Ländern Kinofilme über jeweils andere Handelspartner verkauft als beispielsweise Röntgenfilme oder Audiokassetten.

Was der japanische Konzern allerdings lange nicht begriffen hatte war, dass das kommunistische Osteuropa gänzlich anders strukturiert war. Nämlich dass es hier eine einzige Außenhandelsgesellschaft gab, die für den Einkauf sämtlicher beschichteter Magnet- und Filmprodukte zuständig war – ob es sich nun um ein Zweizollband fürs Fernsehen, einen Röntgenfilm fürs Krankenhaus oder einen Kinofilm handelte.

Die kommunistische Handelsstruktur sprach also eindeutig gegen das Firmenprinzip von Fuji, detto die Dolina'schen Seilschaften, die Rolf im jahrelangen Kampf um die Vertretungsrechte der gesamten Produktpalette nun gezielt einzusetzen begann:

„Ich hab' immer gesagt, Herr Yanagida, ich möchte die Vertretung für den Kinofilm haben – für Polen, die ČSSR und für Jugoslawien. Aber die wollten mir das einfach nicht geben, das war gegen ihr Credo. Deswegen hab' ich das dann überhaupt anders gespielt.

In Polen bin ich zu meinem Freund Zbigniew Ostrowski – Einkaufs-
chef bei der Varimex – gegangen. Jener Mann, dessen Tochter ich in
Wien jeden Sommer die Deutschkurse finanziert hatte. Der wollte
ja sowieso lieber bei mir kaufen, weil er bei mir auch Provision be-
kommen hat.
Das hat er sich bei Kodak oder bei der BSAF nicht zu verlangen
getraut, weil das viel zu gefährlich war. Bei einer großen Firma wie
der BASF oder bei der Kodak gibt der Verkäufer dem vielleicht
fünf Prozent, muss aber vorher daheim noch mit dem Prokuristen
reden, der wiederum mit dem Direktor und am Ende der mit dem
Generaldirektor. Und dann weiß am Ende die ganze Firma, dass der
Ostrowski fünf Prozent kriegt. Bei mir hat er gewusst: Das ist meine
Firma, das weiß dann nur ich und sonst niemand, vielleicht noch
der Hauser, und den hat er ja auch gut gekannt. Solche Geschichten
waren wirklich gefährlich damals. So war also die Situation, als ich
mit dem Ostrowski wegen der Fuji Sache geredet habe, wobei ich
gesagt habe: ,Wir werden das kriegen, aber du musst mir helfen.'
Es ist dann darauf hinausgelaufen, dass der Ostrowski mir immer
gesagt hat, welche Mengen und Produkte zum Einkauf ausgeschrie-
ben sind. Und damit bin ich zur Fuji gegangen und habe gesagt:
,Herr Yanagida, Polen kauft jetzt drei Millionen Meter Positivfilm
und zwei Millionen Meter Negativfilm. Aber eines kann ich Ihnen
gleich sagen: Sie können machen, was Sie wollen, Sie werden das Ge-
schäft nicht kriegen.' Das haben die natürlich nicht geglaubt, haben
gleich ihren zuständigen Vertreter hingeschickt und einen Mörder-
preis gemacht. Aber ich hab den Ostrowski entsprechend instruiert:
Nämlich dass er überall kaufen kann, nur nicht bei Fuji. Dann bin
ich wieder nach Düsseldorf und hab' gefragt, ob der Vertreter schon
verkauft hat. Nein? Und dann habe ich ihnen gesteckt, dass Kodak
schon den Vertrag unterzeichnet hat, oder sonst wer. Ich hab' also
Fuji mit Hilfe vom Ostrowski so lange vor mir hergetrieben, bis der
Yanagida irgendwann einmal eingesehen hat, er muss das mit mir
machen, sonst verkauft er in Polen keinen Meter Film. Das hat drei
Jahre gedauert, aber ich hab' es gekriegt. Oder Jugoslawien. Da
war's ein bisserl anders, aber auch lustig. Wir sind einmal alle in ei-

nem Lokal zusammengesessen: Der Yanagida, der Zane Milenkovič, die Nevenka Tubič, der Valčič, der Dragan Različ, der Slavko Pernuš, der technische Direktor von RTV Ljubljana, und ich. Der Yanagida wollte unbedingt einen 16-Millimeter-Umkehrfilm verkaufen, das sind diese Reversal-Filme, wo man direkt schneiden und senden konnte und nicht mehr von Negativ auf Positiv kopieren musste. Er hat die Leute beim Abendessen so lang busiert, bis der Valčič irgendwann einmal gesagt hat: ,Herr Yanagida, wann werden Sie endlich begreifen, dass jede Filmbestellung nur über den Zane Milenkovič und den Dolina läuft?' Der Yanagida war fix und fertig und danach habe ich die Kino-Filme für Jugoslawien auch gehabt. So habe ich mir über die Jahre jedes Produkt einzeln erkämpft.“

So hart die Bandagen gegenüber Fuji und Hirofumi Yanagida bisweilen auch waren, einem freundschaftlichen und respektvollen Verhältnis der beiden Männer standen sie nicht im Wege. Ganz im Gegenteil. In den 1980er-Jahren intensivierten sich die Beziehungen zwischen den Yanagidas und den Dolinas auch auf persönlicher Ebene. Zwei Faktoren spielten dabei eine Rolle. Zum einen war der Umgang mit den Japanern auch für Rolf ein Lernprozess, der mehrere Jahre andauerte, zum anderen hatte er natürlich auch bald herausgefunden, dass man mit Musik eine goldene Brücke zu japanischen Geschäftspartnern bauen konnte:

„Mit den Japanern musste man sehr heikel umgehen. Ich war das Arbeiten mit Amerikanern gewohnt – das war einfacher und etwas härter. Bei den Japanern hast du immer auf Watte gebissen, da konnte man nicht direkt attackieren, weil sie sich immer sofort zurückgezogen haben. Das musste ich erst einmal lernen. Das hat rund sechs Jahre gedauert, bis ich richtig verstanden habe, wie die japanische Mentalität vor sich geht. Irgendwann Anfang der 1980er-Jahre habe ich beispielsweise festgestellt, dass ich, wenn ich nach dem Mittagessen anrufe, alles Mögliche erreichen kann, wohingegen um acht in der Früh gar nichts ging. Das war für mich eine Umgewöhnung, weil ich ein Frühaufsteher bin und die Sachen gerne gleich erledige.

Hirofumi Yanagida von Fuji und Rolf Dolina während eines privaten Ausflugs, Prag, 1984: „Als der Yanagida damals bei uns auf der Matte in der Schadekgasse stand, war er ein kleiner Salesman für Osteuropa. Danach wurde er im Headquarter in Düsseldorf Abteilungschef und in Pension gegangen ist er als Europachef von Fuji. Er hat in Europa sehr viel Erfolg gehabt, auch dank mir. Und ich hab' viel verdient, dank ihm."

In der Früh bin ich aber immer abgeblitzt, egal worum es ging. Bis ich einmal bei einem Besuch in Düsseldorf draufgekommen bin, warum das so ist. Die gehen nämlich um zwölf zum Mittagessen, essen Sushi und Sashimi und trinken dazu zwei Bier und einen Sake. Wenn sie um halb zwei wieder im Büro sitzen, sind klarerweise alle leicht illuminiert und müde. Und genau in dieser Zeit konnte man ihnen eigentlich alles einreden. Das habe ich dann natürlich exzessiv ausgenützt: Die schwierigsten Gespräche habe ich immer zwischen halb zwei und halb drei geführt. Das muss man natürlich alles erst einmal herausfinden.

In den 1980er-Jahren haben wir dann auch noch Folgendes gemacht. Die Equipex war damals unterstützender Förderer der Salzburger Festspiele. Wir haben also für jede Aufführung im Festspielhaus zwei Karten gehabt. Für Premieren, für alles, was im großen Festspiel-

*haus während der Salzburger Festspiele gelaufen ist. Ich habe immer
meine japanischen Freunde aus Düsseldorf und teilweise aus Tokio
eingeladen und sie dort bewirtet und betreut. Das war wirklich eine
schöne Zeit. Sowohl für mich als auch für meine Familie, speziell
für meine Frau, die ja klassische Musik über alles liebt. Natürlich
gab's dann auch immer wieder schöne Abendessen und Partys, das
alles auf Regimentsunkosten. Hat alles die Firma bezahlt, das waren Werbekosten. Zum Schluss haben wir schon hunderte Millionen
Schilling, am Ende mehr als 1,8 Milliarden Schilling Umsatz mit Fuji
gemacht. Das war also drin, keine Frage."*

Eine Geschichte ist in doppelter Hinsicht bemerkenswert, vor allem
weil sie zeigt, welch' flexibles Multitalent Rolf Dolina ist und welche
Vertrauensstellung er bei seinen osteuropäischen Geschäftspartnern
sowie bei Fuji – trotz aller Kämpfe – in den 1980er-Jahren genoss.
Rolf verfügte ja bereits über exzellente Kontakte in der DDR, insbesondere zur ORWO, die ihrerseits wiederum am indischen Markt
mit ihren Filmprodukten gute Geschäfte machte. Ein aufstrebender
Markt, der auch Fuji interessierte:

*„Die DDR war sehr rührig in Indien, das ist ja bis heute der größte
Kinofilmmarkt überhaupt, größer als Amerika. Die ORWO hat dort
sehr viele Magnettonbänder, Magnetbänder, aber auch Positivfilme
für das Kopieren von Kinofilmen verkauft. Über mich ist die ORWO
dann auch mit Fuji ins Geschäft gekommen. Diese Indien-Geschäf-
te wurden in Berlin über die Fuji-Zentrale in Düsseldorf abgewickelt, wobei es aber ein gravierendes Problem gegeben hat: Hirofumi Yanagida, der mittlerweile eine Art Bestfreund von mir war, hat
perfekt Englisch und Japanisch gesprochen, aber kein Wort Deutsch.
Und der Exportdirektor André Lohmar von der ORWO hat perfekt Deutsch und Französisch gesprochen. Kurz: Die beiden konnten
aufgrund ihrer unterschiedlichen Sprachkenntnisse nicht wirklich
miteinander kommunizieren. Und da hat der Hiro gesagt, ok, wir
nehmen den Dolina dazu, der soll uns übersetzen. Also habe ich in
diesen Sitzungen simultan gedolmetscht von Deutsch auf Englisch
und von Englisch auf Deutsch – für Geschäfte, die Fuji mit ORWO*

Rolf mit Fuji-Generaldirektor Minuro Onishi, Tokio, 1997: „Mit Minuro Onishi hat mich im Laufe der Jahre eine besondere Freundschaft verbunden. Über die zwei Jahrzehnte unserer Zusammenarbeit hinweg haben wir eine sehr, sehr tiefe Beziehung aufgebaut. Man kann durchaus sagen, dass ich für ihn wie ein Sohn war."

in Indien gemacht hat. Ich war gar nicht daran beteiligt, aber ich wusste durch die Übersetzung alles, was dort gelaufen ist. Welche Mengen, welche Preise - die haben mir vertraut. Und eines kann ich sagen: Zwei Stunden simultan übersetzen – ich war schweißnass. Das ist das Härteste, was man sich vorstellen kann, außer Zuckerrohrschneiden. Aber die wollten jemanden, dem sie vertrauen konnten, der das nicht nach außen trägt. Diese ganzen Gespräche waren natürlich geheim, auch wegen der Stasi musste man sehr aufpassen."

Obwohl die DDR nicht Rolfs bevorzugtes Aufenthaltsgebiet in Osteuropa war, kam er dennoch gut zurecht. Ein wesentlicher Grund dafür war, dass Rolf über einen exzellenten Türöffner verfügte. Die Rede ist zunächst von Rudi Wein, der wiederum einen weiteren wichtigen Kontakt herstellte.

Rolf hatte Rudi Wein in den frühen 1960ern bei der Olivetti kennengelernt, eine Zeit lang aus den Augen verloren und schließlich im legendären Gutruf und seinem berühmten Hinterzimmer wieder getroffen:

„Wieder getroffen habe ich ihn, als er Wirt in der Milchgasse 1 im Gutruf war. Wir sind einige Male auch privat weggegangen, dadurch hat er auch meine Frau kennengelernt. Da hatte er schon seine Firma, die KIBOLAC, die sich mit Ost-Westhandel und mit Erfindungen beschäftigte.“

Eine schillernde Firma von schillernden Persönlichkeiten in einem schillernden Café: 1966 hatte Rudi Wein die KIBOLAC mit niemand Geringerem als Udo Proksch gegründet, jenem kriminellen künstlerisch-politischen Grenzgänger, der mit dem Fall Lucona nicht nur einen der größten Polit-Skandale der Zweiten Republik auslöste, sondern auch wegen sechsfachen Mordes 1992 zu lebenslanger Haft verurteilt wurde. Bei der Firmengründung 1966 galten die Buchstaben des Firmennamens KIBOLAC offiziell als Kürzel für den eher sperrigen Namen „Kunststoffe, Industrie, Bau, Optik, Lizenzen, Anlagen, Chemie“. De facto war der Firmenname ein interner Gag der Gründer mit ihrem bemerkenswerten Hang zur Selbstreflexion: Der Jude Rudi Wein, dessen Eltern das KZ nicht überlebt hatten, brachte in den Firmennamen das KIB von Kibbuz ein, das Nazi-Kind Proksch das OLA von NAPOLA – jene nationalsozialistische Eliteschule, die Proksch als Kind von überzeugten Nationalsozialisten besucht hatte.[32] Die Erfindungen, die Proksch und Wein sich ausdachten, waren nicht minder extraordinär: Dinge wie „ein selbstmordsicheres Schlafmittel, ein Gerät, mit dem man Schnäpse älter machen konnte, einen Autoreifen, der nie platzte, und einen ‚Volks-Safe‘, einen billigen, aber strapazierfähigen Plastiktresor, der nur mit Ultraschall geöffnet werden konnte.“[33]

Dass diese Erfindungen nicht in Serie gingen, war klar. Dass das Geld der KIBOLAC woanders herkommen musste, war auch klar.

---

[32] Herbert Lackner und Thomas Riegler, Die lustigen Agenten, in: Profil, 21. Mai 2012, S. 24–26.
[33] Ebd., S. 26.

Dass Rolf Dolina sich auf der Humorebene großartig mit Rudi Wein verstand, war sonnenklar.

„Damals war ich einigermaßen regelmäßig im Gutruf und da haben wir eben auch geplaudert. Und in diesem Zusammenhang sind wir dann früher oder später auch auf die DDR zu sprechen gekommen. Ich habe gesagt, ja, ich muss jetzt was tun, ich habe die DDR von der Firma Fuji bekommen, dass ich die mit Videobändern und Fuji-Produkten beackern soll. Dann sagt er: Ja, da kenne ich wen, der kennt sich gut aus in Berlin und überhaupt: Wir sollten uns einmal in Berlin treffen.“

So geschah es. Ein Termin wurde vereinbart und Rudi Wein – nicht nur kauziger Gutruf-Wirt, sondern nach heutigem Kenntnisstand auch Chef der Wiener Residentur des DDR-Auslandsgeheimdienstes, erwartete Rolf Dolina in Berlin-Schönefeld, um ihn mit einer weiteren imposanten Figur der Ost-West-Spionage aus dem Dunstkreis des Gutruf bekannt zu machen:

„Ich bin da also am Flughafen mit der AUA angekommen, der Rudi hat mich mit dem Taxi abgeholt und wir sind ins Hotel gefahren. Untergebracht waren wir im Hotel Metropol in der Friedrichstraße, wo mich der Rudi auch einem gewissen Herrn Wanka vorgestellt hat – auch eine sehr interessante Persönlichkeit. Er stammte aus einer verarmten österreichisch-tschechischen Industriellenfamilie, seine Mutter lebte noch in Wien, er selbst war auch österreichischer Staatsbürger, der allerdings in der DDR lebte. Warum? Er war lange mit seiner Frau in Österreich ansässig gewesen und hatte hier als Vertreter bei der Firma Cyklop in der Otto-Bauer-Gasse gearbeitet. Seine Frau – die in der Wiener Society als ‚schöne Helga‘ bekannt war – hat in der ÖVP-Zentrale beim Alfons Gorbach gearbeitet. Die beiden waren Stasi-Mitarbeiter – er war Offizier und sie hatte auch einen sehr hohen Rang, nachdem sie es geschafft hatte, sich in der ÖVP zu infiltrieren. Irgendwer hat die beiden verraten und sie mussten Hals über Kopf Wien verlassen. Deshalb hat der Siegfried Wanka also in Berlin gelebt und konnte nicht mehr nach Österreich zurück.

Den hat mir also der Rudi gleich am Anfang im Metropol vor-
gestellt. Das war dann der entsprechende Mann, der mir als Ver-
käufer bei all den staatlichen Stellen in der DDR die Türen geöff-
net hat. Er hatte aufgrund seiner Stasi-Tätigkeit ein extrem gutes
Netzwerk und da stand mir alles offen, klar. Die ganzen Abläufe
und Termine haben sich durch den Wanka für mich optimal regeln
lassen bzw. hat er auch bestimmte Kontakte für mich hergestellt.
Zum Beispiel hat er mich mit dem Herrn Novak, dem technischen
Leiter des Ostberliner Fernsehens, zusammengebracht. Das war
Anfang der 1980er-Jahre der Grundstein meiner Verkäufe von Fuji
Einzoll- und Zweizollbändern nach Berlin Babelsberg. Ende der
1980er war das dann total grün, das heißt, man ist durch die Hal-
len durchgegangen und es waren alle Lagerräume voll mit grünen
Fuji-Boxen.

Ich habe den Wanka auch einige Male in Prag getroffen, aller-
dings nur privat. Mit dem Rudi bin ich insgesamt einige Male
nach Berlin gefahren, wo er mir die Stadt mit seinen Augen ge-
zeigt hat: Wo die Reichskanzlei gestanden ist, wo das Reichsluft-
fahrtministerium, wo der Göring sein großes Büro hatte, wo der
Führerbunker war. Wo das ehemalige Hotel Adlon gestanden ist.
Wir sind sehr oft am Abend – nachdem man als westlicher Ausländer
mit den Kunden ja nicht weggehen durfte – gemeinsam unterwegs
gewesen: Der Wein, der Wanka und ich, und die beiden haben mir
Verschiedenes gezeigt und erklärt. Das war für mich eine tolle Sache.
Natürlich habe ich mit dem Rudi dann auch eine Provisionsverein-
barung gehabt, und er hat einige Jahre sehr gut verdient. Ich habe
ihn auch gerne mitverdienen lassen. Jeden Samstag war Stammtisch
im Gutruf. Da habe ich alle möglichen Leute kennengerlernt, ob das
der Qualtinger oder der Ringel war.

Mit dem Rudi Wein habe ich später auch noch Kontakt gehabt, wir
haben uns oft in der Innenstadt getroffen. Dann kam die Wende –
und natürlich war ich zeitmäßig im Osten so engagiert, dass ich nicht
jeden Samstag im Gutruf sitzen konnte. Aber wir haben uns oft auf
der Straße getroffen und er hat immer gesagt, er geht gerade stra-
ßeln, wie man auf Wienerisch so schön sagt.

Weihnachtsfeier mit dem polnischen Equipex-Team im Privathaus von Viktor Polinowski (erster von rechts mit Brille). Hier hatte Rolf auch die Räumlichkeiten für die polnische Niederlassung seines technischen Informationsbüros gemietet, Ulica Langiewicza 26, Warschau, 1984.

Der Rudi Wein, der war wirklich ein Türöffner für mich, und wir haben uns gut verstanden. Und der Wanka ebenfalls, wobei er dann in der DDR auch mein Führungsoffizier war. Natürlich hat er der Stasi über mich berichtet, aber das war mir eigentlich immer wurscht. Akten hat es viele über mich gegeben, aber das muss man einfach abbeuteln. "

Rolf Dolina mit einer der wichtigsten Personen seines österreichischen
Teams: Anlässlich des zehnjährigen Firmenjubiläums überreicht er seiner
Sekretärin Edith Hosch eine Uhr von Cartier, Hinterbrühl, 1984.

Traude Dolina mit Gutruf-Legende Rudi Wein, Edlach, August 1981.

CHEMIE-EXPORT-IMPORT

VOLKSEIGENER AUSSENHANDELSBETRIEB DER DDR

CHEMIE-EXPORT-IMPORT   Storkower Straße 133, DDR - Berlin 1055

Equipex Gesellschaft mbH
Herrn Direktor Dolina

Oberhausnerstr. 2

2301 Großenzersdorf

Österreich

| Ihre Zeichen
Your ref.
V / réf. | Ihre Nachricht vom
Your news of
V / nouvelles du | Hausapparat
house tel.
tél int. | Unsere Zeichen
Our ref.
N / réf. | Datum
date |
|---|---|---|---|---|

Leipzig, 4. 9. 88

Sehr geehrter Herr Dolina!

Im Namen der Mitarbeiter der AHF ORWO des AHB CHEMIE-EXPORT-IMPORT
sowie der Mitarbeiter der mit Ihrer Firma in Geschäftsverbindung
stehenden Betriebe des VEB Fotochemisches Kombinat bedanke ich
mich bei Ihnen für die angenehme und fruchtbare Zusammenarbeit,
die in diesem Jahr das 10jährige Jubiläum begeht.

In den vergangenen 10 Jahren ist es durch Ihre Mitwirkung gelungen,
eine Annäherung zwischen den Filmproduzenten ORWO und Fuji zu
erreichen sowie eine Zusammenarbeit zu gestalten, die für beide
Seiten von Vorteil und Nutzen ist.

Ich möchte diese Gelegenheit nutzen, um mich bei Ihnen für Ihre
Kooperationsbereitschaft zu bedanken und verbinde damit den Wunsch
auf eine weitere erfolgreiche und nutzbringende Zusammenarbeit.

Hochachtungsvoll

Steinweg
Firmendirektor

Telefon: 43 22/0 · Telex: 0112171 ahbc dd · Telegramm: AHBCHEMIE
Bank: Deutsche Außenhandelsbank AG Berlin Konto-Nr. 6835-11-1800 Betriebsmittelkonto, 6835-18-1024 Export, 6835-11-1042 Import   BN 9009084 0

Abgesang vor dem Fall der Berliner Mauer: Die DDR feiert 1988 mit allem
Pomp ihr vierzigstes Bestandsjubiläum und ehrt in diesem Zusammenhang
auch ihren langjährigen Handelspartner Rolf Dolina, Leipzig, 4. September
1988.

UND NOCH EINMAL MEMOREX: AUSFLÜGE IN DIE SAUDI-ARABISCHEN SUKS

Anfang der 80er-Jahre war der Memorex-Kuchen – trotz Fuji, Equipex und Hiross Denco – für Rolf trotz allem noch nicht ganz gegessen. Es gab ja immer noch die Sparte Computertechnologie, die sich gut verkaufen ließ: Computerbänder, Diskplattenstapel und alle möglichen Peripheriegeräte zu IBM-Computern.

Und warum nicht einmal in eine andere, entferntere Gegend reisen? Saudi-Arabien hieß das neue Zielgebiet – ein bis dato unbearbeitetes Feld auf der Landkarte von Memorex:

„Der Memorex habe ich eingeredet, dass ich da unten Hinz und Kunz und alle Leute kenne, was natürlich ein kompletter Blödsinn war, weil ich habe nicht einmal gewusst, wie man da hinkommt. Aber ich bin einfach einmal hingeflogen. Damals brauchte man noch eine Einladung für ein Visum. Das konnte man telefonisch alles erledigen, die Araber sind da sehr flexibel: Ein bisserl ein Bakschisch, und die Sache läuft. So bin ich also nach Kuwait geflogen, habe mir die Yellow Pages genommen und habe dann vom Hotel aus die ganzen Computerfirmen durchtelefoniert. Habe gesagt, wer ich bin, und habe mich anschließend mit den Leuten getroffen. In Kuwait gab's eine Firma, die ich aufgerissen hab, deren General Manager war ein Inder. Den habe ich überhaupt sehr geliebt, weil wir immer gemeinsam indisch essen gegangen sind. Wir haben immer gelben Tee bestellt. Das war Whiskey, nur dass die Kellner ihn aufgrund des offiziell geltenden Alkoholverbots als Tee ausgeschenkt haben."

Zu Rolfs wichtigstem Stützpunkt wurde die saudi-arabische Hafenstadt Dschidda am Roten Meer – jene Stadt, die das Tor in die Provinz Mekka bildet. Dort war auch sein wichtigster Partner und Freund stationiert – der Jordanier Bassam Bitar, der als Expatriot in

Saudi-Arabien als General Manager von Saudi Computer Services tätig war und mit Rolf gemeinsam den Memorex-Vertrieb aufzubauen begann. Als sich Rolf 1984 aus dem saudi-arabischen Raum zurückzog, übernahm Bassam Bitar auch die Memorex-Vertretung für den Nahen Osten.

In diesem vierjährigen Orient-Intermezzo entdeckte Rolf jedenfalls sein Interesse für Teppiche:

„Das Schönste und Interessanteste für mich war, dass ich in meiner freien Zeit immer auf den Suk gegangen bin, auf den Markt. Dort gibt es natürlich alles Mögliche – Gewürze und irrsinnig viele wunderbare Teppiche!

Ich habe mich zum Zeitvertreib dort hingesetzt, habe mit den Leuten Minztee getrunken und mich für ihre Teppiche interessiert und gefeilscht wie nur was. Jeden Tag bin ich da hingegangen und am vierten oder fünften Tag war der Teppich schon um die Hälfte billiger. Aber das Wichtigste dabei war: Du musstest dir die Zeit nehmen, dich mit den Leuten dort hinzusetzen, zwei, drei Stunden lang, und immer sagen: Nein, das ist zu teuer – oh, du reißt mir das Herz aus dem Leib, ich hab' Kinder, die verhungern zu Hause – meine Frau kann sich nicht ernähren mit deinen Preisen – also so ging das, ein richtiges Theater. Es war wirklich lustig.“

Dass schließlich nicht jeder Teppich legal die österreichische Grenze passierte und nebenbei Rolfs Brieftasche gar nicht belastete, dürfte sich von selbst verstehen:

„Das Problem mit dem Zoll musste ich natürlich lösen. Sage ich also zu meinem arabischen Freund: Pass' auf, wir haben ja gerade Computerbänder um 140.000 Dollar geliefert, damit machst du jetzt Folgendes: Du schreibst mir einen Brief und sagst, dass von diesen Computerbändern 1.000 Computerbänder im Wert von 15.000 Dollar transportbeschädigt waren. Und dann haust du ein paar arabische Stempel drauf, deine Freunde lässt du unterschreiben, weil ich das für die Buchhaltung brauche. Und damit mach' ich dir eine Gutschrift auf den Betrag, und diese Gutschrift zahlst du mir in

Rolf mit seinem jordanischen Freund und Geschäftspartner Bassam Bitar
beim Besuch der Pyramiden während einer Reise nach Kairo, Februar 1989.

*Saudi-Arabien aus, dann habe ich die Marie, geh' dorthin, kauf' den
Teppich, geh' mit dem Teppich ins Hotel, leg' ihn klein im Koffer zusammen, flieg' heim und geh' damit durch den Zoll. Das hat tadellos
funktioniert. Zur Sicherheit hat er mir noch einen Brief mitgegeben,
dass der Teppich ein Gastgeschenk von Herrn Faron war, das war
der große Chef der Saudi Computer Services. Nach der Heimkehr
habe ich diese Gutschrift gemacht und wir haben das Geld von der
Originalrechnung bekommen, also 140.000 minus 15.000 – das war
die Gutschrift. Von den 15.000, die ich in bar kassiert hatte, habe ich
7.500 meinem Partner gegeben. Bis er zum Schluss gesagt hat: Ich
will das Geld gar nicht, bring' mir auch einen Teppich mit."*

DAS AMATEURFILMGESCHÄFT
UND EQUICOLOR

Die 1980er-Jahre waren für Rolf insgesamt eine spannende, intensive Arbeits- und Lebensphase, in der sich sein Aktionsradius stetig erweiterte. Sein berufliches Feld beschränkte sich in dieser Phase nicht mehr ausschließlich auf den osteuropäischen Raum, sondern umfasste mehr oder weniger den gesamten Globus, ob dies nun Asien, Saudi-Arabien oder Amerika war. Der Rubel rollte. Und wenn es eine Devise gab, so lautete deren Quintessenz: Anything goes.

Zu diesem speziellen Lebensgefühl trugen auch die wirtschaftspolitischen Entwicklungen bei. Obschon die samtene Revolution und die Entwicklungen des Jahres 1989 noch in keinster Weise absehbar waren, waren zumindest auf ökonomischem Gebiet Tendenzen der Veränderung spürbar: „Man hat gemerkt, es wird überall ein bisserl einfacher, es lag etwas in der Luft."

Und wenn für Rolf Dolina etwas in der Luft liegt, dann liegt das gute Geld meist auch nah. In diesem Fall sein erstes Joint-Venture im Bereich der Amateurfilmproduktion.

Mit den 35mm-Filmen für die Privatfotografie hatte es bisher das grundsätzliche Problem gegeben, dass diese nicht in die osteuropäischen Länder verkauft werden konnten. Für den Import fehlten schlicht und ergreifend die Devisen.

Doch da Fuji auch grafische Filme für die Druckindustrie bzw. Röntgenfilme für die medizinisch-technische Industrie produzierte, verfügte Rolf – insbesondere in der ČSSR – auch in diesem Bereich über ausgezeichnete Kontakte. Und über Ideen sowieso.

Mit der Firma *Fotochema* in Hradec Králové (Königgrätz), wo man Schwarz-Weiß-Röntgenfilme produzierte, kam es schließlich zu konkreten Verhandlungen.

Im Vorfeld hatte Rolf seinen Fuji-Partnern vorgeschlagen, dass man den Versuch starten solle, halbfertige Produkte zuzuliefern, um auf diese Weise den Fuß ins Amateurfilmgeschäft zu bekommen:

„Ich hab' zur Fuji gesagt, wir könnten zum Beispiel große Jumbo-rollen – zwei Meter breite, beschichtete Polyesterbahnen – liefern und diese dann slitten. Das ergibt Pancakes, die wie ein großer Pfannkuchen ausschauen. Diese Pancakes würden wir dann auch nicht als fertiges Konsumprodukt, sondern als halbfertiges Zuliefererprodukt hinliefern, womit sich das Devisenproblem löst. Die Pancakes perforieren, lichtsignieren, konfektionieren, in die Kapseln geben, verpacken und so weiter – das soll in der Tschechoslowakei gemacht werden, dann gibt es auch eine Wertschöpfung im Land."

Fuji erklärte sich prinzipiell einverstanden, wollte die Sache aber nicht unter ihrem eigenen Label abwickeln, da ihnen die Kontrolle über das Endprodukt entzogen war. Nach langen, mühseligen Verhandlungen war der Deal mit der *Lachema* aus Brünn, der *Fotochema* aus Königgrätz auf der einen Seite und der Fuji und der Equipex auf der anderen Seite unter Dach und Fach gebracht. Für das gemeinsame Produkt steuerte Rolf einen Kreativpart bei: Er erfand in Anlehnung an seine Firma Equipex den Namen des Endprodukts, das die Tschechen künftig gegen tschechische Kronen erwerben konnten: Equicolor, eine Marke, die sich Rolf am internationalen Patentamt in Paris schützen ließ.

„Dieser Equicolor-Film war eine Lizenzproduktion und bedeutete den Einstieg in das Amateurgeschäft in der damaligen Tschechoslowakei. Im Frühherbst 1986 haben wir die Firma Fotex gegründet, ein Joint-Venture, wo die Tschechen die Mehrheit hatten und ich mit der Equipex die Minderheit, weil ich der Lieferant der Rohware war. Mir gehört aber der geschützte Name, und daher konnten sie sowieso nur das machen, was ich erlaubt habe, obwohl ich die Minderheit hatte. Diesen Equicolor-Film hat es dann lange gegeben. Das war ein so großer Erfolg in der Tschechoslowakei, dass wir den Equicolor von dort aus auch nach Polen exportiert haben.

Werbeplakat zum
langjährigen Erfolgs-
filmprodukt Equicolor,
Polen, 1989.

Rechte Seite:
Die deutschsprachige
„Neue Prager Presse"
über das Joint-Venture
mit der Fotochema,
20. Juni 1986.

Dann habe ich in Polen einen ähnlichen Deal gemacht mit der Fo-
ton in Posen. Den Equicolor-Film haben wir auch nach der Wende
verkauft und den hat's bis Ende der 1990er-Jahre gegeben – so-
lange eben auch noch die klassischen Kleinbildkameras in Verwen-
dung waren."

Der Equicolor-Film bedeutete freilich mehr als nur ein gutes Geschäft knapp vor der politischen Wende: Tatsächlich verschaffte das
neue Filmprodukt der tschechischen und polnischen Amateurfotografie einen enormen Aufschwung und machte das Fotografieren
auch für private Konsumentinnen und Konsumenten erschwinglich.
In Tschechien jedenfalls hatte Rolf Dolina – selbst begeisterter Fotograf – unübersehbare Spuren hinterlassen. 1985 vermerkte er im Interview mit dem „Trend":

„Im Herbst, im September dieses Jahres, wird auf dem Wenzels-
platz in Prag, neben dem Hotel Yalta, ein sechs Meter hohes und fast

Kooperation zum Nutzen der Fotofreunde

Der volkseigene Betrieb Fotochema Hradec Králové hat mit der Equipex GmbH im österreichischen Groß-Enzersdorf einen Kooperationsvertrag abgeschlossen, dessen Resultate den zahlreichen Fotofreunden der ČSSR viel Freude bereiten werden. Die Equipex GmbH liefert Fotochema hochwertiges Negativfilmmaterial in absoluter Spitzenqualität. Dieses wird bei Fotochema zugeschnitten, perforiert, lichtsigniert, verpackt und etikettiert. 30 Prozent des Lieferaufkommens werden fertig adjustiert, dem österreichischen Partner reexportiert, zum überwiegenden Teil in die arabischen Länder.

Der Technische Direktor des volkseigenen Betriebs Fotochema, Dipl.-Ing. Josef Vaverka, erklärte uns dazu: „Dieses Arrangement ist für uns recht vorteilhaft, denn wir sparen Devisenmittel ein und können den Import spitzenwertigen Filmmaterials durch Arbeitsleistungen, Verpackung u.dgl. abgelten. Für den Binnenmarkt können wir auf diese Weise hochwertiges Material zu einem sehr günstigen Einzelhandelspreis bieten. Der importierte Equipex-Color ist nur um eine einzige tschechoslowakische Krone teurer als andere Filme. Die Nullserie dieses Kooperationsprodukts fand in einer Stückzahl von 180 000 Filmen eine hervorragende Aufnahme und für die nächste Zeit sind noch wesentlich umfassendere Lieferungen geplant."

Und da man auch die andere Seite hören soll, erkundigten wir uns beim Chefmanager der Equipex-GmbH, Rolf Dolina, wie er denn diese ganze Angelegenheit einschätzen würde. Hier seine Meinung: „Das ist nur ein einziges Beispiel für die Möglichkeiten, die der gegenseitige Handel bietet. Für beide Seiten ist der Effekt durchaus interessant und bringt überdies den Menschen Freude und Nutzen. Ich bin überzeugt, daß es in den kommerziellen Beziehungen zwischen Österreich und der ČSSR noch viele derartige bisher ungenutzte Möglichkeiten gibt. Wir sind deshalb auch fest entschlossen, sie zu suchen, zu erschließen und weiter auszubauen, frei nach dem Goethewort, daß ein jeder seinen redlichen Gewinn suchen soll."

Soweit also der Direktor der Equipex GmbH. Diese ist allerdings noch einen Schritt weiter gegangen. In Zusammen-

Direktor Rolf Dolina: „Wir sind entschlossen, weitere Möglichkeiten der wirtschaftlichen Zusammenarbeit zu erschließen und die bestehenden Kontakte systematisch auszubauen"
Foto: Autor — Archiv

arbeit mit der Produktionsgenossenschaft Ser Fotografen in Gottwaldov wurde in Brno eine Kundendienststelle eingerichtet, für die Equipex hochwertige Maschinen lieferte. Sie verfügt über eine Entwicklungskapazität von 800 Farbfilmen in der Stunde und ist deshalb imstande, die Streifen der Hobbyfotografen binnen 24 Stunden zu entwickeln, und dazu noch zu dem unglaublich günstigen Preis von 9 Kronen. So kann es denn nicht verwundern, daß sich die neue Kundendienststelle eines ungemein regen Zuspruchs erfreut und bereits unmittelbar nach der Eröffnung ihr Plansoll überboten hat. Ihr Leiter, Vladimír Tausch, ein international bekannter und bei zahlreichen Ausstellungen prämierter Meisterfotograf, erklärte uns dazu: „Mich freut am meisten, daß wir unseren zahlreichen Fotofreunden tatsächlich solide und perfekte Dienstleistungen bieten können und daß alle zufrieden sind." **Felix Seebauer**

zwei Meter breites Fuji-Leuchtschild montiert, das gleiche Zeichen, das man auf dem Piccadilly in London und in der Times Square in New York sehen kann. Das ist, im mehrfachen Sinn des Wortes, sehr schön, bringt Farbe, ja Hoffnung, es ist für die Leute dort ein enorm wichtiges Signal. Und für mich ist das eine Freude. Denn das hat der Dolina gemacht. Der kleine Dolina aus Wien. "[34]

---

[34] Trend, Juni 1985, S. 244.

KAPITEL VII

REVOLUTION UND MÄNNERMAGAZIN: DAS PLAYBOY-ABENTEUER

MIT DER „BURDA" IN DIE FREIHEIT

Die chemische Industrie sollte nicht Rolfs einzige Joint-Venture-Partnerin bleiben. Auch mit der grafischen Industrie der ČSSR kam es zu einem ebenso kurzfristigen wie folgenschweren Joint-Venture, das in der Gründung der Firma Printex mündete. Kurzfristig, weil der Firma aufgrund von Uneinigkeit ein rasches Ende beschieden war, folgenschwer, weil damit Rolfs langjähriger, überaus erfolgreicher Ausflug ins Zeitschriftenverlagswesen der 1990er seinen Anfang nahm.

In dieser Phase tritt vor allem eine bereits seit mehreren Jahren bestehende tschechische Geschäftsbeziehung in den Vordergrund: Im Jahr 1983 hatte Rolf über seinen DDR-Führungsoffizier Siegfried Wanka die junge, kluge und gleichermaßen schöne Hana Kutscherova kennengelernt. Diese hatte kurz zuvor in der DDR ihr Ökonomie-Studium beendet, sprach durch ihren Studienaufenthalt in Ostdeutschland ausgezeichnet Deutsch und lebte als freie Übersetzerin in Prag. Als Dolmetscherin war sie im Zuge der Brünner Messe zum Dolina-Team gestoßen, wo sie in den folgenden Jahren immer wieder als freie Mitarbeiterin bei wichtigen Geschäftsterminen übersetzte und zunehmend verantwortungsvolle Jobs übernahm. Hana, die schon seit ihren Jugendjahren das starke Gefühl hatte, vom politischen System ihrer Heimat betrogen worden zu sein, fühlte sich im Dolina-Team wohl und nutzte die Messen, um sich selbst weiterzuentwickeln.

1985 gab sie ihrem Leben eine entscheidende Wendung, als sie in Jugoslawien den Österreicher Helmuth Wagenhofer kennenlernte und ehelichte. Sie zog nach Wien und gründete gemeinsam mit Rolf, der das Potential seiner geschäftstüchtigen Mitarbeiterin schon früh erkannt hatte, zunächst die Wagenhofer GmbH, eine Import-Export-Firma, die unter anderem Schuhe der Firma Stiefelkönig in die ČSSR exportierte. Gleichzeitig eröffnete Hana in Wien ein kleines,

Hana Wagenhofers erste intensive Auseinandersetzung mit Mode und Lifestyle. Buchcover, Prag, 1987.

florierendes Übersetzungsbüro. Damit hatte sie sich im Alter von Mitte zwanzig gleich mehrere Träume erfüllt: Ein Leben im „goldenen" Westen, das sie geschickt mit ihren beiden zentralen Interessensgebieten – Mode und Sprache – zu verknüpfen wusste. So begeisterte sie sich in Österreich etwa für die vielen Modezeitschriften und internationalen Hochglanzmagazine, die im kommunistischen Osten nicht erhältlich waren. Ein Ergebnis dieser Auseinandersetzung war 1987 das erste tschechisch-deutsche Modelexikon, eine Art Wörterbuch, das in kleiner Auflage mit liebevollen Illustrationen erschien.[35] Von all den Mode- und Frauenzeitschriften, die Hana in dieser Phase inhalierte und studierte, erweckte eine ihr besonderes Interesse – die „Burda Moden". In den raffinierten, bunten Schnittmustern, die auch schon in der mangelgeprägten deutschen Nachkriegszeit den Schlüssel zu nachhaltigem Erfolg bedeutet hatten, erkannte Hana Potential:

---

[35] Hana Wagenhofer, Deutsch-tschechisches Modelexikon / Lexikon módy německo-český, Praha, 1987.

Rolf bei den letzten Joint-Venture-Verhandlungen mit dem deutschen Burda-Verlag und der grafischen Druckindustrie anlässlich der Gründung von Printex, Prag, Frühjahr 1989.

„Ich habe mir gedacht: Das wäre was, das würde den Frauen wirklich helfen. Weil jede konnte nähen und alle hatten irgendwie Sehnsucht nach schöner Kleidung und modischen Sachen. Hilfreich war, dass fast zur selben Zeit auf Initiative von Raissa Gorbatschowa in Russland die erste ,Burda' erschien. Da habe ich mir gedacht, wenn das in Russland geht, geht das auch bei uns in der Tschechoslowakei – das können die Kommunisten dann nicht mehr verbieten. Das klingt heute komisch, wenn man das sagt, aber zu dieser Zeit – das war ungefähr 1988 – war das Ende des Kommunismus wirklich noch nicht absehbar. Also habe ich mich – nach mehreren Besprechungen mit Rolf und Michl Bloch – in meinen kleinen Peugeot 205 gesetzt und bin von Wien in die ,Burda'-Zentrale nach Offenburg gefahren, habe mich dort mit einem gewissen Herrn Made getroffen und ihm vorgeschlagen, mit meinen Kontakten in der Tschechoslowakei eine tschechische ,Burda' zu machen."[36]

---

[36] Interview mit Hana Wagenhofer, Prag, 25. April 2013.

Rolfs Geschäftspartnerin Hana Wagenhofer bei der Vertragsunterzeichnung mit dem deutschen Burda-Vertreter Manfred Made und dem Vertreter der grafischen Druckindustrie Zbigniew Kanjak, Frühjahr 1989.

In einer Koliba nahe Prag, dem tschechischen Pendant zu einem Wiener Heurigen, entwickelten Hana, Rolf und Michael Bloch, der spätere Generaldirektor der tschechischen Fuji-Film-Niederlassung und heutige enge Freund von Rolf Dolina, die Strategie für ein Joint-Venture mit „Burda":

„Nach den ersten Verhandlungen, die Hana mit den deutschen ‚Burda'-Leuten erfolgreich abgeschlossen hatte, haben wir noch im Kommunismus begonnen, mit dem ‚Burda'-Verlag aus Deutschland und der grafischen Industrie in Prag ein Joint-Venture zu machen. Das war die Firma Printex. Für die tschechische ‚Burda' wurde Hana im gemeinsamen Einverständnis von allen als Geschäftsführerin nominiert. Das machte Sinn, weil sie ja schon diese Eltern-Kind-Zeitung gemacht und außerdem eine Ahnung vom Übersetzen hatte. Dazu kannte sie die ganzen Leute, die man für Übersetzungen und Textgestaltung im Zeitungsbusiness brauchen konnte.
So haben wir also die erste ‚Burda' in der Tschechoslowakei gemacht, wobei die erste Ausgabe im November 1989 erschien. Mitten in der

Die erste Ausgabe der tschechischen „Burda", November 1989.

Revolution kam die erste tschechische ‚Burda' heraus! Die revolutionären Ereignisse haben schon während unserer Vorbereitungsarbeiten begonnen. Im Oktober haben wir gesehen, wie die DDRler in Prag die deutsche Botschaft okkupiert haben, wo die Leute über Zäune und Mauern geklettert sind und im Garten der deutschen Botschaft campiert haben. Das war dann eigentlich der Beginn der sogenannten samtenen Revolution."

Was Rolf damals beobachtete, war ein historischer Moment: Etwa 3.500 Menschen aus der DDR hatten das Gelände der deutschen Botschaft in Prag besetzt und damit die Ausreise von rund 17.000 Menschen in den Westen erwirkt.

Kurz darauf, im November 1989, befand sich Rolf in seinem Stammhotel in Köln, direkt am Ufer des Rheins. Am 9. November blickte er gebannt – gemeinsam mit Millionen von Menschen – auf einen kleinen Fernseher und verfolgte den Fall der Berliner Mauer. Nur

Die „Vlasta" ehrt Rolfs Geschäftspartnerin Hana Wagenhofer – hier am Cover der Zeitung – in einer Titelgeschichte im Frühjahr 1990 als jene Frau, die die „Burda" in die Tschechoslowakei gebracht hat.

wenige Tage später, gerade als in Prag die ersten großen Studenten-proteste einsetzten, trat Rolf in Düsseldorf seine Fuji-Vertretungs-rechte für den deutschen Osten ab. Die DDR gab es nicht mehr.

Als im November 1989 schließlich die erste tschechische Burda er-schien – mit einer der ersten Modeschauen in Prag als Begleitveran-staltung –, stand der Abbau des Stacheldrahts an der österreichischen Grenze kurz bevor. Noch im Dezember des Jahres 1989 erfolgte die Wahl des Bürgerrechtlers und Schriftstellers Václav Havel zum neu-en Staatspräsidenten – zufälligerweise auch ein entfernter Bekannter von Hana Wagenhofer.

In dieser Phase, in der das Erscheinen der Burda angesichts der welt-politischen Ereignisse naturgemäß ein wenig im Hintergrund blieb, war aber auch bereits eine wichtige geschäftspolitische Entschei-dung gefallen: Rolf Dolina und Hana Wagenhofer hatten beschlos-sen, mit Burda nicht alt zu werden. Bereits im Laufe des Frühherbs-tes 1989 war es zwischen den Joint-Venture-Partnern zu Konflikten um die Exklusivrechte des Inseratenvertriebs gekommen. Rolf, der sowohl Devisen als auch sein Ost-Know-how in das gemeinsame Unternehmen einbrachte, beanspruchte die Rechte für sich, Burda und die grafische Industrie legten sich quer.

Bereits beim Erscheinen der ersten Ausgabe war klar, dass Rolf sich zurückziehen und Hana als Geschäftsführerin ausscheiden würde. Rolfs Burda-Abenteuer, das ein rasches Ende gefunden hatte, bil-

Prag, Dezember 1989: Skurriles Ende. Der Sekretär der tschechoslowakischen Handelskammer verleiht Rolf Dolina die goldene Ehrenauszeichnung für seine Verdienste beim Aufbau des Kommunismus. „Gemeinsam im Kampf für den Sieg", heißt es auf der Medaille, während in der Realität die Demokratie Einzug hält.

dete allerdings lediglich den Auftakt zu einer weit größeren und aufregenderen Sache, die das Duo Rolf Dolina und Hana Wagenhofer als Geschäftspartner noch realisieren sollte.

Wie mit Zvonimir Hauser, mit dem Rolf in harmonischer Eintracht nach wie vor die Equipex und das Fuji-Projekt betrieb, so bildete Rolf ab diesem Zeitpunkt auch mit Hana Wagenhofer eine einträgliche und fruchtbare Geschäftsbeziehung, die in einer langjährigen Freundschaft mündete. In das Firmengeflecht, das die beiden in den kommenden Jahren aufbauten, brachte Rolf neben seinen eigenen Ideen natürlich die jahrzehntelangen Geschäfts- und Verhandlungserfahrungen sowie das nötige Kapital ein. Hana wiederum ergänzte Rolfs Ideenreichtum mit ihrer eigenen Kreativität und jugendlichen Energie. Für die glamouröse Produktpalette, die das ungleiche Duo in den kommenden Jahren als Unternehmer repräsentierte, war Hana jedenfalls die absolute Idealbesetzung. Während Rolf als Mehrheitseigentümer im Hintergrund die Fäden zog, wurde Hana zum öffentlichen Gesicht. Die sich gerade entwickelnde Prager High Society, die sich mit den gesellschaftlichen und politischen Umwälzungen nun neu herauszubilden begann, hatte in ihr auch einen neuen Stern gefunden. Ein Stern, der nicht nur mit einem hübschen Gesicht glänzte, sondern auch zu den veränderten politischen Lebensrealitäten passte: Eine toughe, intelligente Frau, die sowohl eine regimekritische Haltung eingenommen hatte als auch seit Jahren als erfolgreiche, kapitalismuserprobte Geschäftsfrau im Westen tätig war.

MIT KIMBERLEY CONRAD ZU „PLAYBOY"

Schon im Frühjahr 1989, als die Vorbereitungen zur ersten Burda-Ausgabe angelaufen waren, hatte sich Rolf in der Verlagsbranche nach möglichen Alternativen zu „Burda" umgesehen. Wie immer tat er sich mit großen Konzernen, die wenig Spielraum für individuelles und kreatives Handeln ließen, schwer. Und weder „Burda" noch die grafische Druckindustrie zeigten sich besonders flexibel. Insofern war das Nachdenken über ein mögliches zweites Standbein in der Medienlandschaft eine logische Konsequenz.

Wiederum waren es Michael „Michl" Bloch und Hana Wagenhofer, mit denen Rolf gemeinsam überlegte, wie man das verlegerische Know-how, das man sich gerade angeeignet hatte, in andere fruchtbringende Kanäle leiten könnte. Das berühmte Herrenmagazin „Playboy" drängte sich als Idee aus mehreren Gründen auf. Zum einen weil „Playboy" als Lizenzprodukt weltweit vertrieben wurde und in den 1980er-Jahren als Brand neben „Coca Cola" zu den weltweit führenden Marken gehörte. Zum anderen hatten sich im kommunistischen Osten der späten 1980er-Jahre auf verschiedensten Ebenen und in unterschiedlicher Ausprägung Tendenzen der Veränderung bemerkbar gemacht. Rolf rechnete für die kommenden Jahre dementsprechend zwar nicht mit dem Ende des Kommunismus, jedoch mit einer deutlichen Liberalisierung des ökonomischen und gesellschaftlichen Lebens. Und dass die Redewendung von Sex sells nicht nur im Westen Gültigkeit hatte, sondern umso mehr für den kommunistischen Osten galt, wo das Verbot solcher Magazine die Nachfrage nur gesteigert hatte, wusste Rolf aus eigener Erfahrung am besten: Nicht umsonst hatte er jahrelang Hefte mit leicht, respektive gar nicht bekleideten Damen in den kommunistischen Osten geschmuggelt. Insofern erschien „Playboy" wieder einmal als das goldrichtige Produkt zum richtigen Zeitpunkt. Hinzu kam noch die für Rolf unbefriedigende Situation mit „Burda", deren Management er im Laufe der Zusammenarbeit zunehmend als arrogant empfunden hatte, weil es „die kleinen Krabbler immer ausschalten und auf ganz hohem Level verhandeln wollte, ohne zu kapieren, dass die kleinen Krabbler eigentlich die Strippenzieher waren". Im Wesentlichen verfolgte Burda eine gegenläufige Geschäftspolitik zu Rolf Dolina, der ja immer die „kleinen Krabbler" ins Boot geholt hatte und gut damit gefahren war.

„Klarer Fall: ,Playboy'. Warum auch nicht? Nur, wie machen wir das, wie kommen wir zur Lizenz? Da habe ich zur Hana und zum Michl gesagt, wir machen das so, wie ich das immer mache. Ein paar Tage später bin ich in die Kärntner Straße gegangen und habe mir in der Nähe vom Hotel Bristol bei einem Zeitschriftenstand den ,Playboy' gekauft. Wegen dem Impressum. Das war ein ganz weißes Cover, ich kann mich noch gut erinnern. Die Ausgabe von Juni 1989. Da war die Kimberley Conrad, die spätere Ehefrau von Hugh Hefner, drauf. Ganz in Weiß, mit weißen Strümpfen und einer weißen Stola im Hintergrund. Ich hab' also das Impressum studiert, bin ins Büro gefahren und habe ein Fax geschickt an das ,Playboy' Headquarter in Chicago."

Der Versuch schien zunächst fehlzuschlagen: Keine Reaktion aus Chicago. Der Sommer zog ins Land, Fuji-Produkte und Klimaschränke verkauften sich wie warme Semmeln, an der tschechischen Ausgabe von „Burda Moden" wurde gearbeitet und die revolutionären Ereignisse des Novembers 1989 hielten die Weltpolitik in Atem. Im Dezember erlebte die ČSSR endgültig das Ende des kommunistischen Regimes. Genau in dieser Phase passierte zweierlei: Rolf feierte seinen 50. Geburtstag und erhielt – nahezu zeitgleich – ein Fax aus Chicago mit einer Einladung zu Lizenzverhandlungen. Geburtstage waren mittlerweile so eine Sache. Die Festivitäten reflektierten Rolfs alltägliches Leben als Grenzgänger, der sich mühelos zwischen verschiedenen Welten zu bewegen vermochte: Hier die Welt des Luxus, dort die Welt der einfachen Dinge. Und im fünfzigsten Geburtstag schien überhaupt alles zu kulminieren: Rolfs verschiedene Lebenswelten mit der Familie im Westen und den zahl-

Die spezielle Fünfzigerparty: Beim Würstemachen mit Hedda Večeřová, der Chefin der tschechischen Filmstudios, bei České Budějovice, Dezember 1989.

reichen engen Freunden im Osten, die politischen Umwälzungen mit den geschäftlichen Neuorientierungen. Alles griff zahnradartig ineinander.

Seinen Fünfziger feierte Rolf jedenfalls doppelt. Einmal in der untergehenden ČSSR im Kreise seiner engsten Geschäftspartner, die schon längst zu engen Freunden geworden waren. Dabei hatte eine seiner wichtigsten Geschäftspartnerinnen, die Direktorin der tschechischen Filmstudios (Filmove Laboratore), Hedda Večeřová, sich etwas ganz Besonderes einfallen lassen: Man fuhr gemeinsam nach České Budějovice, wo man in einer Genossenschaft Schlachtvieh zu Würsten verarbeitete und gleichermaßen simpel wie lustig und ausgelassen feierte.

Als Kontrastprogramm gab es mit Familie und engen Freunden Luxus pur auf einer Yacht in der Karibik, wo das Ende der Reise gleichzeitig auch einen neuen Lebensabschnitt einleitete. Das Alte und Bestehende wurde zwar keineswegs über Bord geworfen, aber eine neue Lebensphase mit neuen Schwerpunkten, angepasst an die aktuellen politischen Verhältnisse, brach an:

Rolf fotografiert seine tschechischen Freunde bei der Feier zu seinem 50. Geburtstag bei České Budějovice, 1989. Mit dabei Rolfs Führungsoffizier Peter Swoboda (linke Reihe Mitte, weißes Hemd), Hana Wagenhofer (hinten Mitte) und Hedda Večeřová (weißer Mantel hinten rechts).

„*Im Dezember 1989, kurz nach der Wende, kam ein Fax von ‚Playboy‘ aus Chicago, dass sie mit mir reden wollen. Zu diesem Zeitpunkt habe ich auch meinen 50. Geburtstag gefeiert – auf einer 30-Meter-Yacht in der Karibik. Mit meiner Frau, meiner Tochter und ihrem damaligen Freund und ein paar ganz engen, guten Freunden. Insgesamt acht Leute und fünf Leute Besatzung. Direkt anschließend bin ich nach Chicago gereist. Ich hatte einen Termin bei Mike Perlis, dem internationalen Verkaufsdirektor von ‚Playboy‘. Damals habe ich Christie Hefner noch nicht kennengelernt, sondern nur die Manager der Firma. Wir sind uns jedenfalls einig geworden. Für die ČSSR hat es anfänglich noch einen Tschechen gegeben, der sich auch um eine Lizenz bemüht hat. Den habe ich bei dieser Gelegenheit kennengelernt, das war der Tichy, der aber bald ausgeschieden ist. Mit ihm zusammen haben wir die tschechische Lizenz bekommen und in der Folge haben wir den tschechischen ‚Playboy‘ ins Leben gerufen. Im Frühling 1991 haben wir die erste Ausgabe mit einer riesigen Party in der Lucerna Bar in Prag auf den tschechischen Markt gebracht.*“

„Das habe ich mir selbst geschenkt!" Rolf feiert seinen 50. an Bord der
Affinity im Hafen von St. Barths, Dezember 1989. Im Anschluss an diese
Reise wurde Rolf in Chicago mit dem Playboy-Management handelseins.

DAS „PLAYBOY"-ABENTEUER

„Looking at ‚Playboy' via the prisma of today gives a completely wrong impression of what it really meant in those days. Now, probably neither I, nor Rolf would like to be involved, but in those days ‚Playboy' really was something! You have to take into consideration that we were in 1990, first year after revolution. ‚Playboy' was coming to the Czech Republic as the first foreign edition of a world famous magazine, and at that time ‚Playboy' was evaluated as one of the leading brands of the world! When we held the opening party of ‚Playboy', half of the government was there. In fact simply everybody was there, everybody who was something, either in business, either in politics or social life. Although we were a small company, we created such an atmosphere, such a splendid environment around the ‚Playboy magazine', it was unbelievable!"

Der Mann, der dieses lebendige Bild aus den Anfangszeiten des tschechischen „Playboys" zeichnet, ist Ivan Chocholouš, damals kaufmännischer Direktor des Unternehmens. Wir treffen einander an einem strahlend und ungewöhnlich heißen Tag Ende April des Jahres 2013. Wir sind zum Interview-Lunch in einem der Top-Lokale in der Prager Altstadt verabredet, im Francouzská Restaurant. Rolf und Ivan unterhalten sich bereits blendend, als ich nach einem Gespräch mit Hana Wagenhofer eintreffe. Ein etwas abgelegener, separierter Tisch. Gediegenes Art-Nouveau-Interieur mit kristallenen und goldenen Lustern, wunderschöne Blumenarrangements, geschmackvolle Tischwäsche, elegante Atmosphäre. Aus den riesigen Fenstern überblickt man den Platz der Republik und sieht das bunte, geräuschvolle Treiben, dessen Klangfarbe hier drinnen dezent hinter leiser Klaviermusik verblasst. Zu meiner Linken sitzt Ivan: elegant, eloquent, liebenswürdig; sichtlich ein wenig gerührt, dass er von Rolf zur Riege der besten Freunde gezählt wird.

In den kommenden anderthalb Stunden zeigt sich Ivan als fabelhafter Erzähler, mit einem Händchen für Dramaturgie und seinerseits ausgestattet mit einer bewegten Biografie. Nach dem Studium der Rechtswissenschaften hatte er zunächst eine Karriere als wissenschaftlicher Mitarbeiter an der Tschechoslowakischen Akademie der Wissenschaften begonnen, eine brotlose und interessante Tätigkeit, die er zunächst gegen einen noch brotloseren Job eintauschte: Er wurde Journalist bzw. Redakteur beim tschechoslowakischen Rundfunk, bis er im Juni 1989 als Verwaltungsmitarbeiter ins Prager Rathaus wechselte. Von dort aus heuerte er schließlich im Dezember 1989 bei Rolf Dolina an und begann als Managing Director des Unternehmens mit dem Aufbau bzw. den Vorbereitungsarbeiten für den geplanten „Playboy"-Launch im Herbst 1990. Rolf hatte wie immer ein Händchen für die Leute, die mit ihm arbeiteten. Wie bei allen Unternehmungen, die er in seinem Leben begonnen hatte, folgte er auch bei der „Playboy"-Geschichte einer zentralen Maxime: Ein möglichst kleines, aber umso effektiveres und schlagkräftiges Team mit wenigen Personen, denen er dafür hundertprozentig vertraute. Insofern ging es beim „Playboy", vielleicht mit Ausnahme des Miteigentümers Tichy, der sich kaum eingebracht hatte und bald ausschied, kaum anders: Hana Wagenhofer als Herausgeberin von „Playboy", Ivan Chocholouš nominell als kaufmännischer Direktor, de facto das Herzstück und die Seele des Unternehmens, bei dem alle Fäden zusammenliefen.

Seit Jänner 1990 hatte sich in dieser Dreierkonstellation ein rituelles Arbeitsverhalten etabliert: Rolf reiste einmal wöchentlich nach Prag, stieg im Club Hotel ab, wo er von Ivan abgeholt wurde. Zu zweit, oder zu dritt mit Hana Wagenhofer, nahm man nach dem immer gleichen Muster in derselben Koliba das Abendessen zu sich, sogar mit der stets gleichen Speisenfolge – Husarensuppe, gefüllter Lendenbraten und „Kartoffel aus dem Rohr", dazu Schnaps, Bier und jede Menge Rotwein:

„We had a system, which never changed: Once a week in the afternoon he arrived in the Club Hotel near Prague, we had dinner

Das wöchentliche „Playboy"-Meeting zwischen Rolf, Hana Wagenhofer und Ivan Chocholouš in einer Koliba nahe Prag, Februar 1990. So verschieden Hana und Ivan als Persönlichkeiten sind, so einig sind sie sich in einem: Rolf zählte zu ihren wichtigsten Lehrern und Mentoren.

together in a Koliba, where they knew us quite well. We spent a great evening together, a lot of food and quite a lot of wine. Next morning: Eight o' clock, breakfast. Mister Dolina was there, with his agenda, his small pencil, and all his lists, prepared perfectly. And I can tell you: He was ready to fight like hell. And this was the moment, when Rolf always reminded me of my father, because they had very similar features. Even later, when I was already general manager of Mona, a large publishing house, my father used to ask me questions like Rolf. For instance, when I visited them on Sundays, he took out a small paper and started to ask me questions like 'How did you solve this problem, what did you do with this', and so on. It was exactly the same. And of course: At that time Mr. Dolina meant school for me. I was learning with him all time. Before I met him, I certainly had no chance to achieve any knowledge about capitalist business. And Rolf was a big teacher: His entire life, he was learning by doing and that way he created an empire! This was absolutely fascinating, of course. Therefore I consider Rolf my first capitalistic teacher, a sort of guru, not only for me, I guess. "

Im Zuge einer der erwähnten morgendlichen Besprechungen – Ivan nachdenklich an einem Bleistift kauend – fiel auch ein denkwürdiger Spruch, den Ivan bis heute in seinen Vorlesungen und Management-Seminaren zitiert: „Don't chew the pencil, you're eating my money", forderte Rolf seinen Manager auf – eine Erinnerung, bei der heute beide in herzliches Gelächter ausbrechen.

Was immer man sich prinzipiell unter „Playboy" vorstellen mag, reduzierte Vorstellungen von einem simplen Schmuddelblatt mit nackten Frauen greifen definitiv zu kurz. Schon im Dezember 1953, als die erste „Playboy"-Ausgabe den US-Markt eroberte – noch ohne das berühmte Bunny-Logo, dafür mit Marilyn Monroe am Cover –, war das Magazin mehr als nur ein Erotikmagazin. Gepaart mit einer grafischen Glanzidee, dem sogenannten Centerfold – einem erotischen Aufklappbild in der Heftmitte als Pin-up für den Männer-Spind –, hatte es der Gründer, Herausgeber und Chefredakteur Hugh Hefner geschickt verstanden, Erotik mit diversen Lifestyle-Themen der Upperclass zu verbinden. Das Blatt setzte außer auf schöne Frauen mit zunehmendem Verkaufserfolg bald auch auf exzellente Fotografen, versierte Autoren und ab den 1960er-Jahren auf interessante und prominente Interviewpartner, Kunst und Kultur, Politik, Ökonomie und Wissenschaft hielten dadurch im „Playboy" Einzug. Solcherart spiegelte der „Playboy" immer auch ein wenig den Zeitgeist einer Epoche. Von Miles Davis über Malcom X, Martin Luther King, Fidel Castro, Albert Schweitzer, Salvador Dali, Bette Davis, Joyce Carol Oates bis hin zu Stephen Hawkings und Ai Weiwei – die Liste an international prominenten Persönlichkeiten, die im „Playboy" qualitätsvolle Interviews lieferten, ist schier unerschöpflich.[37] Der berühmte „Playboy"-Hase – entwickelt vom

[37] Vgl. List of people in Plaboy (1953-2013) auf Wikipedia.

Grafikdesigner Art(hur) Paul – ziert das Blatt seit der zweiten Ausgabe und entwickelte sich zu einem milliardenschweren grafischen Merchandising-Produkt, dessen weltweiter Siegeszug weit über die vorwiegend männliche Leserschaft des Magazins hinausging. Von der Bettwäsche über die Teetasse bis zum unvermeidlichen Ohrring und T-Shirt – die Käuferschaft der Häschen erstreckte sich in den 1980er-Jahren vom Teenager bis zum passionierten Sammler. Vor diesem Hintergrund erklärt sich auch die Begeisterung für das Magazin in den postrevolutionären Nachfolgestaaten des ehemals kommunistischen Ostens. Hier implizierte der „Playboy" als Glanz- und Glamour-Produkt auch die neu erlangte politische und individuelle Freiheit – obwohl die Zeitschrift angesichts ihres hohen Preises nur für eine kleine Minderheit erschwinglich war.

Der Launch des Magazins fand am Donnerstag, den 25. April 1991, in der prestigeträchtigen Lucerna Bar nahe dem Wenzelsplatz statt. Eine mehr als symbolträchtige Örtlichkeit. Die 1921 fertiggestellte Multifunktionshalle war zum einen von Václav Havel Senior entworfen worden, dem Großvater des gleichnamigen Dissidenten und Freiheitsaktivisten, den die Tschechen in den ersten freien, demokratischen Wahlen im Dezember 1989 zu ihrem Präsidenten gewählt hatten. Zum anderen hatten auch die hier stattfindenden Musikfestivals über Jahrzehnte hinweg eine subversive Rolle gegen das System gespielt. Mit diesen zusätzlichen Implikationen war die Lucerna Bar auch auf symbolischer Ebene absolut erste Wahl für die Präsentation der „Playboy"-Erstausgabe, die mit einer Riesenparty gefeiert wurde. Es war das Top-Event der Prager Society. Welcher Stellenwert der Angelegenheit beigemessen wurde, zeigte sich nicht nur in der vollzähligen Anwesenheit der Prager Haute-Volée, sondern auch in der breiten Anwesenheit der politischen Prominenz – angefangen bei Industrieminister Vladimir Dlouhý bis hin zum damaligen Finanzminister Václav Klaus, der bis 2013 auch als tschechischer Staatspräsident fungierte. Eine politische Persönlichkeit mit starker Affinität zur Kultur verstärkte 1991 als „editor in chief" auch das Kernteam: Mit dem Übersetzer Jaroslav Kořán – Dissident, Kulturschaffender und erster Prager Bürgermeister nach der Wende,

Das Playboy-Team im Büro: Ivan Chocholouš, Rolf Dolina, Hana Wagenhofer, Prag, 30. Juni 1993.

der nach internen Querelen 1991 das Amt im Rathaus quittiert hatte – holte Ivan eine weitere schillernde Person ins „Playboy"-Boot. So schillernd, dass sogar CNN und BBC den neuen tschechischen „Playboy"-Chefredakteur interviewten und mit den internationalen Ausstrahlungen der Sendungen „Playboy" als Marke zusätzlich popularisierten. „Playboy was a sort of phenomena", charakterisiert Ivan die fantastische Stimmung in Prag.

Visitenkarte, 1991.

PLAYBOY - CS EDITION

ROLF DOLINA

PRESIDENT OF THE SUPERVISORY BOARD
VIPress Czechoslovakia a. s.

CS-116 02 PRAHA 1, PALÁC LUCERNA, ŠTĚPÁNSKÁ 61
TEL. 26 43 16, 26 43 17 · FAX 26 42 98

Playboy-Launch in der Lucerna Bar mit Finanzminister Václav Klaus (links), Haresh Shah (Mitte) und Rolf Dolina, Prag, 25. April 1991.

Spiritus Rector der ganzen Sache und natürlich mitten drin: Rolf Dolina. Riesenparty statt Midlifecrisis, Ferrari statt Mercedes. Und Traude? Cool, wie immer:

„So richtig angefangen hat für mich alles mit der Riesenparty in der Lucerna Bar, wo praktisch die halbe tschechische Wenderegierung mit dem Václav Klaus anwesend war. Wir haben irrsinnigen Erfolg gehabt. Jedes Jahr haben wir ‚Playboy‘-Bälle veranstaltet, in Prag im Hilton-Hotel oder in Bratislava, wir haben ‚Playboy‘-Weihnachtsfeste gemacht und Golfturniere veranstaltet. Schauspieler, Künstler, alles, was Rang und Namen hatte, war da. Wenn ich heute zurückdenke, kommt es mir vor, als wäre diese Zeit in meinem Leben eine einzige große Party gewesen. Im Jahr 1991 habe ich mir dann einen Ferrari gekauft, einen feuerroten, und damit bin immer von Wien nach Prag und Warschau gefahren.

Das war natürlich schon eine wilde Geschichte, weil die Freundinnen meiner Frau haben entsprechend gestichelt wegen der schönen Frauen, mit denen ich unterwegs war. Aber meine Frau hatte einen

Michl Bloch, Hana Wagenhofer und Rolf Dolina beim Playboy-Ball, Prag, 1992.

sehr weisen Leitspruch und der lautete: ‚Ein guter Hund verrennt sich nicht und um einen schlechten ist es nicht schade.' Und so war es auch. Der gute Hund hat sich wirklich nicht verrannt und hat immer wieder nach Hause gefunden. Und so sind wir heute nach fünfzig Jahren immer noch verheiratet und zwar in einer sehr, sehr guten Ehe. Das ist eben das Wichtige: Am Anfang einer Beziehung steht der Sex, die Raserei und natürlich auch die Liebe. Und irgendwann muss man aus der Liebesbeziehung zusätzlich auch eine Freundschaftsbeziehung machen, sonst sitzen sich irgendwann einmal zwei fremde Menschen gegenüber und alles geht auseinander. Weil man sich nichts mehr zu sagen hat. Und dieser Fall ist bei uns eben nie eingetreten und darüber bin ich sehr, sehr glücklich. "

Angesichts des gewaltigen „Playboy"-Erfolges in der Tschechoslowakei – erst 1992 erfolgte die Spaltung des Staates in die Republiken Tschechien und Slowakei – war es naheliegend, die „Playboy"-Sache auch im benachbarten Polen aufzuziehen. Dieses Mal verhandelte Rolf nicht nur mit Michael Perlis, der Hugh Hefner als Verleger gefolgt war, sondern direkt mit Hughs Tochter Christie, die 1988

Rolf mit dem US-Playmate Morgan Fox am Playboy-Ball, Prag, 1992.

als 36-jährige Vorstandsvorsitzende die Führung des Unternehmens übernommen hatte und später in der Forbes-Liste mehrmals zu den Top-Hundert der weltweit einflussreichsten Frauen gezählt wurde. Die studierte Literaturwissenschaftlerin Christie Hefner erwies sich als zähe Verhandlerin: ein klares Njet zur Herausgabe der Lizenzrechte, Zustimmung lediglich zu einem Joint-Venture.

Rolf war es recht, der Kuchen war groß genug.

Die Teamstruktur, die Rolf in der Folge für das Joint-Venture in Warschau aufzog, ähnelte dabei jener von Prag und sollte in einer Hinsicht ein einzigartiges Phänomen in der weltweiten „Playboy"-Geschichte bleiben. Auch hier stand dem US-Herrenmagazin – wie in Tschechien mit Hana Wagenhofer – eine Frau als Herausgeberin vor: Beata Milewska.

„Mein Geschäftsführer bei der Fuji-Film Polen, der Wlodzimierz Trzcinski, hat gesagt, ich habe da eine Frau, die kommt aus Danzig und die hat eine Zeitschrift namens BEA, eine Art verkappte Burda auf Polnisch. Der Name der Zeitschrift war natürlich von ihrem Vornamen abgeleitet. Sie wollte, dass wir in ihrer Zeitung mit Fuji

Rolf Dolina mit der Herausgeberin des polnischen „Playboy" Beata Milewska, dem ungarischen „Playboy"-Herausgeber Dezső Futász (links hinten) und dem internationalen „Playboy"-Produktionsdirektor Haresh Shah, Warschau, Februar 1991.

werben. Die Beata kam in die Poliwoda-Straße, wo wir damals unseren Shop und das Büro hatten. Eine junge, fesche Polin, sehr elegant, sehr gutes Benehmen. Ich war beeindruckt. Hat mir wirklich gefallen, sie war ein sehr unternehmerischer Typ. Wir haben verhandelt und einen guten Deal abgeschlossen: Wir haben ihr die Filme gratis gegeben und sie hat dafür dazu geschrieben: Auf Fuji-Film fotografiert. Dadurch hat uns die Werbung nichts gekostet, und die Beata hat sich das Geld für die teuren Profifilme erspart und konnte mit dem Ersparten die Fotografen zahlen. Das war Anfang der 90er-Jahre. Und als das mit dem ‚Playboy' in Prag so gut angelaufen ist, da habe ich mir gedacht, die Beata ist genau die richtige Frau, mit der ich in Polen den ‚Playboy' machen könnte. Keine Frage, natürlich hat sie sich dafür interessiert. Danach bin ich wegen der Lizenz nach Chicago zur Christie, die aber gesagt hat: Lizenz für Polen gibt's keine, aber wenn ich will, können wir ein Joint-Venture machen. Sag' ich, kein Problem. Und so war's dann auch. Wir haben eine Aktiengesellschaft gemacht, wo die Beata fünf Prozent gekriegt hat, ebenso der Tomasz Zięba, mit dem sie gearbeitet und den sie spä-

Auf Besuch im legendären „Playboy Mansion" in den Holmby Hills von
L.A – Hugh Hefners Privatwohnsitz, den er mit diversen Playmates, Frauen
und Ex-Frauen bewohnt, Los Angeles, 1992. Von links: Playboygründer
Hugh Hefner mit seinem verlegerischen Nachfolger Michael S. Perlis[*], Rolf
Dolina und Playboy Executive Vice President Richard Rosenzweig.

*ter auch geheiratet hat. 45 Prozent haben der Hauser und ich mit
der AUTRACO Holding genommen und 45 Prozent hat der ‚Playboy Chicago' bekommen. Den Tomasz Zięba habe ich damals zum
Chefredakteur gemacht, die Beata zur Herausgeberin und ich war
Präsident des Aufsichtsrats. Im Dezember 1992 haben wir die erste
große Party im Intercont in Warschau gemacht. Das war auch in
Polen eine riesige Sensation, wo alle wichtigen Leute dabei waren.
Das erste große Interview, das wir gemacht haben und das weltweit
vom ‚Playboy' übernommen wurde, war mit Lech Wałęsa. Das war
eine unglaubliche Sache und hat dem ‚Playboy' in Polen zu einer
ungeheuren Popularität verholfen."*

Für Rolf, der zwischendurch auch noch den ungarischen „Playboy"
übernommen hatte, dauerte die große „Playboy"-Party im Wesentlichen bis 1994. So sehr er sein intensives Arbeits- und Partyleben

---

[*] Heute: President und CEO bei Forbes Media.

Polnische „Playboy"-Erstausgabe mit Lech Wałęsa im Interview, Dezember 1992.

liebte, so kam ihm dennoch langsam zu Bewusstsein, dass seine Lebensqualität unter dem gewaltigen Arbeitspensum zu leiden begann:

„1994 bin ich aus dem Verlagsgeschäft ausgestiegen. Ich hatte die Wahl: Entweder ich baue das Verlagsgeschäft aus, aber das wäre dann wirklich ein Fulltime-Job geworden. Und ich hatte ja schon andere Fulltime-Jobs: Fuji, die Hiross-Klimaanlagen, Memorex und Honda. Ich bin eigentlich nur noch im Flieger gesessen und habe am Airport geschlafen. Da war dann irgendwann der Moment erreicht, wo ich gesagt habe: Nein, ganz einfach, das kann nicht mein Leben sein, dass ich nur im Flieger schlafe. Also habe ich mich entschlossen, wieder auszusteigen und habe die ganzen ‚Playboy'-Geschichten an Chicago zurückverkauft. Die Sache ist nämlich die: Man muss auch Nein sagen und loslassen können. Und das konnte ich Gott sei Dank immer."

Fragen Sie mich nicht, was wir alles
für Vertretungen hatten

ELIZABETH ARDEN FRAGRANCES
ODER DER DUFT DES GELDES

Das Jahr 1990 mit der Umstellung auf die neuen politischen und wirtschaftlichen Verhältnisse in Osteuropa führte unter Wirtschaftstreibenden zunächst zu einer veritablen Goldgräberstimmung, die angesichts utopisch anmutender Erwartungshaltungen nicht selten in markerschütternden Katzenjammer kippte. Eines war klar: Nichts ist, wie es früher war, und der „klassische Osthändler" mit seinen liebgewonnenen Gewohnheiten in den von ihm abgesteckten Revieren gehörte nun zu einer vom Aussterben bedrohten Art: „Es hat halt jede Fauna und Flora ihre Tiere. Auch die Marktwirtschaft"[38], räsoniert Rolf Dolina dazu in einem Artikel in der Juni-Ausgabe des „Trends" im Jahr 1991.

Er selbst hatte sich natürlich glänzend auf die neuen Gegebenheiten eingestellt, wobei „Playboy" nicht das einzige Projekt war, mit dem er seine Flexibilität unter Beweis stellte. Im Erkennen von Möglichkeiten und Chancen war er immer schon ein ganz großer Meister gewesen.

Und anders als bei vielen anderen, denen durch den Zusammenbruch des Kommunismus ihre bisherigen Kontakte aus der Nomenklatura gänzlich weggebrochen waren, verfügte Rolf über ein nach wie vor exzellent funktionierendes Netzwerk.

Daher zögerte er auch nicht lange, als ihm in Prag in den Tagen des Systemwechsels als erstem westlichen Ausländer eine mittelalterliche Immobilie am Prager Hradschin angeboten wurde. Er griff zu und gemeinsam mit seiner Frau entwickelte er ein umfangreiches Bauprojekt, das Traude in den kommenden Jahren, wie immer mit Verve und zielsicherem Geschmack, leitete und überwachte.

---

[38] Karl Riffert, From Russia with Love, in: Trend, Juni 1991, S. 270.

Wo es Wickel und Brösel gibt, dort gibt's auch Möglichkeiten – diese Dolina'sche Weisheit galt in besonderer Weise auch für den politischen Umbruch. Für Rolf waren es Möglichkeiten gigantischen Ausmaßes.

Parallel zur Burda- und „Playboy"-Geschichte hatte Rolf im Herbst 1989 mit der tschechischen chemischen Industrie die Fotex gegründet. In diesem Zusammenhang hatte er sich den Equicolor-Film urheberrechtlich schützen lassen und auf diesem Joint-Venture konnte nun exzellent aufgebaut werden – und zwar direkt, das heißt praktischerweise ohne der chemischen Industrie. Im Juni 1990 eröffnete Rolf die ersten Fotex-Shops, die auch eine Sofortbildentwicklung für die boomende Amateurfotografie anboten. Zur selben Zeit erlebte die Fuji-Schiene einen gewaltigen Ausbau. Fehlten im Kommunismus die Devisen für den Import von Kameras und Fotozubehör, so ergab sich jetzt die Möglichkeit, den ehemals kommunistischen Osten für die neue Konsumwelt mit Fuji zu rüsten.

Die private Prager Baustelle von Traude: Das Haus am Hradschin vor und nach der Renovierung, Prag, 1989/1991.

Der erste Fuji-Shop in Jugoslawien, Beograd, 1989 (links).

Die neue Fuji-Niederlassung auf dem Vino Hradi am Gelände der ehemaligen Friedhofsgärtnerei, Prag, 1992 (rechts).

Baumpflanzung mit Fuji-Chef Onishi anlässlich der Eröffnung, Prag, 1992.

Das neu erbaute Fuji-Gebäude nach dem Entwurf des polnischen Architekten Stefan Kurylowicz* auf dem Gelände einer ehemaligen Champignonzucht erhielt 1993 den „Award of the Year 1993" von der polnischen Architektenvereinigung und ein Jahr später den Preis für Industriedesign als „Construction of the Year".

Rolf krempelte dementsprechend die Ärmel hoch und verwandelte sein Fuji-Projekt in eine riesige Baustelle: Quer durch alle ehemals kommunistischen Hauptstädte richtete er nach westlichem Vorbild Fuji-Shops ein oder ließ neue, elegante Bürogebäude mit teils extravaganter Architektur für wichtige Niederlassungen wie in Warschau oder Prag erbauen.

Rolfs japanische Kontakte hatten mit der Wende auch ein völlig neues und keineswegs verwandtes Geschäftsfeld eröffnet – die Autobranche. Der Kontakt mit Honda war im Frühjahr 1991 auf Initiative einer Handelsfirma namens Marubeni zustande gekommen. Auf der Automesse in Tokio, im Juni des Jahres, war man sich bereits einig geworden:

---

* Stefan Kurylowicz (1949–2011) zählte zu den wichtigsten zeitgenössischen Architekten Polens. Mit seinen Bauten aus Stahl und Glas prägte er insbesondere nach 1989 das Warschauer Stadtbild. Er starb am 6. Juni 2011 bei einem Flugzeugabsturz in Spanien. Siehe http://www.apaka.com.pl/enhtml/nagrody (20. August 2013).

Auf der
japanischen
Automesse,
Tokio, Juni
1991.

Honda-
Showroom,
wo auch die
Kalenderauf-
nahmen mit
dem Playmate
Morgan Fox
für „Playboy"
entstanden,
Prag, 1992.

Honda-Partner
aus Japan bei
der Besichtigung
einer künftigen
Honda-Service-
station, Sofia,
Februar 1992.

„Nachdem mich die Japaner eingeladen hatten und ich ein paar Mal in Japan gewesen war, waren wir uns einig. Mit meinem tschechischen Partner, dem Stranski, haben wir die Honda-Generalvertretung zuerst für die Tschechoslowakei aufgebaut. Im Zuge dessen kauften wir ein Areal von einer gerade zugrunde gegangenen tschechischen Automobilfirma, ein Servicebetrieb. Das Grundstück war ungefähr 25.000 Quadratmeter groß. Wir haben das hergerichtet und einen Honda-Showroom eingerichtet, später haben wir dann das Gleiche nochmal in der Slowakei gemacht. Wir waren also eine Importgesellschaft und damals auch der einzige Händler. Kurz darauf haben wir Honda nach Bulgarien gebracht, wobei wir dort auch entsprechende Service-Stationen aufgebaut haben. Danach kam noch die Honda-Vertretung in Litauen und ganz kurz in der Ukraine, wo wir uns aber rasch wieder zurückgezogen haben. Im Zuge dieser ganzen Entwicklung hat Honda die Beine in Osteuropa relativ rasch auf den Boden bekommen. Sie wollten dann in der Tschechoslowakei eine Honda-geführte Importgesellschaft machen und haben uns eine 25-Prozent-Beteiligung angeboten. Aber wir blieben lieber der exklusive Händler. Honda hat das dann ausgebaut und mit unserer Hilfe auch noch andere Händler gefunden. Wir wiederum haben, weil das Areal in Prag so groß war, auch noch die Fiat-Generalvertretung übernommen. Das war dann die Firma Italauto. Und den Honda-Verkauf haben wir Motorholding genannt. Ein ziemlich schwieriges Geschäft, ganz interessant, aber bei weitem kein Highlight."

Schon eher ein Highlight war ein weiteres „Playboy"-Parallelprojekt, das Rolf wiederum gemeinsam mit Hana Wagenhofer realisierte. Im Zuge von „Playboy" hatte Rolf eine Firma gegründet, die sich um die Vertretung der „Playboy"-Merchandising-Artikel kümmerte. In diesem Zusammenhang gab es immer wieder Sales-Konferenzen in Chicago und New-York:

„Einmal hatten wir ein bisschen Zeit und sind in New York durch die Fifth Avenue gegangen. Da stolpern wir plötzlich über einen Elizabeth-Arden-Red-Door-Shop. Also ein Parfum- und Kosme-

tikfachgeschäft, wo Elizabeth Arden ihre Produkte in Form eines Beautysalons bekannt gemacht hat. Das hat uns so gut gefallen, da haben wir gesagt, das machen wir in Prag auch. Also so einen Elizabeth-Arden-Red-Door-Shop. Daraufhin haben wir mit Hana eine eigene Firma gemacht, die Hana Wagenhofer S.R.O., die dann die Generalvertretung für Elizabeth Arden übernommen hat.

Wir haben also in Prag mit dem ‚Playboy' angefangen und haben fast im selben Atemzug gleich auch die Vertretungen für alle möglichen Fragrances übernommen. Cartier Fragrances, Elizabeth Arden - fragen Sie mich nicht, was wir alles für Vertretungen hatten. Jedenfalls haben wir in Prag den ersten Red-Door-Shop gemacht, was auch ein riesiger Erfolg war. Als ich mich nach 1999 aus dem Business zurückgezogen habe, hat Hana schließlich meine Firmenanteile gekauft und diese Firma alleine weitergeführt.

Damals war das jedenfalls einfach eine sagenhafte Geschichte. Mit dem ‚Playboy' haben wir angefangen und dann floss eines in das andere. Ich habe immer wieder neue Ideen gehabt und die Hana auch. Wir haben uns als Business-Partner wirklich sehr gut ergänzt, wie mit dem Hauser."

Eine Bekanntschaft aus den 1960er-Jahren führte schließlich dazu, dass Rolf auch noch bei Palmers mitmischen sollte: Rudi Humer und Rolf Dolina kannten sich vom Tennisplatz und waren mittlerweile beide in der Hinterbrühl ansässig:

„Palmers war interessiert, nach Osteuropa zu gehen. Da hab' ich gesagt, na, dann machen wir was miteinander. So kam es auf einer Fifty-Fifty-Basis zur Gründung der Palmers Bohemia und der Palmers Slovakia. In der Folge haben wir das erste Palmers Geschäft in der Slowakei eröffnet, dann in Prag und in Krakau, wobei am Aufbau dieser Geschäfte auch meine Tochter stark beteiligt war. Zum Schluss hatten wir sechs Geschäfte. Diese Läden später wieder zu versilbern, das war dann – vor allem aufgrund der internen Konflikte bei Palmers – eigentlich fast mehr Arbeit als sie aufzubauen."

Palmers und
Fuji, Krakau,
1992.

Rolf bei der
Eröffnung
des ersten
polnischen
Palmers-
Geschäfts,
Krakau,
8. November
1991.

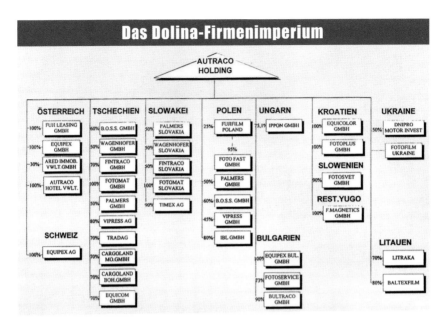

Das Dolina-Firmenimperium

AUTRACO HOLDING

ÖSTERREICH	TSCHECHIEN	SLOWAKEI	POLEN	UNGARN	KROATIEN	UKRAINE
100% FUJI LEASING GMBH	60% B.O.S.S. GMBH	50% PALMERS SLOVAKIA	25% FUJIFILM POLAND	75,1% IPPON GMBH	100% EQUICOLOR GMBH	50% DNIPRO MOTOR INVEST
100% EQUIPEX GMBH	50% WAGENHOFER GMBH	50% WAGENHOFER SLOVAKIA	95%		100% FOTOPLUS GMBH	FOTOFILM UKRAINE
30% ARED IMMOB. VWLT.GMBH	70% FINTRACO GMBH	50% FINTRACO SLOVAKIA	FOTO FAST GMBH		**SLOWENIEN**	
100% AUTRACO HOTEL VWLT.	100% FOTOMAT GMBH	100% FOTOMAT SLOVAKIA	50% PALMERS GMBH		90% FOTOSVET GMBH	
	50% PALMERS GMBH	90% TIMEX AG	60% B.O.S.S. GMBH		**REST.YUGO**	
	80% VIPRESS AG		45% VIPRESS GMBH		100% F.MAGNETICS GMBH	
SCHWEIZ	70% TRADAG		80% IBL GMBH	**BULGARIEN**		**LITAUEN**
100% EQUIPEX AG	70% CARGOLAND MO.GMBH			100% EQUIPEX BUL. GMBH		70% LITRAKA
	70% CARGOLAND BOH.GMBH			73% FOTOSERVICE GMBH		80% BALTEXFILM
	70% EQUICOM GMBH			90% BULTRACO GMBH		

Grafik aus: Gewinn, April 1993.

1993 kontrolliert Rolf Dolina mit seiner AUTRACO-Holding 38 Gesellschaften in zwölf Ländern, davon 33 im ehemals kommunistischen Osten. Umsatz 1992: Eine Milliarde Schilling. Die Diversität der Firmen und Geschäfte – so zufällig deren Genese oft erscheint – war wohldurchdachte Strategie: „Lege niemals alle Eier in einen Korb", heißt die dazugehörige Dolina'sche Weisheit. Und die andere: „Das Geld liegt auf der Straße, man muss sich eigentlich nur bücken."

KAPITEL VIII

DAS ÖSTERREICH-PROJEKT

DER ERWERB DER HIRTENBERGER MUNITIONSFABRIK

„Der tolle Dolina" hieß eine Story im „Gewinn" im Frühjahr 1993 angesichts der märchenhaften Erfolge, die Rolf seit der Wende innerhalb von knapp drei Jahren hingelegt hatte: „Die 180-Quadrat-meter-Dachgeschoß-Eigentumswohnung links oben im Wiener Marriott-Hotel mit Blick über den Stadtpark ist wohl das Üppigste, das sich in diesem auch sonst nicht gerade dezenten Haus findet. Und sein Besitzer und sporadischer Eigentümer wirkt darin ungefähr so wie Danny de Vito im Film ‚Die unglaubliche Entführung der Mrs. Stone': schlau, witzig, reich geworden, egozentrisch"[39], vermerkte der Autor Michael Fembek sichtlich beeindruckt.

„Ich bin in Erfolg geschwommen, alles, was ich gemacht habe, hat sich in Osteuropa verkauft wie die warmen Semmeln", sagt Rolf heute über diese Zeit. Da hatte er allerdings bereits begonnen, die goldenen Eier nicht mehr ausschließlich in osteuropäische Körbchen zu verteilen: Tatsächlich markierte das Jahr 1992 auch den Anfang seiner Aktivitäten auf dem österreichischen Immobiliensektor. Eine alte Freundschaft spielte dabei wieder einmal die entscheidende Rolle: Anton Bosch und Rolf Dolina hatten einander 1969 beim sonntäglichen „Vormittagskickerl" in der Südstadt in Maria Enzersdorf kennengelernt. Die Freundschaft, die sich daraus entwickelt hatte, gestaltete sich phasenweise enger, dann wieder einmal weiter, in jedem Fall aber dauerhaft. Die beiden hatten sich immer gut verstanden und waren auf gleicher Wellenlänge unterwegs, zumal Toni Bosch auf eine ähnlich interessante Karriere zurückblickte wie Rolf Dolina: Auch er stammte aus einfachen Verhältnissen, hatte eine Ausbildung an der Handelsschule absolviert, war ein Arbeitstier und seit den 1980er-Jahren auf dem Weg, sich zu einer Art niederös-

---

[39] Michael Fembek, Der tolle Dolina, in: Gewinn, April 1993, S. 26.

terreichischem Immobilien-Tycoon zu entwickeln. Heute ist er der größte private Wohnbauentwickler Niederösterreichs und baut mit seiner Firma Aura zwei- bis dreihundert Wohneinheiten pro Jahr. Zu Beginn der 1990er-Jahre verband die beiden Männer eine über zwanzigjährige Freundschaft. Bosch und Dolina waren einander häufig beratend zur Seite gestanden, hatten allerdings noch nie ein gemeinsames Projekt realisiert. Eine damals fantastisch anmutende Idee von Bosch sollte die beiden nun auch geschäftlich zueinander führen.

„Irgendwann im Jahr 1991 ist der Toni zu mir gekommen und hat gesagt, dass er ein Grundstücksangebot bekommen hat und dass er das gerne kaufen würde. Bauland, als Betriebsgebiet gewidmet, direkt an der Autobahnabfahrt Leobersdorf. Ein idealer Platz für einen Gewerbepark. Ob ich daran interessiert wäre. Na ja, ich fand das Ganze nicht uninteressant. Ich dachte mir, es ist vielleicht nicht schlecht, auf einem zweiten Bein zu stehen und auch in die Immobilienentwicklung zu investieren. Und da ich ohnehin schon mehr als dreißig Firmen hatte, kam es auf eine mehr oder weniger auch nicht mehr an. Seine Idee war die, dass er sich um alles kümmert, was mit dem Grundstück vor Ort zu tun hat, und ich vor allem meine internationalen Kontakte nutze – also im Sinne der Firmenansiedelung und Verwertung des Ganzen.
Ich werde das nie vergessen: Hier am Tisch im Marriott sind wir gesessen, der Toni hat diesen riesigen Plan ausgepackt, und der hat mir eigentlich überhaupt nichts gesagt. Ich hatte überhaupt keine Vorstellung von den ganzen Relationen und Dimensionen, aber ich habe dann noch an diesem Abend eingewilligt, ok, kaufen wir dieses Grundstück.“

Das Grundstück, von dem die Rede ist, umfasste etwa fünfzig Hektar Grund und gehörte zu diesem Zeitpunkt der Firma Enzesfeld-Caro Metallwerke, die es im Zuge der großen österreichischen Privatisierungswelle in Form eines Management-Buy-outs aus der ÖIAG herausgelöst hatte. Konkret ging es um jenes Grundstück, das den älteren Wienern meist als die alte „Hirtenberger Munitionsfabrik" bekannt ist und seinerseits über eine mehr als bewegte Geschichte verfügte – mit dem traurigen Höhepunkt, als die „Gustloffwerke Hirtenberg" das Areal zunächst in ein Lager für Zwangsarbeiter und ab 28. September 1944 schließlich in ein Außenlager des KZ Mauthausen verwandelt hatten, wo vorwiegend weibliche Häftlinge aus Süd- und Osteuropa inhaftiert waren und Sklavenarbeit für den Rüstungsbetrieb leisteten.[40]

Als USIA[41]-Betrieb wurde das Areal 1955 von der Republik Österreich übernommen und im selben Jahr an den aus dem argentinischen Exil zurückkehrenden Eigentümer Fritz Mandl restituiert. Vier Jahre nach seinem Tod, im Jahr 1981, verkauften die Erben dessen Aktienmehrheit an die Voestalpine und die Austria Metall AG, wodurch das Grundstück – damals schon lange brachliegendes Ödland – wieder in verstaatlichte Obhut gelangte. Dies war die Ausgangslage für ein Management-Buy-out Ende der 1980er-Jahre, in dessen Zug das riesige Areal grundbücherlich in den Besitz der Enzesfeld-Caro Metallwerke überging.

Hier hatte das Management rasch gesehen, dass sich mit der Verscherbelung des nunmehr privatisierten Tafelsilbers, das – wie im Falle der Hirtenberger Munitionsfabrik – noch mit dem Quadratmeterpreis von 1949 in den Büchern war, enorme Buchgewinne realisieren ließen.

Eine Indiskretion seitens der Verhandler versetzte Bosch und Dolina schließlich in eine wunderbare Situation: Die beiden wussten nicht nur, dass sie die einzigen Interessenten waren, sondern sie wussten auch, dass der Deal unbedingt noch 1992 über die Bühne gehen sollte. Hintergrund war die geplante Novellierung eines Steuergesetzes im Zusammenhang mit Verlustabzügen. Konkret: Nur bis Ende 1992 sollte es möglich sein, Buchgewinne mit dem vorgetragenen Verlust aus der verstaatlichten Zeit zu saldieren, was im Kern nichts anderes bedeutete als einen steuerfreien Gewinn.

---

[40] Vgl. Josef Mötz, Hirtenberger AG. Die ersten 150 Jahre. Festschrift anlässlich des Firmenjubiläums 2010, hg. von Hirtenberger AG, Wien 2010, S. 83.
[41] USIA, Abkürzung für „Uprawlenje Sowjetskim Imuschestwom w Awstrij" = Verwaltung des sowjetischen Vermögens in Österreich.

Unmittelbar nach dem Kauf des Areals wurde zunächst gefeiert: Unter anderem mit Zvonimir Hauser sowie Uli und Manfred Drennig, Edlach, Juli 1992.

Für Dolina und Bosch war klar, dass sie sich nicht nur rasch entscheiden, sondern auch rasch handeln mussten. Rolf, der aus seiner jahrzehntelangen Erfahrung gelernt hatte, vorausschauend zu planen, hatte praktischerweise schon ein passendes und noch unbenutztes Firmenvehikel in der Schublade: Die „Autraco Holding" bzw. die „Autraco Real Estate Development", aus deren Namen sich schlussendlich auch der heutige Name des Businessparks ableiten sollte: Ared.

„Der Bosch hatte, genau wie ich, sowohl offizielle Kontakte als auch inoffizielle. Genau dadurch waren wir auch in dieser guten Verhandlungsposition mit all dem Hintergrundwissen. Aber es musste auch schnell gehen, und das war wiederum mit der ganzen Finanzierung gar nicht so einfach, weil wir ja auch nicht 65 Millionen Schilling einfach so hatten. Von Vorteil war, dass zu diesem Zeitpunkt schon der Dr. Manfred Drennig für mich gearbeitet und meine Finanzen geordnet hat. Und ihm habe ich gesagt, Manfred, wir brauchen eine Finanzierung. Er hat sich dann mit den Banken in Verbindung ge-

setzt, wobei er natürlich als ehemaliger Vorstandsdirektor der Länderbank ein ganz anderes Entrée bei den Banken hatte als ich. Ich selbst hatte ja genau genommen überhaupt kein Entrée, weil ich dauernd in Osteuropa war, mich hat ja in Österreich kaum jemand von den Bankern gekannt. Aber der Drennig hat das gemeinsam mit dem Bosch und dessen Hausbank sehr gut organisiert. Die Österreichische Volksbanken AG und die Immo-Bank, wo der Bosch schon viele Projekte realisiert hat, die haben dann gesagt: ‚Ja, wir werden das finanzieren. Wir glauben den zwei Wahnsinnigen, dem Bosch und dem Dolina, die 50 Hektar Gstätten kaufen wollen!‘ Auf diese Weise haben wir also 1992 das Grundstück erworben, wo heute der Ared-Park steht.“

DER AUSFLUG IN DIE POLITIK

Mit dem Erwerb des Grundstückes der alten Munitionsfabrik, das zum Teil in der Gemeinde Leobersdorf und zum Teil im Gemeindegebiet von Enzesfeld liegt, begann für Rolf ein neues Abenteuer – nicht nur in ökonomischer, sondern auch in politischer Hinsicht. Begonnen hatte eigentlich alles schon im Jahr 1989. Und zwar mit einem überaus verärgerten Anton Bosch. Als Veranstalter des Leobersdorfer Christkindlmarktes (Verein Zukunft Leobersdorf) und auch als Bauerherr hatte er immer wieder mit verschiedenen Schikanen, bewussten Behinderungen und mangelnder Unterstützung zu kämpfen, weshalb er sich immer wieder größere und kleinere Scharmützel mit dem ortsansässigen SPÖ-Bürgermeister und dem Gemeinderat lieferte. Eine dieser Auseinandersetzungen sollte folgenschwer enden. Eher ironisch hatte Bürgermeister Johann Heiden gegenüber Bosch im Gemeinderat bemerkt: „Woanst so gscheit bist, kandidierst und wirst selber Bürgermeister."

Und genau das tat Toni Bosch in der Folge auch. Er gründete die unabhängige und überparteiliche „Bürgerliste Zukunft Leobersdorf" und eroberte bei den Gemeinderatswahlen 1990 auf Anhieb – wie die ÖVP – vier Mandate. Die SPÖ hielt mit fünfzehn Mandaten die absolute Mehrheit.

In der Folge kam es zunächst zu einer überaus österreichischen Spielart parteipolitisch motivierter Machtausübung: Um zu verhindern, dass die neu gewählten Mandatare auch tatsächlich einen Obmann in einen Ausschuss entsenden konnten, änderte die SPÖ kraft ihrer Absoluten kurzerhand die Spielregeln und reduzierte die Anzahl der Ausschussmitglieder von fünf auf drei Personen. Damit war man wieder unter sich und Bosch, der natürlich den Bauausschuss anvisiert hatte, war nicht nur geschasst, sondern auch fuchsteufelswild.

Vor diesem regional- und lokalpolitischen Hintergrund hatte sich also der Kauf des heutigen Ared-Parks vollzogen und das Duo Bosch und Dolina hatte rasch begriffen, dass es überaus günstig wäre, wenn man innerhalb der Gemeinde gewogene Mitstreiter für dieses Großprojekt fände. Schlussfolgerung: „Wir müssen schauen, dass wir da mit unserer politischen Bewegung stärker werden, um auch für Leobersdorf etwas zu erreichen", zitiert Dolina seinen Freund Bosch sinngemäß aus der Erinnerung. Bosch fungierte also wieder als Spitzenkandidat, Rolf Dolina wurde ab dem Jahr 1993 zum Wahlkampf-Motor der Bewegung. Er war es auch, der eine dritte, zentrale Person zur strategischen Planung des Wahlkampfs für die kommenden Gemeinderatswahlen im Frühjahr 1995 ins Boot holte: seinen langjährigen Freund Franz Jirgal, der schließlich für die gesamte Wahlwerbung verantwortlich zeichnen sollte.

„Zuerst haben wir einmal einen Bauernmarkt ins Leben gerufen. Wir haben im Herbst und im Frühjahr am Hauptplatz von Leobersdorf – keineswegs zur Freude der Gemeinde – einen Bauernmarkt abgehalten und den beliebten Christkindlmarkt weitergeführt. Damit haben wir auch Geld verdient, das wir in die Wahlbewegung gesteckt haben.
Am Bauernmarkt gab's genau zwei Servierkräfte: Der eine war der Bosch und der andere war der Dolina. Natürlich haben die Leute Augen gemacht: Ich bin mit meinem Ferrari vorgefahren, habe ihn geparkt und bin dann servieren gegangen! Schlecht eingeschenkt - t'schuldigen - zurückgegangen, neu eingeschenkt. Wir haben dort wirklich mit viel Freude gehackelt und gedient. Und genau damit haben wir uns eigentlich auch den Respekt der Bevölkerung erworben, wobei das eher intuitiv und unbewusst gegangen ist, gar nicht mit Absicht oder Berechnung. Wir wollten einfach bekannter werden und haben deshalb immer an zwei Wochenenden im Frühling und im Herbst den Bauernmarkt gemacht. Haben dort serviert, zusammengekehrt, den Standlern geholfen beim Ausladen, immer mit Schmäh, immer in Jeans und mit aufgekrempelten Ärmeln. So haben wir also diese Bewegung weiter ausgebaut. Und dann standen 1995 wieder die Gemeinderatswahlen in Niederösterreich an.

Aufbau des Bündnisses „Zukunft Leobersdorf". Bosch und Dolina in Jeans-
hemden als engagierte Kellner am Leobersdorfer Bauernmarkt, Juli 1993.

*Ein Jahr davor habe ich den Franz Jirgal gefragt, ob er uns hilft,
und aufgrund unserer alten Freundschaft hat er zugesagt. Mit ihm
haben wir den ganzen Schlachtplan entworfen. Ohne einen Schilling
öffentliches Geld, wohlgemerkt. Alles, was hier an Geld investiert
wurde, war privates Geld – vom Bosch und von mir. Dazu die frei-
willige, unbezahlte Arbeit vom Franz Jirgal.*
*Es war jedenfalls klar, wir brauchen gute Plakate und wir müssen prä-
sent sein. Also habe ich 1994 bei den einzelnen Werbegesellschaften begonnen, unter den verschiedensten Namen meiner Firmen Plakatwände für die Zeit der niederösterreichischen Gemeinderatswahl im Jahr
1995 zu buchen. Das haben die alle nicht überzogen, was da wirklich
passiert. Ich habe das einfach über die Firma Equipex, die Firma Autraco und so weiter gebucht. Dann kam das Frühjahr 1995 und die alten
Parteien sind einmal alle ganz schön auf den Scheißer gefallen, weil es
keine freien Plakatwände für die ÖVP und SPÖ mehr gegeben hat.
Die gehörten alle unseren Firmen, die das Ganze dann an die ‚Zukunft
Leobersdorf‘ weitervermietet und verrechnet haben. So war also ganz
Leobersdorf mit unseren Plakaten und Zukunftsplänen zuplakatiert."*

Der zweite gelungene Streich des Trios war die Verteilung eines Videos an die Leobersdorfer Bevölkerung drei Tage vor dem Wahltag am 19. März. Das Video setzte – wie die gesamte Wahlkampfstrategie – auf realisierbare Sachthemen, die von Bosch mit ehrlichem Engagement vertreten und im Film sehr klug visualisiert wurden. Anhand von ausgewählten Beispielen wurden der Kritik am Ist-Zustand konkrete Zukunftspläne gegenübergestellt und vermittelten abseits von ideologischen Konzepten konkrete Vorstellungen über die sehr konkreten Zukunftspläne:

„Alles Fuji-Videokassetten natürlich, 2.000 Stück, und darauf lief dann ein 15-Minuten-Film, wobei uns da lustigerweise ein strategischer Fehler passiert ist, der sich am Ende als absolut segensreich erwiesen hat. Wir hatten nämlich 2.000 Videokassetten, es gab aber insgesamt 2.200 Haushalte, also 200 Videokassetten zu wenig. Die große Frage: Wem geben wir keine? Klar, den erzroten Familien, die wählen uns eh nicht.

Drei Tage vor der Wahl haben wir dann – nach einiger Diskussion mit dem Toni – die Videos verteilt. Es war klar, man darf dem politischen Gegner – das hat der Jirgal auch gesagt – nicht die Möglichkeit geben zurückzuschlagen. Wenn du das zwei Wochen vorher machst, brauchen die eine Woche, um sich zu formieren, und dann schlagen sie noch einmal mit Plakaten oder Inseraten zurück. Und dann muss man mit den Leuten streiten – genau das wollen wir ja vermeiden. Wir wollen ihnen – bum – eine auf den Schädel hauen und wenn die dann aufwachen aus ihrer Ohnmacht, gehen die Leute schon zur Wahl. Das war der Plan, und der ist auch aufgegangen. Meine Schulung von Olivetti kam uns auch noch zugute. Wir haben das Gebiet olivettimäßig in Zonen und Zellen eingeteilt, und alle wahlwerbenden Mandatare haben nach diesem System bei den Haushalten eine Videokassette abgegeben. Die waren ein echter Hammer. Inhaltlich haben wir anhand von Beispielen gezeigt, was jetzt ist und was wir für die nähere Zukunft wollen: Die Aufbahrungshalle, den zerfallenen Schupfen am Friedhof – dazu einen Plan von unserem Architekten. Den Ared Park, die Gstätten und dazu die Pläne, wie wir uns

das vorstellen. Die Leute haben also genau gesehen, was wir planen.
Da ging dann die Telefoniererei los: Hast du eine Kassette … geh',
bring' mir auch eine, das muss ich sehen! Die Leute sind tatsächlich
in der Nacht mit dem Auto durch Leobersdorf gefahren und haben
die Kassetten zu denen gebracht, die keine gekriegt haben. Wir wa-
ren überall im Gespräch und im Endeffekt hat ganz Leobersdorf das
Video gesehen.
Dann kam der Wahltag, der 19. März 1995, und am Abend gab es
zehn Mandate für die SPÖ, zehn Mandate für uns und drei Manda-
te für die ÖVP. Also ein irrsinniger Erfolg. Und durch die Stimmen
und Unterstützung der ÖVP wurde mein Freund Toni Bosch dann
auch noch Bürgermeister von Leobersdorf!"

Unter all den mehr oder weniger gescheiterten politischen Quer-
einsteigern, die Österreich in den beiden vergangenen Jahrzehnten
in der Politik erlebt hat, stellte Anton Bosch eine bemerkenswert
rühmliche Ausnahme dar. Und obschon es sich über Politik immer
trefflich diskutieren lässt, so ist angesichts seiner langen Amtszeit,
die am 19. März 1995 begann und mit einer geplanten Amtsüber-
gabe am 30. Juni 2012 endete, eines gewiss: Als Bürgermeister der
Gemeinde Leobersdorf hat Bosch wohl einiges richtig gemacht und
war überaus populär. Die verschlafene Eisenbahnergemeinde hat
sich in den Jahren seiner Amtszeit zu einer florierenden Ortschaft
entwickelt. Was die WählerInnen Bosch besonders hoch anrechne-
ten, war unter anderem seine Handschlagqualität. Eine Tugend, die
auch Rolf an seinem Freund von jeher besonders schätzte.
Während Toni Bosch also auf dem politischen Parkett als Bürgermeister reüssierte, blieb der Wahlkampf 1994/95 Rolfs einziger Ausflug in die aktive politische Arbeit. Der Ared-Businesspark hingegen, der für beide Männer als Nebenprojekt und zweites Standbein
begann und anfänglich vom Heurigen aus gemanagt wurde, mutier-
te zur dauerhaften Herausforderung und nicht zuletzt zur einträg-
lichen Altersversorgung von Rolf Dolina.

DIE ANFÄNGE DES ARED-PARKS

„Top-Büros, ausgestattet mit hochwertigen Laminatböden, Elektro-kanälen, abgehängter Decke, vorbereitet für Glasfaser-Internet und Internet-Telefonie, Sat-TV und Telekom-Anschluss. Alle Einheiten mit praktischem Archiv, Toiletten, Vorraum und Teeküche, Fußbo-denheizung."[42] So liest sich heute beispielsweise ein Website-Inserat des Ared-Parks, der je zur Hälfte den von Dolina und Bosch ge-gründeten Familienstiftungen gehört.

Großraumbüros, Luxusbüros, Universal-Lagerhallen. Etwa 200 Fir-men mit mehr als 1.000 MitarbeiterInnen. Ein zentraler wirtschaft-licher Faktor in der ehemals abgelegenen Eisenbahnergemeinde, die heute mit ihren zahlreichen Geschäften zum äußeren Rand des Wiener Speckgürtels zu zählen ist und auch im Ortskern eine be-merkenswerte gastronomische Dichte jenseits der üblichen öster-reichischen Schnitzelparadiese aufweist. Was heute aus der (nieder)österreichischen Wirtschaftstopografie nicht mehr wegzudenken ist, war zu Beginn der 1990er-Jahre auch als Idee noch relativ neu: Weder Business-Parks noch Shopping Malls waren in Österreich bis dato verbreitet. In Niederösterreich existierte ein einziges Gebilde, das der Idee eines Business-Parks, wie er Bosch und Dolina vor-schwebte, einigermaßen nahekam: der Ecoplus Wirtschaftspark in Wiener Neudorf, der sich allerdings im Eigentum des Landes Nie-derösterreich befand und eher in der Vermittlung von Betriebsansie-delungen tätig war:

„Was machen wir also auf dem Grundstück? Wir sind ja im Jahr 1992, in der alten Gemeinde mit dem alten Gemeinderat, wo der Bosch mit nur vier Mandataren vertreten ist. Und wir hatten natür-lich alle keine Ahnung von einem Business- oder Gewerbepark. Das gab's ja hier praktisch noch nicht. Also klar: Wir müssen uns Gewer-

---

[42] http://www.ared-park.at

Mit Toni Bosch
auf der giganti-
schen Baustelle,
dem heutigen
Ared-Park,
Juni 1993. Im
Hintergrund
Teile der ehe-
maligen Muni-
tionsfabrik.

Traude Dolina
und Toni Bosch
bei der Be-
sichtigung des
Geländes, Juni
1993.

Fundamente
der ehemaligen
Hirtenberger
Munitionsfabrik,
Juni 1993.

*beparks anschauen. Über meine Sekretärin Edith Hosch haben wir
dann Kontakt aufgenommen und Besuchstermine vereinbart - in
Nürnberg, Regensburg, London und Paris.
Ich habe einen Learjet gechartert und wir haben Bürgermeister
Heiden, Vizebürgermeister Wagner – den Ausschussvorsitzenden
des Bauausschusses –, einen Vertreter der Enzesfeld Caro und einen
Architekten eingeladen, mit uns dorthin zu fliegen und alles anzuschauen. Insgesamt acht Leute, die wir mit dem Learjet von Wien
nach Nürnberg, Regensburg, London und Paris geflogen sind. Da
haben wir sehr profitiert von dieser Reise, weil Leobersdorf für diese
Betriebe ja keine Konkurrenz dargestellt hat und dementsprechend
haben wir auch viele Tipps bekommen."*

Zu den wesentlichen Entscheidungen, die durch diesen extravaganten Learjet-Ausflug beeinflusst wurden, gehörte die Tatsache, dass
sich Dolina und Bosch – im Wesentlichen dem Regensburger Muster folgend – aus Sicherheitsüberlegungen heraus beim Aufbau ihres
Gewerbeparks auf Klein- und Mittelbetriebe konzentrierten. Nicht
zuletzt deswegen, weil ein Gewerbepark „mit Augenmaß" für den
Standort Leobersdorf auch am besten umsetzbar erschien. Mit diesem Konzept sicherten sie sich bis heute nicht nur ihre eigene Un-
abhängigkeit, sondern auch den Wirtschaftsstandort Leobersdorf,
der durch etwaige Ausfälle großer Exklusivkunden nie in Gefahr
geraten konnte.

Noch war es allerdings nicht so weit: Fünfzig Hektar Grund mussten baulich erst einmal erschlossen werden. Ein Abenteuer für sich,
das Dolina und Bosch in einer Mischung aus Schlitzohrigkeit, Beharrlichkeit und Organisationstalent – neben einem äußerst umsichtigen Know-how – erfolgreich bewältigten:

*„Wir haben uns zuerst naiv von Baufirmen verschiedene Offerte ein-
geholt, da hat's Preise gegeben, wo uns schwindlig geworden ist beim
Rechnen. Der Bosch hat dann gesagt, nein, das kann's nicht sein, 25
oder 30 Millionen Schilling allein für die Grundaufbereitung – ohne
Aufschließung und Versorgung! Dann hatte er eine Idee. Der Bosch
hatte nämlich ein Wochenendhaus in Kärnten, und von dort kannte*

er aus dem Umfeld der Familie seines Sohnes vom Tarockieren und Schnapsen einen Baggerfahrer, der in Kärnten Bergstraßen gebaut hat, den Werner Eder. Ich wiederum kannte eine Firma an der Südautobahn, die Bagger und Baugeräte verkauft hat. Gesagt, getan. Der Bosch hat den Eder gefragt, der hat ja gesagt. Danach haben wir einen gebrauchten Bagger, diverse Gerätschaften und einen LKW gekauft und den Eder bei der Firma Ared angestellt. Hoch versichert natürlich, weil das eine extrem gefährliche Sache war: Er ist ja auf einem Minenfeld herumgefahren – das war zuvor eine Munitionsfabrik. Jeden Freitag ist der Entminungsdienst gekommen und hat verrostete Granaten aufgeladen, anfangs ganze Paletten. Da haben wir natürlich gesehen, so wie wir uns das vorstellen, so wird das wahrscheinlich nicht gehen, weil wir eindeutig mehr Leute brauchen. Diese ganzen Bäume! Das war ja ein Wald dort, der fünfzig Jahre gewachsen ist. Das Problem haben wir dann so gelöst, dass ungarische Arbeiter die ganzen Bäume umgeschnitten, das Holz abtransportiert und zu Hackschnitzeln verarbeitet haben.“

Ein wichtiger Punkt bei der Erschließung des Grundstückes war auch die Wasserversorgung. Hier arbeiteten Bosch und Dolina nach anfänglichen Differenzen erfolgreich mit einer österreichischen Wasserrechtsbehörde zusammen, konkret dem Wasserleitungsverband der Triestingtal- und Südbahngemeinden. Dieser hatte den beiden Grundstückseigentümern für den Aufbau der Wasserversorgung einen sogenannten Hochbehälter vorgeschrieben. Kostenpunkt: 25 Millionen Schilling. Keine Frage, das würde es nicht werden. Die Idee: Die Förderung von eigenem Grundwasser – eine komplizierte, wasserrechtliche Angelegenheit, wie sich bald herausstellen sollte. Wieder einmal beim Heurigen beschlossen Bosch und Dolina, in ein umfangreiches Wasserprojekt zu investieren, um für die Wasserrechtsverhandlung mit ihren zahlreichen Auflagen und Vorschreibungen gerüstet zu sein. Kostenpunkt: 500.000 Schilling.

„Na ja, was soll ich sagen, erstens hatten wir die Unterstützung des damaligen Bezirkshauptmannes Richard Wanzenböck und zweitens alle Gutachten, die sie verlangt haben. Wir sind ja auch keine Trot-

Rolf Dolina und Toni Bosch mit dem niederösterreichischen Landesrat und Landeshauptmannstellvertreter Ernest Gabmann bei der Besichtigung des Ared-Parks, Februar 1998.

teln und können lesen. Vor lauter Schock haben die Vertreter der Wasserleitungsbehörde dann gleich die Verhandlung abgebrochen. Und auf einmal ging es auch mit geringeren Kosten und ohne Hochbehälter. Ohne offizielle Verhandlung. Nur noch Gespräche. Da war dann die nächste Vorschlagsvariante, dass sie das Trinkwasser zur Verfügung stellen und wir nur das Brauchwasser selbst fördern. Das Argument dafür war, dass man Brauchwasser und Trinkwasser nicht auf einem Fleck gemeinsam anschließen kann, weil dann ja die Gefahr besteht, dass ein Installateur das Ganze später einmal falsch anschließt. Die haben uns wirklich für blöd gehalten.

Das Ende des Liedes war: Der Triestingtaler Wasserleitungsverband hat schlussendlich die gesamte Brauch- und Trinkwasserversorgung hergestellt um fünf Millionen Schilling. Wir hatten dann natürlich noch die Sonderanschlussgebühren zu zahlen, aber von 25 Millionen war keine Rede mehr. Das Ganze war natürlich anstrengend, aber eine interessante Erfahrung. Damals haben österreichische Behörden ja geglaubt, sie sind allmächtig. Und bei den meisten Leuten hat das auch funktioniert. Aber wir haben uns erfolgreich gewehrt. Man

Das 1997 fertiggestellte Fuji-Bürogebäude im Ared-Park, April 1998.

sieht also, man muss sich immer auf die Beine stellen und Widerstand leisten, um sinnvolle Ziele zu erreichen. "

Die wilden Bauanfänge mit allen behördlichen Schwierigkeiten wichen bald einer geordneten Baustelle, die sich sukzessive – von Gebäude zu Gebäude mehr – in einen Gewerbepark verwandelte. „Konsequent bodenständig" sei das Areal bebaut worden, bemerkte denn auch der „Gewinn" in einer Story über Anton Bosch und verweist damit auf die Strategie eines gezielt langsam wachsenden Aufbaus. Erst wenn ein Objekt fast vollständig vermietet war, wurde mit dem Bau des nächsten begonnen. Als besonders bemerkenswert hob der „Gewinn" schließlich hervor: *„ Bosch und Dolina haben das Gelände weder mit öffentlichen Subventionen noch mit Fremdkapital erworben und wollten die Betriebe zum Unterschied von fast allen anderen ähnlichen Projekten auch ohne finanzielle ‚Zuckerln' der Gemeinde bevölkern. "*[43]

[43] Michael Fembek, Toni, der Bürgerpräsidentenbaumeister, in: Gewinn, Juli/ August 1995, S. 33.

Luftbildaufnahme Ared-Park, 2011.

Top-Unternehmer Dolina: In der Freizeit Hobby-Kellner!

LEOBERSDORF.– Er zählt zu den tausend erfolgreichsten Unternehmern Österreichs und fährt jährlich Milliardenumsätze ein. Seine Freizeit verbringt er aber als „Aushilfs-Kellner".

Ein netter Herr, der Kellner in den besten Jahren, der jede Bestellung beim Leobersdorfer Bauernmarkt mit einem spitzbübischen Lächeln entgegennimmt. Auf Trinkgelder ist Rolf Dolina aber schon lange nicht mehr angewiesen. Eigentlich ist er nur gern unter Freunden. Denn mit 1,5 Milliarden (!) Schilling Gesamtjahresumsatz zählt Dolina mit seinen Firmengruppen „Autraco Holding" und „Firumu Holding" zu den erfolgreichsten Unternehmern der Republik. „Man muß nur die richtigen Leute am richtigen Ort einzusetzen wissen", lautet seine Strategie.

Der Ostexperte

Seit 25 Jahren ist Dolina im Osthandel tätig. In 12 Ländern stellt er den Generalvertreter für sämtliche Fuji-Produkte. Per Telex hat er vor 22 Jahren den Megadeal an Land gezogen.

In Tschechien gilt er als der größte Händler für Fiat, Alfa, Lancia und Honda. Nebenbei

Rolf Dolina kellnert gerne!
Foto: Knotzer

betreibt er bei unseren Nachbarn auch ein Handels- und Logistikunternehmen, ist der Generalimporteur für Cartier und Elisabeth Arden Produkte und betreibt ein Unternehmen für Fotozubehör. Die Rechte für den Playboy in Polen und Tschechien hat Dolina erst kürzlich gewinnbringend verkauft.

Der Investor

Mit dem Multiunternehmer Anton Bosch verbindet ihn eine langjährige Freundschaft und eine kongeniale Partnerschaft. Der Leobersdorfer ARED-Park ist das erste gemeinsame Großunternehmen, daß die beiden Finanz-Zampanos aus der Taufe gehoben haben. „Ich bin dabei nur der Investor, die Ab-

wicklung überlasse ich dem Toni", vertraut Dolina wieder einmal auf seinen Instinkt. Für Dolina ist der ARED-Park ein „Hobby, das ich mir leisten kann." Bosch und Dolina wollen in ihrem Gewerbepark nach amerikanischen Maßstäben auch die Herren im Haus bleiben. Nach Dolinas Vorstellung soll ARED keine „Industrieruine von morgen" werden. Innovative Unternehmen und Strukturen, wie etwa ein beispielsetzendes Teleworking-Center soll dem Trend der Zukunft gerecht werden.

Der Mensch

„Man muß mit der Zeit gehen, sonst muß man mit der Zeit gehen", bleibt der Milliarder am Boden der Realität. Äußerlich stellt Dolina seine Vermögensverhältnisse kaum zur Schau. Mit Luxus protzen ist nicht sein Stil. Der 57jährige ist verheiratet und Vater einer beruflich überaus erfolgreichen Tochter. Einzige Leidenschaft: Golf. „Das spiele ich gerne, aber nicht gut!". Dafür kellnert der Herr Milliardär umso besser . . .
MANFRED KNOTZER

Auf LKW un[d] zweirädrig [u]
KOTTINGBRUNN - [w]

Printausgabe der Niederösterreichischen Nachrichten (Baden) Nr. 42, 14. bis 20. Oktober 1996.

In der Tat hatte Boschs Doppelfunktion der Gemeinde keineswegs geschadet. Neben rund 1.000 Arbeitsplätzen, die Dolina und Bosch hier geschaffen haben, entstand mit der Ansiedelung von etwa 200 Firmen sowie einer der umsatzstärksten McDonalds-Filialen von Niederösterreich eine neue Leobersdorfer Lebensader mit beträchtlichen Steuereinnahmen.

KAPITEL IX

COMING HOME

DIE GROSSE ZÄSUR

„Der Leberkäse ist ein traditionelles Gericht der bayerisch-österreichischen Küche und zählt zu den Brühwurstsorten. Der Leberkäse wird sowohl als Haupt- als auch Zwischenmahlzeit genossen und gilt als ein klassischer Vertreter am Wiener Würstelstand. Er wird in Schnitten mit Senf, gebacken oder zwischen zwei Semmelhälften als ‚Leberkäsesemmel‘ serviert"[44], weiß ein dreiköpfiges Autorenteam in einer achtseitigen diesbezüglichen Expertise auf der Website des Österreichischen Lebensministeriums zu berichten. Zwei Leberkäsesemmeln – hastig im Auto auf dem Weg nach Prag zu einem Fuji-Meeting verschlungen – leiteten für Rolf auch den entscheidenden Veränderungsprozess in seinem Leben ein:

„*Im Februar 1999 habe ich mir zwei Leberkäsesemmeln gekauft, die ich beim Autofahren gegessen habe. Plötzlich ist mir die rechte Hand vom Lenkrad gefallen. Immer wieder. Einfach tot. Ich weiß nicht mehr, was ich mir da gedacht und eingeredet habe, ich bin jedenfalls weiter nach Prag gefahren und am Abend mit den Japanern essen gegangen. Und da ist mir das erste Mal bang geworden, weil ich nach dem Essen plötzlich den Kreditkartenbeleg nicht mehr unterschreiben konnte. Komplett tot. Unfähig. Ich bin schlafen gegangen und am nächsten Tag in der Früh war es genau dasselbe: Ich konnte mich nicht mehr rasieren. Ich habe meine Frau angerufen und die hat sofort gesagt, dass ich einen Schlaganfall habe und ins Krankenhaus fahren soll.*"

Sofort hieß in Rolfs Fall: Mehrere Meetings und eine Rückfahrt von Prag nach Wien später.
Er fuhr direkt in das Wiener AKH. Warten. Blut abnehmen. Warten. Am Ende die ärztliche Bestätigung von Traudes Diagnose in der

---

[44] http://www.lebensministerium.at/suchergebnisse.html?queryString=Leberkäse

Sprache der Medizin – ein Insult. Und zwar keineswegs der erste, sondern – Überraschung – der dritte. Rolf wird dennoch nach Hause geschickt, es ist kein Bett frei.

Danach medizinische Versorgung auf österreichisch: Rolf fährt in dieser Nacht noch selbst nach Hause, absolviert am nächsten Vormittag einen Termin mit seinem Steuerberater, der mit einem Primarius im Kaiserin-Elisabeth-Spital befreundet ist, der wiederum – Überraschung – ein freies Bett finden kann.

„Diese vier Tage im Kaiserin-Elisabeth-Spital waren für mich eine wichtige Zäsur. Irgendwie habe ich mir da gesagt: Jetzt wirst du im Dezember sechzig Jahre und es kann ja nicht sein, dass die dich im hölzernen Frack aus dem Büro raustragen und in die Grube schieben. Du musst etwas ändern in deinem Leben. In diesem Moment habe ich dann einen Entschluss gefasst: Außer dem Ared-Park verkaufe ich alles.

So war es dann auch, obwohl es länger gedauert hat, als ich mir das vorgestellt habe. Heute bin ich wirklich dankbar für diese spezielle Erfahrung und gehöre wahrscheinlich zu den wenigen Menschen, die sagen: Vielen Dank, lieber Gott, für diesen kleinen Schlaganfall. Denn hätte ich diesen Schlaganfall nicht gehabt, hätte ich bei all meiner Vitalität, die ich Gott sei Dank noch immer habe, sicher nicht aufgehört. Und irgendwann wäre der große Schlaganfall gekommen und alles wäre in die Brüche gegangen. Ich habe das also als Zeichen genommen: Bis hierher und nicht weiter. Und dieses Zeichen habe ich genützt und das Beste daraus gemacht."

ÜBER DIE BEDEUTUNG VON DUSCHGELS

„Wie man so schön sagt: Man muss mit der Zeit gehen, sonst muss man mit der Zeit gehen", sinniert Rolf bei der Erinnerung an das Zäsurjahr 1999.

Was Fuji betraf, so hatte sich schon vor dem Schlaganfall seine Nase mit ihrem untrüglichen Riecher bemerkbar gemacht: Rolf hatte ab Mitte der 1990er langsam gerochen, dass sich die große Zeit der Analogfotografie dem Ende zuneigen würde. Die Kölner „photokina" stand 1992 erstmalig unter dem Motto „Digital Imaging", wobei namhafte Firmen die ersten Digitalkameras vorstellten. Zwei Jahre später verwies das Motto „Digital Total" bereits auf die Entstehung eines neuen Marktes, der zu Beginn des 21. Jahrhunderts seinen großen Durchbruch erlebte.

Insofern korrelierte der schlaganfallbedingte Entschluss zum geordneten Rückzug auch mit Rolfs vorangegangenen Marktbeobachtungen und seinem Bauchgefühl.

Erste Gespräche zum Verkauf der Fuji-Generalvertretungen führte Rolf bereits im April 1999 mit Shigetaka Komori, damals Direktor der Fuji Düsseldorf. Obwohl sich Fuji äußerst kooperativ zeigte, sollte es de facto noch gut drei Jahre dauern, bis man sich in all den Details und Einzelbereichen in den verschiedenen Ländern einig war. Praktisch fünf vor zwölf, im Juni 2002, gelang Rolf schließlich ein äußerst gewinnbringender Verkauf seiner Fuji-Ländervertretungen. Ein im engsten Wortsinn goldrichtiger Zeitpunkt. Mit dem endgültigen Siegeszug der Digitalfotografie brach der Markt für die traditionelle Fotoproduktpalette mehr oder weniger vollständig ein.

Was die Dauer des gesamten Verkaufsprozesses seines Firmenimperiums betraf, hatte sich Rolf allerdings stark verspekuliert. Es sollte nicht zwei Jahre, sondern insgesamt fast vierzehn Jahre dauern, bis alle Firmen zu „vernünftigen Konditionen" angebracht waren.

Vertragsunterzeichnung zum Verkauf aller Fuji-Ländervertretungen an den Mutterkonzern. Neben Rolf Dolina sein Freund Hirofumo Yanagida, der „seinerzeit bei mir in Wien angeklopft hat und jetzt Fuji-Chef war", Düsseldorf, Juni 2002.

Das letzte Unternehmen, dessen Verkauf sich am längsten hinzog, war das 1993 gegründete Lager- und Logistikunternehmen Pragoholding A.S., das von Rolfs Partner und Freund Vladimír Havrda äußerst erfolgreich gemanagt wurde und das in den zwanzig Jahren seines Bestehens fette Dividenden abgeworfen hatte.

In Rolfs Besitz bzw. im Besitz seiner Familienstiftung verblieb lediglich der Ared-Park, wo im Jahr 1997 auch das Fuji-Haus fertiggestellt worden war. Ein luxuriöser Bürokomplex, der sowohl architektonisch als auch dem Namen nach an Rolfs grünes Imperium erinnert und ihm selbst bis heute mit einem eleganten, modernen Büro „Unterschlupf" gewährt. Denn tatsächlich brachte der sukzessive Rückzug aus dem Geschäftsleben auch gewaltige Umstellungen privater Natur mit sich. Besonders Rolfs und Traudes Beziehungsleben stand vor einer neuen Bewährungsprobe:

„Offen gesagt, ich war das ja überhaupt nicht gewohnt. Also nach 30 Jahren – da kommt der Mann plötzlich jeden Tag nach Hause und verbringt die Zeit daheim! Ich kannte das ja nicht und das war

schon ein Problem. Da habe ich nach einem halben Jahr gesagt, wir müssen eine Lösung finden – und wenn er um neun ins Büro geht, auf der Gartenbank sitzt oder sonst was tut und dann um 17 Uhr nach Hause kommt!"

Mittlerweile hat sich das „neue" Leben für die beiden eingespielt, zumal ein echter Rentner ohnehin anders aussieht. Denn das mit dem Rückzug aus dem Geschäftsleben bleibt eher relativ. Tatsächlich wäre Rolf Dolina ohne seine Geschäftstätigkeiten wie ein Fisch ohne Wasser, wie ein Leberkäs' ohne Semmel oder ein Würstel ohne Senf.

„Ich bin heute wirklich absolut glücklich und ausgefüllt in meinem Leben. Hab' vielleicht ein bisserl zu wenig zu tun, aber ich habe mir schon wieder was aufgebaut, etwas Neues. Ich habe eine Firma in der Slowakei gegründet, eine Schwestergesellschaft von Fuji Management und da berate ich zusammen mit einigen meiner alten Kollegen, etwa dem Alexander Koran, große Firmen. Ich kenne ja die ganzen Entscheidungsträger bzw. weiß ich, wie es läuft. Die Leute haben jetzt nur einen anderen Anzug an. Entweder sind sie schon in Pension, sind am Friedhof oder sie tragen den demokratischen Anzug. Aber im Prinzip ist es dieselbe Mischpoche wie früher. Das macht mir jedenfalls Spaß, es bringt ein Geld, ich habe was zu tun und meine Frau ist froh, dass ich nicht daheim bin!"

So kommt es, dass Rolf immer noch mit seinem kleinen schwarzen Kalender vor mir sitzt, wir To-do-Listen für diese Biografie abarbeiten und dass ich Rolf bei gelegentlichen Telefonaten bei geschäftlichen Meetings in Zürich, Prag oder Bratislava erwische. Aber eben auch beim Baden in den Thermen von Abano oder in der Südsteiermark auf der Weinstraße.

Was sich gegenüber dem aktiven Geschäftsleben vor 1999 verändert hat, ist vor allem Rolfs Bewusstsein gegenüber der Endlichkeit des Lebens. Dass er in diesem speziellen Kontext eine architektonisch aufwändige Grabanlage für sein jenseitiges Zukunftsdasein gestalten ließ, ist da eher Nebensache. In der Hauptsache geht es um ein bewusstes Leben mit bewusstem Genuss des Erreichten:

Für Rolf eine seiner schönsten Reisen: Mit Familie Jirgal und Traude auf einer Kutschenreise durch die Toskana, 2002.

„Irgendwann hat mich jemand gefragt, was für mich Luxus ist. Und ich bin mittlerweile draufgekommen, das ist etwas sehr Banales. Luxus ist für mich, dass ich fünf oder sechs feine Duschgels in meiner Dusche stehen habe. Die Wahl zu haben zwischen den verschiedenen Gerüchen und Eaux des Toilettes auf meinem Tischerl. Wählen zu können, ob ich heute Bulgari, Cartier oder Chanel nehme. Als ich Kind war, auch noch als junger Mann, da gab es Hirschseife zum Waschen. Das war die Billigste. Und Pitralon nach der Rasur. Sonst habe ich nichts gekannt. Deshalb ist heute die Wahlmöglichkeit meiner Duschgels der wahre Luxus, mein Lebensluxus, den ich ganz bewusst wahrnehme. Natürlich habe ich auch meine Autos und andere Luxusdinge, aber da wird mir der Luxus nicht mehr so bewusst. Aber in der Dusche stehe ich jeden Tag und denke mir: Jetzt kann ich wählen. Das ist mein Luxus. Es ist komisch, wenn ich, der lange Ferrari gefahren ist, so etwas sage, aber es ist wirklich so: Es sind die kleinen Dinge, die das Leben schön machen. Wenn Leute heute zu mir sagen, du hast eben Glück gehabt, dann sage ich ihnen immer: Glück zu haben, ist die härteste Arbeit!"

Rolfs Abschlussarbeit nach einem mehrtägigen Malkurs im Kärntner Rosental, August 2002.

Im Herbst 2012 treffen wir uns wieder einmal zu einem Mittagessen in Wien. Wir schlendern durch Rolfs altes Wiener Grätzl im ersten Bezirk. Das Hinken am linken Bein, das mir am Anfang unserer Bekanntschaft aufgefallen war und auf den Autounfall von 1963 zurückging, ist verschwunden. Eine erfolgreiche Knieoperation zu Beginn des Jahres 2012 hat Rolf auch von diesem – seinem einzigen – Schmerz befreit. Solcherart verjüngt, marschieren wir in Richtung Wirtshaus „Zum Huth" in die Schellinggasse, wo uns Frau Lotte erwartet. Es ist reserviert, obwohl auch das – wie es auf Wienerisch so schön heißt – vollkommen wurscht wär': Für Herrn Dolina ist immer ein Tisch frei, so oder so. Auf unserem Weg durch den Wiener Herbstnebel bleiben wir immer wieder kurz stehen, um diesen und jenen zu begrüßen und um Schmäh zu führen natürlich auch. Im Huth treffen wir auch noch zufällig Alexander Koran, der seinem Freund grinsend eröffnet, mit mir Band II der Biografie mit all den nicht erzählten Storys herauszugeben. Großes Gelächter bis wir an unserem abgeschiedenen Ecktisch angekommen sind und ein Blunzngröstl bestellt haben.

Champagner-Dinner auf einer gemieteten Sandbank im Indischen Ozean,
Baros Island, Februar 2008.

Es sollte ein nachdenkliches, philosophisches Mittagessen voller
Weisheit werden:

*„Man vergisst natürlich die ganzen Downs und Rückschläge, aber
der wichtige Punkt im Leben ist: Immer einmal mehr aufstehen als
hinfallen. Deshalb habe ich mir auch jemand Professionellen gesucht, der diese ganzen Storys und Bilder zusammenbringt, sodass
ich dieses Buch meinen Freunden schenken kann. Gott sei Dank
hab' ich einen großen Freundes- und Bekanntenkreis. Natürlich,
das muss einem auch etwas wert sein. Aber das letzte Hemd hat
keine Taschen, und die Claudia wird nicht verarmen. Ob ich das
jetzt habe oder nicht, tut mir nicht weh. Und wenn ich so zurückdenke: Ich war eigentlich immer ein sehr großzügiger Mensch. Ich
hab' das Geld immer beim Fenster rausgehaut und bei der Tür ist es
wieder hereingekommen.*
*Wenn ich heute mein Leben philosophisch betrachte, muss ich sagen:
Ich bin jetzt fünfundsiebzig und weiß natürlich, es wird der Tag
kommen, wo die Wege zu weit, die Berge zu steil und das Atmen*

zu mühsam sein werden. Und wenn dann der liebe Gott kommt, seinen Arm um meine Schultern legt und sagt, ,Komm, wir gehen nach Hause', dann werde ich gehen. Und dankbar sein für alles, was war."

Sagt es und bestellt lächelnd noch ein Achtel Sauvignon Blanc.

ANHANG

BILDNACHWEIS

Sofern nicht anders angegeben, stammt das hier abgedruckte Bildmaterial aus dem Privatarchiv von Rolf Dolina, in das auch verschiedenartiges Foto- und Dokumentenmaterial aus seinen Firmen Eingang gefunden hat. Trotz sorgfältiger Recherche konnten leider nicht alle Urheber- und Bildrechte zweifelsfrei geklärt werden. Der Verlag und die Autorin bitten gegebenenfalls um Rückmeldung und freuen sich über Feedback.

Abb. S. 24 (oben und unten): 1952/1954, First Vienna FC 1894
Abb. S. 101 und 111: 2014, Wikimedia Commons, the free media repository (Maximilian Schönherr)
Abb. S. 102: 2005, Wikimedia Commons, the free media repository
Abb. S. 122: Wiener Zeitung GmbH, Wien
Abb. S. 125: 1967, Franz Jirgal, Wien
Abb. S. 177: 1976, Alexander Koran, Wien
Abb. S. 226: 1989, Art-Shop, Sławomir Remiszewski, Bydgoszcz
Abb. S. 231: Hana Harter, Prag
Abb. S. 252: 1991, Tomasz Zięba, Warschau
Abb. S. 254 (beide): 1992, Playboy Poland
Abb. S. 263: 1993, Gewinn. Das Wirtschaftsmagazin für Ihren persönlichen Vorteil (Wailand und Waldstein GmbH, Wien)
Abb. S. 283: 1996, NÖ Pressehaus Druck- und VerlagsgmbH
Abb. S. 302/303: Stefanie Cervenka, 2014

INHALTSVERZEICHNIS

ISBN 987-3-222-13487-6

© 2014 Text by Lisa Rettl
© 2014 by Styria premium
in der Verlagsgruppe Styria GmbH & Co KG
Wien · Graz · Klagenfurt
Alle Rechte vorbehalten

Bücher aus der Verlagsgruppe Styria
gibt es in jeder Buchhandlung und
im Online-Shop

styriabooks.at

LEKTORAT: Stefan Galoppi
UMSCHLAGGESTALTUNG: Christoph Fembek
COVERFOTO: Narel Bohorquez, San Francisco, 1984
BUCHGESTALTUNG: Maria Schuster
und Alfred Hoffmann
REPRODUKTION: Pixelstorm, Wien

DRUCK UND BINDUNG:
Druckerei Theiss GmbH
St. Stefan im Lavanttal
7 6 5 4 3 2 1
Printed in Austria